# Kohlhammer
## Urban Taschenbücher

D1664094

Band 352,1

# Grundkurs Philosophie

Der Grundkurs Philosophie in den Urban-Taschenbüchern gibt einen umfassenden Einblick in die fundamentalen Fragen heutigen Philosophierens. Er stellt die wichtigsten Bereiche der Philosophie systematisch dar; ergänzend gibt er eine Übersicht über ihre Geschichte von der Antike bis zur Gegenwart. Anliegen des Grundkurses ist es, den Einstieg in die Philosophie zu ermöglichen und zu eigenständigem Denken anzuregen. Besonderer Wert wird deshalb auf eine verständliche Sprache und eine klare Gliederung der Gedankenführung gelegt; zu allen Abschnitten ist weiterführende Literatur angegeben. Koordination: Godehard Brüntrup und Michael Reder.

Heinrich C. Kuhn

# Philosophie der Renaissance

Grundkurs Philosophie 8,1

Verlag W. Kohlhammer

Gewidmet – mit herzlichem Dank – den sehr zahlreichen Studierenden der Jahre 2007 bis 2013, ohne deren Fragen, Einwände, Beiträge das was folgt sehr viel schlechter wäre, als es ist.

Eine deutlich ausführlichere elektronische Version des Werks steht passwortgeschützt zur Verfügung unter:
http://downloads.kohlhammer.de/?isbn=978-3-17-018671-2

1. Auflage 2014

Alle Rechte vorbehalten
© W. Kohlhammer GmbH, Stuttgart
Satz: Andrea Siebert, Neuendettelsau
Gesamtherstellung: W. Kohlhammer GmbH, Stuttgart

Print:
ISBN 978-3-17-018671-2

E-Book-Formate:
pdf:     ISBN 978-3-17-023602-8
epub:   ISBN 978-3-17-026932-3
mobi:   ISBN 978-3-17-026933-0

# Inhalt

# Vorwort – München 2013

Der vorliegende Band unterscheidet sich in vielem von den anderen Epochen der Philosophiehistorie gewidmeten Bänden der Reihe *Grundkurs Philosophie*[1] – auf den ersten Blick bereits in der Länge des Vorworts. Dies nicht ohne Gründe in der Sache – wie es auch nicht ohne sachliche Gründe ist, dass dieser Band erst zu einem Zeitpunkt erstmals erscheint, zu dem die anderen entsprechenden Bände bereits in 2. bis 4. Auflage vorliegen. Denn der Versuch, für diese Reihe – oder auch sonst – eine Einführung in die Philosophie der Renaissance zu schreiben, sieht sich spezifischen Problemen gegenüber.

Eines der Hauptprobleme jeglichen Überblicks über die Philosophie und Geistesgeschichte der Renaissance – die Frage nach dem zeitlichen Anfang und Ende – stellt sich aufgrund des Inhalts der beiden „flankierenden" Bände durchaus nicht in voller Schärfe (Cusanus und Franciscus Suarez sind im Band *Mittelalter* behandelt, Descartes und Francis Bacon im Band *Philosophie des 17. und 18. Jahrhunderts*).[2]

---

[1]  Band 6: *Antike*; Band 7: *Mittelalter*; Band 8/2: *Philosophie des 17. und 18. Jahrhunderts*; Band 8: *Philosophie des 19. Jahrhunderts;* Band 10: *Philosophie des 20. Jahrhunderts.*

[2]  Über Alternativen für Beginn (und, im Blick auf das letzte Kapitel dieses Bandes [Paris 1625 / München 2013], auch Ende) dessen, was in diesem Band behandelt wird, und etwaige Gründe, diesen vielleicht besser mit „Frühmoderne" (o. dgl.) als mit „Renaissance" zu überschreiben, zu berichten, und das Berichtete zu diskutieren, und die getroffene Grenzziehung und Benennung zu rechtfertigen, würde Zeit kosten, die m. E. besser der Auseinandersetzung mit den Texten, Personen, Themen, Kontexten, Phänomenen, über die dieser Band handelt, gewidmet wird. *Der Nutzen* jeglicher Einteilung der Geistesgeschichte in Epochen scheint mir nicht über rein Pragmatisches (wie z. B. die Aufteilung der philosophiehistorischen Texte der Reihe, in der dieser Band hier erscheint) hinauszugehen, und für die Benennung dieser Epochen scheint mir allein der weitverbreitete Sprachgebrauch sinnvolle Entscheidungsgrundlage. Die Auswahl der epochenbegrenzenden Jahreszahlen ist vielfältig: Für „Renaissance" schwanken sie zwischen (mindestens) 1220 und 1483 für den Beginn und 1525 und 1700 für das Ende, und für „Frühmoderne", „Frühe Neuzeit" u. dgl. zwischen (mindestens) 1100 und 1500 für den Beginn und 1667 und 1850 für das Ende. – Für eine Auswahl siehe den Thread *Periodisations, borders*

Und auch dass sich „Philosophisches" an und in Texten der Renaissance nicht in scharfer Trennung von anderen Wissenschaften behandeln lässt, ist hinreichend unproblematisch: trifft dieses doch auch (zumindest in Beziehung zur Theologie) auf vieles an und in den Texten des Mittelalters und des 17./18. Jahrhunderts zu.

Und: So sinnvoll und wichtig eine Grundsatzdiskussion dazu, was Philosophiehistorie leisten könne und solle, auch sein mag: Es lässt sich hier darauf verzichten. Die anderen Bände liegen vor, und hier nun auch der der Renaissance gewidmete; Philosophiehistorie leistet jeweils das, was sie leistet ...

Doch es gibt darüber hinaus Probleme, die *spezifisch* sind für die Geistesgeschichte und Philosophie der Renaissance, Probleme, denen sich diejenigen, die sich mit der Philosophie anderer Epochen befassen, nicht, oder zumindest nur in deutlich geringerem Grade, gegenübersehen:

Nicht ohne Grund fehlen innerhalb Deutschlands (abgesehen von München und – in deutlich geringerem Umfang – Münster) universitäre Schwerpunkte auf der Philosophie der Renaissance, und nicht ohne Grund sind derlei Schwerpunkte auch außerhalb Deutschlands selten: Es gibt Kontinuitäten zur Philosophie der Antike (vom „neoaristotelianism" bis zu stoischer philosophischer Lebensberatung), es gibt im 19. mit 21. Jahrhundert Wiederaufnahmen bzw. Rückbezüge auf Philosophien des Mittelalters (vom Neuthomismus bis zur Occam-Rezeption der letzten Jahrzehnte); die Präsenz zahlreicher philosophische Texte des 17. und 18. Jahrhunderts (mit Descartes' *Meditationes* beginnend) in zeitgenössischer universitärer Lehre ist evident.

Derlei fehlt für die Renaissance. Und in der Tat: „Neukantianismus" mag sinnvoll sein, „Neuficinismus" wäre unsinnig; Descartes' *Meditationes* sind lesbar (und zum nicht geringen Teil verständlich) ohne Spezialwissen über Descartes' Kontexte, Zeitgenossen, vom Autor gelesene Literatur, Publikumserwartungen etc., aber selbst ein so „einführender" Text wie Gregor Reischs *Margerita philosophica* stellt Personen ohne entsprechendes Training vor kaum überwindbare Hindernisse; Leibniz wird noch heute (und vermutlich weltweit) diskutiert, ein Bestsellerautor wie

unter   http://www.phil-hum-ren.uni-muenchen.de/W4RF/YaBB.pl?num=
1212479446

Titelmannus ist selbst von manchen meiner hiesigen Kollegen ungelesen. Es gibt keine Kontinuitäten, die leitend oder auch nur hilfreich für Auswahl und Darstellung sein könnten zwischen heutiger Philosophie und den Philosophien, um die es in diesem Band geht.

Diese Diskontinuität ist ihrerseits nicht ohne Grund: Weit mehr als die philosophischen Texte anderer Zeiten reagieren diejenigen der Renaissance auf andere Texte, setzen gewisse Text- und Theoriekenntnisse voraus, erhalten einen guten Teil ihrer Verständlichkeit und Bedeutung aus ihren Entstehungskontexten und ihren Erwartungen an die sie lesenden Zeitgenossen. Diese starke Kontextbezogenheit macht einerseits mit den Reiz dieser Texte aus, erschwert aber andererseits beträchtlich den Zugang: Die wenigsten von ihnen sind „naiv" lesbar;[3] und damit sind sie auch kaum für ein Buch wie dieses hier aufbereitbar und präsentierbar ohne dass jeweils auf derartige Kontexte eingegangen wird. Mehr noch als in den anderen Bänden der Grundkurs-Reihe gilt es hier oft „nahe am Text" zu arbeiten, ist ein Sichstützen auf Originalzitate und deren Analyse unverzichtbar.[4]

Zugestandenermaßen gibt es rinascimentale Texte, die bei „naiver" Lektüre naiv lesbar erscheinen,[5] doch verlieren auch diese Texte bei nicht-naiver Lektüre ihre naive Lesbarkeit: Was dem Laien klar erscheint, wird dem Spezialisten erklärungsbedürftig. D. h., dass es als wenig sinnvoll schien den Ausweg zu suchen, derlei Texte in das Zentrum des vorliegenden Bandes zu stellen.

Was also behandeln?

Eine Auswahl der zu behandelnden Texte, Themen, Autoren gemäß Affinität zu philosophischen Problemen unserer Zeit scheint mir (selbst für jemanden mit deutlich besseren Kenntnissen neuerer Philosophie als ich sie habe) kaum durchführbar, da

---

[3]  „naiv' lesbar" im Sinne einer *nicht einschlägig gelehrten Lektüre* im Gegensatz zu einer „einschlägig gelehrten Lektüre": naive Lektüre als Lektüre ohne Vorkenntnisse zu Genre, Kontexten, Überlieferung, etc.

[4]  Diese Notwendigkeit zur „Arbeit am Zitat" wiederum macht den Band auch typographisch zum Außenseiter in der Reihe.

[5]  Z. B.: der Text von Machiavelli, als dessen Titel man häufig „Der Fürst" angegeben findet, der Text von Giovanni Pico della Mirandola, als dessen Titel man häufig „Rede über die Würde des Menschen" angegeben findet, Giordano Brunos „Vom unendlichen All und den Welten", Thomas Morus' „Utopia".

m. E. kaum Affinität zu derlei Problemen besteht. (Viele der philosophischen Texte der Renaissance sind durchaus geprägt davon, dass sie Texte in einer und für eine Zeit großer Veränderungen sind, aber sie reagieren auf die Veränderungen ihrer Zeit und sind daher kaum auf Veränderungen unserer Zeit übertragbar.)

Der „Auswahl der Anderen" zu folgen, in einem solchen Band das zu behandeln, was sich bei allen, oder den meisten, oder den besten/einflussreichsten, oder den meisten der besten, oder den besten der meisten bereits existierenden Überblicksdarstellungen zur Philosophie der Renaissance findet, scheint der Mühe nicht wert: Besser wäre es dann wohl, stattdessen eine Anthologie herauszugeben, als einen eigenen Band zu schreiben. Eine solche Anthologie wäre wohl jedem neuen Buch (das bei solchem Vorgehen zum Zeitpunkt des Erscheinens wohl um Jahrzehnte veraltet wäre) vorzuziehen.

Eine solche Anthologie der „Auswahl der Anderen" allerdings würde Texte zur Philosophie der Renaissance präsentieren, deren Auswahl stets von den Interessen der auswählenden Autoren geprägt wären (z. B. Hegels Weg des Weltgeists zu sich selbst, Cassirers deutsche Manifestation der Neuzeit in Cusanus, Randalls aristotelische Begründung der modernen Wissenschaft, Blochs Vulgärmarxismus), und wäre Dokumentation zu einem Denken des 19. und 20. Jahrhunderts, nicht aber Einführung zum Denken der Renaissance. Und sie wäre weit entfernt von einer Dokumentation des derzeitigen, weit zersplitterten Forschungsstandes. Zudem scheint es mir kaum sinnvoll, nach dem mit der 1988er *Cambridge history of renaissance philosophy* erreichten Stand wieder zu einer Legitimation der eigenen philosophischen Position suchenden Geschichtsschreibung zur Philosophie der Renaissance zurückzugehen.

Scheinbar gibt es mit der Einteilung/Einordnung der Autoren der Renaissance in philosophische Schulen (Humanisten, Platoniker, Aristoteliker, Stoiker, Skeptiker, neuere Naturphilosophen/ Wiederbeleber der Vorsokratiker) ein geeignetes Finde- und Ordnungssystem. Dies scheint – zumindest in seiner heutigen Anwendung – auf Johann Jakob Bruckers *Historia critica philosphiæ* (1766) zurückzugehen; bei Brucker ist es instrumental für die (Re-)konstruktion der von ihm für überlegen gehaltenen eigenen Philosophie, von späteren scheint es (so überhaupt) weitgehend absichtslos übernommen. Es „neo-bruckerianisch" zum Plädoyer für eklektische Philosophie zu nutzen, entspricht nicht meinen

Absichten; es ohne Ziel zu nutzen, ist offensichtlich nicht zielführend. Davon abgesehen: Derlei Einteilung entspricht zum einen dem Selbstverständnis der meisten Philosophen jener Zeit nicht (bestenfalls die *secta peripatetica* scheint über eine halbwegs klare Definition von innen und außen verfügt zu haben),[6] zum anderen ist bei zu vielen Autoren kaum zu sagen, welcher Gruppe sie denn nun zuzuordnen wären.[7] Spätestens bei näherer Betrachtung scheint es nicht möglich, gemäß einer derartigen Einteilung in Schulen zu verfahren, ohne absurde Resultate vorlegen zu müssen. Und selbst wenn man solcher Einteilung folgen wollte, bliebe das Problem ungelöst, *welche* Autoren zu behandeln waren.

*Alle* überlieferten Autoren rinascimentaler Philosophica zu behandeln, ist in erträglicher Zeit und bei erträglichem Umfang nicht möglich: allein die Zahl der Autoren *Ingolstädter* philosophischer Drucke der Zeit bis 1648 liegt bei mehreren hundert; der Namensindex von Wilhelm Risses *Bibliographia philosophica vetus* umfasst 346 Seiten mit ca. 45 Einträgen pro Seite, und auch wenn (soweit stichprobenhafte Zählung ergab) wohl nur rund 20–25% dieser Einträge Autoren der Renaissance betreffen, so blieben dennoch mehr als 3000 – und dies ohne Einbeziehung von Autoren, deren Werke vor 1800 nicht gedruckt wurden, oder obschon gedruckt, keinen Eingang in Risses Bibliographie gefunden haben.

Auch ein Vorgehen, bei dem die „wichtigen" Philosophen und/oder Texte ausgewählt werden, um dann chronologisch geordnet vorgestellt zu werden, scheint nicht ratsam. Will man – aus

---

[6]   Zur dennoch gelinde gesagt problematischen Definition bzw. Umschreibung rinascimentalen „Aristotelismus" siehe die einleitenden Passagen von Heinrich C. Kuhns *Aristotelianism in the Renaissance,* in: „Stanford Encyclopedia of Philosophy" (2005/2009, http://plato.stanford.edu/archives/spr2009/entries/aristotelianism-renaissance/) und die dort angegebene Literatur.

[7]   Wäre Franciscus Patricius aus Kres als Aristoteliker oder als Platoniker oder als Neuer Naturphilosoph einzuordnen? Augustinus Niphus als Aristoteliker oder als Humanist? Wäre Montaigne den Humanisten oder den Skeptikern zuzuordnen? Was ist mit einem bewussten Synkretisten wie Giovanni Pico della Mirandola zu machen? Welcher Gruppe wäre Melanchthon zuzuordnen, welcher Machiavelli? Wie wären die Ordensphilosophen zu behandeln? Die hypothetische Frage scheint nicht sinnlos: Würden nicht vielleicht die meisten dieser Autoren, könnte man sie befragen, nicht die Antwort auf die Frage nach solcher Gruppenzugehörigkeit verweigern und nur antworten, sie seien Philosophen, einfach Philosophen? Will man nicht unhinterfragend der Tradition Bruckers folgen, so scheinen derlei Einteilungen in Sekten/Schulen nur mit grober Willkür durchführbar.

den oben genannten Gründen – nicht der „Auswahl der Anderen" folgen, um festzulegen, wer und/oder was denn „wichtig" sei, so bleiben, scheint es, keine sinnvollen Möglichkeiten:

Die Option, diejenigen auszuwählen, die besonders wirkmächtig in ihrer Zeit waren, entfällt, da zu wenigen Autoren der Renaissance wirkungsgeschichtliche Studien existieren, Risses Bibliographie nicht in elektronisch ordenbarer Form vorliegt und eine Datenbank, die zumindest Verteilung nach erhaltenen Druckexemplaren aufzeigen könnte (zumindest m. W.), derzeit nur für zu Ingolstadt gedruckte Autoren zur Hand ist.

Die Option, die inhaltlich (aus gleich welchem Grunde) interessantesten Werke auszuwählen, entfällt ebenfalls in Anbetracht der Menge: Risses Bibliographie umfasst 9 Werke auflistende Bände, und die auch nur kursorische Lektüre auch nur der dort aufgeführten Werke aus der Zeit der Renaissance würde mehrere Menschenleben füllen.

*Zusammenfassend* ist es zumindest mir (teils weil es mir nicht sinnvoll erscheint, teils weil es nicht durchführbar ist) unmöglich, durch eine der folgenden (und oben diskutierten) Weisen zu einer Festlegung der Inhalte des projektierten Bandes zu kommen:

– Kontinuitäten zu heutiger Philosophie können zur Auswahl nicht helfen, da derlei Kontinuitäten nicht existieren.[8]

– Dem Laien leicht zugängliche philosophische Texte aus der Renaissance sind aus Sicht derjenigen, die sich professionell mit ihnen beschäftigen, genauso schwer adäquat zu behandeln wie dem Laien unlesbare Texte.

– Dem zu folgen, was andere ausgewählt haben, wäre nur dann sinnvoll, wenn auch den Prämissen der Vorgänger gefolgt würde; diese sind jedoch zum einen nicht miteinander kompatibel, zum zweiten nicht meine, und zum dritten sollte m. E. eine Darstellung wie diese so prämissenarm wie möglich auswählen.

– Auch eine Einteilung nach philosophischen Schulen wäre von philosophischen Prämissen, die nicht die der bearbeiteten Zeit sind, geleitet.

---

[8]  Copenhavers Präsentation von Affinitäten zwischen Philosophen des 20. Jahrhunderts und solchen der Renaissance (vgl. Brian P. Copenhaver & Charles B. Schmitt: *Renaissance Philosophy* (Oxford 1992), S. 329–357) kommt zum gleichen Ergebnis (S. 339) der Inexistenz solcher Kontinuitäten.

– Auf Auswahl zu verzichten, ist nicht möglich, da die Zahl der Texte und Autoren zu groß ist.

– Für eine Auswahl nach zeitgenössischer „Wirkmächtigkeit" fehlen bislang (und wohl auch auf mittlere Zukunft) die Werkzeuge.

– Die Texte sind zu viele, als dass eine objektive inhaltliche Auswahl der „interessantesten" (gleich aus welcher Perspektive) möglich wäre.

Daher habe ich mich entschieden, für dieses Projekt den Weg enzyklopädischen Vorgehens zu verlassen, und stattdessen beispielhaft und diskutierend die Philosophie der Renaissance in der Verfolgung von Kontexten so vorzustellen, dass die Breite, die Vielfalt, der Reichtum und die Bedingtheiten des Philosophierens in der Renaissance deutlich werden, und dem Leser Anreiz zu weiterer Lektüre und Untersuchung gegeben wird. Dabei wird jeweils ein Ort und ein Jahr zum Ausgangspunkt gewählt.

Für die Auswahl der Orte und Jahre wurden als Kriterien gewählt: Diversität, Verfügbarkeit von Texten im Druck und in modernen Volkssprachen in einem (hoffentlich) hinreichend großen Teil der Fälle,[9] Weite des Gesamtbildes. Die einzige Entschuldigung der Willkür der Entscheidung ist ihre Unvermeidlichkeit.

Die Arbeit am vorliegenden Band hat sich über mehrere Jahre hingezogen, meine Auseinandersetzung mit einigen der behandelten Texte und Autoren erstreckt sich über Jahrzehnte, meine

---

[9]  Dieses Kriterium hat zur Folge, dass Texte universitärer Philosophie (die fast alle lateinisch sind) nicht in dem Maße Berücksichtigung gefunden haben, das der Zahl der Texte und Autoren angemessen wären. Dies ist Kontext und Zweck der vorliegenden Darstellung – die sonst wohl zu mehr als 80% eine „Einführung in universitäres Philosophieren der Renaissance unter Erwähnung bekannterer Autoren und Texte in weniger als zehn Fällen" geworden wäre – geschuldet. Auch die Auswahl der angegebenen Sekundärliteratur und der verwendeten Ausgaben orientiert sich an diesem Kontext und Zweck: Angeführt wurde (neben *zentral* verwendeter Literatur) das, von dem zu hoffen stand, dass es den Leserinnen und Lesern hinreichend leicht zugänglich sei. Aus demselben Grunde haben nur handschriftlich vorliegende Texte bei weitem nicht in dem Umfang Berücksichtigung gefunden, der ihrer Bedeutung im hier behandelten Zeitraum entspricht (wobei auch hier wieder primär universitäres – vor allem Vorlesungsmanuskripte/Mitschriften – betroffen ist).

Notizen sind unvollkommen und unvollkommen geordnet, desgleichen mein Gedächtnis: Ich habe die zu Grunde liegende Literatur nach bestem Wissen und Gewissen angegeben, aber: Sollte es Stellen geben, wo meine Interpretationen formende Literatur nicht angeführt wurde, so bitte ich um Mitteilung für späteren Nachtrag.

Man nehme den Band als Experiment. Wenn er zum Weiterlesen, zur eigenen Auseinandersetzung mit den behandelten Texten, Autorinnen und Autoren, Phänomenen, Kontexten anregt, so ist das Experiment geglückt.

# Prag 1356

Prag, das ist die Stadt Kaiser Karls IV., von ihm gefördert und geformt; 1356, das ist das Jahr der *Goldenen Bulle*, aber auch das Jahr, in dem sich Petrarca – mäßig begeistert[1] – für kurze Zeit in Prag aufhält.

Prag ist 1356 bereits eine durch Karl[2] geprägte, umgestaltete Stadt: abgesehen vom Neubau des Veitsdoms vor allem durch das Projekt der Errichtung der Prager Neustadt[3] als steingebauter Stadt für Christen und Juden ab spätestens 1348[4] und durch die Gründung der Prager Universität (der heutigen *Universitas Carolina / Univerzita Karlova v Praze*) 1347/1348/1349.[5]

Vor der Universitätsgründung wird ein päpstliches Privileg erwirkt, doch in den eigentlichen Gründungsurkunden werden Gründung und Privilegierung durch den Kaiser ohne Bezug auf dieses Privileg bezeugt – aus eigenem Amt, eigener Kraft[6] –, wie auch in der *Goldenen Bulle* die Angelegenheiten des Reiches ohne Einbeziehung des Papstes geregelt werden.

Die zentrale Urkunde, das Gründungsdokument vom 7. April 1348, erlässt Karl in seinen beiden Funktionen, als König des Heiligen Römischen Reichs und als König von Böhmen. Erstes Ziel ist der kunstvolle Schmuck des Königreiches Böhmen mit einer großen Anzahl von Männern, die sich durch praktische Weisheit auszeichnen. Als nächstes wird bereits die regionale Selbstversorgung mit Gelehrten genannt – ein erster Schritt zur Entwicklung von „Landesuniversitäten", deren Durchsetzung zum Zusammenbruch des gemeinsamen europäischen Hochschulraums am Ende der Renaissance[7] mit beitragen wird –, dann jedoch auch gleich der Gewinn Auswärtiger. Die Universität wird als *studium generale* – sich auf alle Fächer erstreckend – gegründet, und den an ihr Unterrichtenden wie Lernenden werden mindestens die gleichen Privilegien versprochen, wie sie in Paris und Bologna üblich sind.

---

[1]  s. Lit. I.2.1 (Petrarca, ed. & übers. B. Widmer 2002).
[2]  s. Lit. II.1 (F. Seibt 1994; Ch.C. Bayley; J. Spěváček 1978).
[3]  s. Lit. II.2 (R. Dix 1988).
[4]  s. Lit. II.2 (M. Makowski 1994).
[5]  s. Lit. II.2 (M. Makowski 1994; F. Šmahel 2007; Zhang Tao 2010).
[6]  s. Lit. II.2 (R. Dix 1988).
[7]  s. den „Epilog" dieses Buches.

Philosophische Vorlesungen werden zunächst als kurzen Textpassagen folgende Auslegung des vorgeschriebenen Textes (z.B.
der *Physik* des Aristoteles) gehalten; sie wurden im 15. Jahrhundert durch den *modus quæstionis* ersetzt, bei dem nicht mehr
Textpassagen, sondern Fragen und Probleme diskutiert wurden –
zum Teil unter Nutzung von Texten aus anderen Universitäten.[8]
Das inhaltlich Geforderte unterscheidet sich in mehrerem von
Pariser Vorbildern: So legt man in Prag weniger Gewicht auf La-
tein- und mehr Gewicht auf Logikkenntnisse als in Paris und
betrachtet (ebenfalls im Unterschied zu Paris) Aristoteles' *Physik*
als Text für Studierende im Grundstudium (bis zum Bakkalaureat)
und Aristoteles' *Topik* als Text für Fortgeschrittenere, die sich auf
das Lizenziat vorbereiten.[9] Sowohl Wien als auch Erfurt werden
diesem Modell folgen. Die meisten für das Artes-Studium vorgeschriebenen Texte sind wenig außergewöhnlich, doch finden sich
auch explizit vorgeschrieben die *Œconomica* (philosophische Haus-
und Staatswirtschaftlehre) und die *Parva naturalia* (die eine im
Vergleich zu den meistgelesenen naturphilosophischen Schriften
des Aristoteles eine offenere, metaphysikärmere, unsystematische-
re Behandlung natürlicher Phänomene bieten). Selbstverständlich folgte auch in Prag die Studienpraxis nicht immer exakt den
Vorschriften, aber ein Beispiel von 1389 (Bakkalaureus Johann
Jahenstarfer) zeigt, dass es zwar „Kürzungen" an anderer Stelle
gab, aber sowohl die Vorlesungen zur Topik als auch die zu
den *Œconomica* und den *Parva naturalia* besucht wurden. Mindestens einige der Professoren folgen Buridan. Wycliff wird früh
(vielleicht schon 1378/79) rezipiert. Was sich hingegen zu dieser
Zeit *nicht* findet, ist die Aufnahme radikal „neuer" Gegenstände
(*studia humanitatis*, Geschichte …) in den Lehrplan der Artes-
Fakultät.

Damit ist die neugegründete Universität durchaus modern –
aber auf eine Bestehendes nutzende und moderat umformende,
nicht revolutionäre Weise.

Neues unter Nutzung von Vorhandenem, das auf neue Weise
realisiert wird, ist auch das, was die *Bulla Aurea* kennzeichnet, die
Goldene Bulle, die unter allen mit Gold gesiegelten Bullen den

---

[8]   s. Lit. II.2 (F. Šmahel 2001, 2007).
[9]   Zum Folgenden s. Lit. II.2, darin F. Šmahel: *The Faculty of Liberal Arts*,
      S. 93–120; I.2 (F. Šmahel 2007).

Ehrennamen Goldene Bulle erhalten hat, die die Angelegenheiten des Reiches in einigen Aspekten für die nächsten 450 Jahre regeln sollte.

Älteres, wie die Bezugnahmen auf die Bibel[10] und mindestens Parallelen zu Texten Kaiser Friedrichs II., waren mehr als ein Jahrhundert früher entstanden. Anderes hingegen findet sich – wie später erkennbar werden wird – bewusst nicht: kein universaler Anspruch des Kaisertums (wie in Dantes *Monarchia*),[11] keine Grundlegung durch (weltliches und/oder kirchliches) Römisches Recht, keine Bezugnahme auf das Verhältnis weltlicher und geistlicher Macht, von Kaiser und Papst.[12]

Auch Neueres findet sich: das Streben nach Frieden und Einheit bzw. deren Bewahrung als Ausgangspunkt zu Beginn der Goldenen Bulle – wie auch im *Defensor pacis*[13] des Marsilius von Padua in den ersten beiden Paragraphen des ersten Kapitels der ersten Diccio. Die Bezugnahme auf eine große Teilnehmerzahl bei der Gesetzesverkündigung[14] (bei der jedoch bemerkenswerterweise keine Bauern – damals nach aller Vermutung die mit Abstand personenreichste Gruppe der Einwohner des Reiches! – erwähnt werden) und die Entscheidung über den künftigen König durch eine herausgehobene Gruppe, die Kurfürsten in der Goldenen Bulle – man vergleiche Marsilius' Lob der Wahlmonarchie und seine berühmte Aussage zur „valencior pars"[15]: Die Regeln der Goldenen Bulle für das Gerichthalten über den König (Anklage und Urteil durch den Pfalzgrafen bei Rhein, aber nur in der *curia imperialis* in Anwesenheit des Königs oder Kaisers) entsprechen zumindest formal den Forderungen des Marsilius, insbesondere der nach einer gesetzlichen Regelung für solche Fälle. Ob dabei

---

[10]   s. Lit. I.1.2 (W.D. Fritz ed. 1978, Text der Bulla aura [BA] ab S. 560).

[11]   s. Lit. I.1.3 (A. Dante 1996).

[12]   s. Lit. I.1.3 (Dante, *Monarchia* 1996; R. Scholz 1911; E. Dümmler 1891–1897).

[13]   s. Lit. I.1.3 (Marsilius de Padua, Defensor pacis [DP] 1932).

[14]   BA, S. 564: „asedentibus nobis omnibus principibus electoribus ecclesiasticis et secularibus ac aliorum principum, comitum, baronum, procerum, nobilium et civitatum multitudie numerosa".

[15]   DP I.12, §3 (S. 63): „legislatorem seu causam legius effectivam primam et propriam esse populum seu civium universitatem aut eius valenciorem partem, per suam eleccionem seu voluntatem in generali civium congregacione […] valenciorem inquam partem, considerata quantitate personarum et qualitate in communitate illa super quam lex fertur, sive id fecerit universitas predicta civium aut eius pars valencior". Hervorhebungen durch mich.

Marsilius' *Defensor pacis* direkt oder indirekt[16] den Text der Goldenen Bulle beeinflusst hat, kann dahingestellt bleiben.[17] Dass das, was sich in Karls Bulle findet, größere Ähnlichkeit hat mit dem, was sich in der „neueren" Sicht auf Reich und Politik des Marsilius findet und in der (nicht sehr viel) „älteren" Dantes, ist hingegen deutlich.

Und doch befinden sich am Hofe Karls auch Personen, Autoren, die diese „ältere" Sicht vertreten: Cola di Rienzo[18] und Francesco Petrarca.[19]

Cola di Rienzo scheint Dantes *Monarchia* dem Hof Karls vermittelt zu haben,[20] ist u.U. auch Autor eines Kommentars zu selbigem Text, der durchaus Positionen Karls IV. enthält, steht für Preis des antiken Rom und Beklagen der derzeitigen Situation Roms.[21] Er versuchte sich Karl in Prag als dessen Onkel zu präsentieren – da er, Cola, ein Sohn Heinrichs VII. sei – und Karl zu schleunigem und weltveränderndem Romzug zu bewegen. Aber Karl lehnt eine Mitwirkung an einer Weltveränderung mit einem Colas besondere Einsichten bestreitenden „non est vestrum nosse tempora vel momenta" ab. Was Colas wie seine eigenen Ahnen betrifft, verweist er auf die gemeinsame Abstammung von Adam. Karls Erzeugung eines eigenen Bildes seiner selbst für die Mit- und Nachwelt durch eigene Texte – insbesondere seine Autobiographie[22] –ist wohlbekannt. Die Erzeugung eines eigenen Bildes findet sich auch bei Cola, mit Brandis Worten: „Dieser Literat malt an sich selber in unendlicher Gestaltungskraft; halb in Anpassung an den Augenblick, halb aus innerem Drang".[23]

Wirkmächtig bis heute in der Verbreitung seines von ihm selbst in seinen selbst zusammengestellten, redigierten, herausgegebenen Briefen[24] und anderen Texten geschaffenen Bildnisses seiner selbst

[16]  s. Lit. II.3 (K. v. Beyme 2009).
[17]  s. Lit. II.4 (J.-M. Moegelin 2009; M. Menzel 2009; R. Suckale 2009).
[18]  s. Lit. II.4 (A. Modigliani & A. Rehberg 2004).
[19]  s. Lit. II.1 (E. Schlotheuber 2004).
[20]  s. Lit. II.1 (F. Seibt 1994).
[21]  s. Lit. II.3 (K. Brandi 1965).
[22]  s. Lit. I.1.2 (Carolus IV. imp., ed. & übers. E. v. Hillenbrand 1979).
[23]  s. Lit. II.3 (K. Brandi 1965).
[24]  s. Lit. I.1.1 (F. Petrarca, ed. V. Rossi 1933); Petrarcas Briefsammlungen *Familiares* und *Seniles* lassen sich als so etwas wie eine Autobiographie lesen).

war Francesco Petrarca.[25] Die folgenden Ausführungen bieten eine Erzählung, die – ob zu Recht oder zu Unrecht, kann in einer solchen Erzählung wohl dahingestellt bleiben – das in diesen Texten Berichtete als wahr unterstellt, und zwar stets in dem Bewusstsein, dass es alles andere als ausgeschlossen ist, dass etwa Gesprächspartner und/oder Ohrenzeugen von durch Petrarca geschilderte Gespräche in Bezug auf diese andere Erinnerungen gehabt haben können, u.U. andere Berichte davon hätten geben können, ja sogar (auch wenn ich keine Kenntnis davon hätte) gegeben haben.[26]

Im Februar 1351 fordert Petrarca Karl IV. wortreich, inständig und unter Verweis auf antike Vorbilder und auf Kaiser Heinrich VII. auf, schleunigst nach Italien zu kommen und das *Romanum Imperium* wieder atmen zu lassen, ein Reich, das durchaus als weltumspannend gesehen wird[27]:

> Hier [in Italien] hast Du sowohl ein Königreich als auch ein Imperium und – ich sag's im Wunsch nach Frieden mit allen Völkern und Territorien – während Du überall Glieder davon finden wirst, [so] hier das Haupt der Monarchie. ... Groß wäre es die Fragmente so vieler Dinge zusammenzubringen.[28]

Karl antwortet (vielleicht auch mit Hilfe stilistischer Hilfe Colas) – ablehnend, Unterschiede zwischen der Zeit antiker Größe Roms und des antiken Reiches und der Welt des Jahres 1351 betonend:[29]

---

[25]  s. Lit. II.5 (F. Neumann 1998; K. Stierle 2003; E. Keßler 2008; S. Ebbersmeyer 2010).

[26]  s. Lit. I.2.1 (Petrarca, ed. & übers. B. Widmer 2001).

[27]  Zunächst der lateinische Text (Lit. I.2.1, Widmer 2001, S. 372): *hic et regnum habes et imperium et – quod nationum ac terrarum omnium pace dixerim – cum ubique membra, hic ipsum caput invenies monarchie. ... Magnum fuerit tantarum rerum fragmenta colligere.*

[28]  Übersetzt durch mich – durchaus mit nutzendem Blick auf Widmers Übersetzung (Lit. I.2.1, Widmer 2001, S. 373).

[29]  Wenn dies denn eine Zeit der Grenze zwischen Mittelalter und Neuzeit, eine Zeit des Beginns der Moderne wäre, so fiele es, denke ich, extrem schwer, Petrarca nicht auf der Seite des Alten und Karl auf der Seite des Neuen zu sehen. – Zunächst der lateinische Text (Lit. I.2.1, Widmer 2001, S. 384): *Sane, amice, si hec moles ceteris a se ipsa sit gravior, dirupta iam Imperii sponsa libertas, sumpta Latinis in coniugium servitus, ad avaricie lupanar prostituta iusticia, pax omnium propulsa de mentibus et lapsa mortalium omnis virtus hanc demisere machinam in profundum. Ha, quam difficilius submersa puppis quam armamentis desola resumitur! Huc accedit, quod opima dudum Romana respublica nunc ipsa mendica se sustinet, que copiis suis imperatorum et regum inicia sustinebat. Tempora antiqua, que*

In der Tat, mein Freund, wenn das Riesenbauwerk wohl schon eine schwerere Last ist als jede andere, so hat die Zerstörung der Freiheit, die des Imperiums Braut ist, und die Vermählung der Lateiner mit der Knechtschaft, die Schändung der Gerechtigkeit im Hurenhaus der Habsucht, die Vertreibung des Friedens aus allen Herzen und der Niedergang aller Tugenden der Sterblichen dieses Gefährt in die Tiefe versenkt, und ha! mit wie viel grösserer Mühe wird ein gesunkenes Schiff als ein bloss des Takelwerkes beraubtes wiederhergestellt! Kommt dazu, dass die einst reiche römische Republik sich jetzt mit Mühe auf den Bettelstab stützt, sie, die mit ihren Truppen die Unternehmen der Kaiser und Könige unterstützt hat! Die alten Zeiten nämlich, die Du anführst, haben die Widrigkeiten der Gegenwart nicht gekannt. Wer denn war damals mächtiger als Caesar? Wer fürstlicher als Augustus? Was gewichtiger als ein Senatsbeschluss? Was rascher als seine Ausführung? Wer war tüchtiger als ein italischer Rekrut? Wer ein grösserer Freund des öffentlichen Wohles? Wollten doch endlich jene schweigen statt höhnen, die den Kaisern Ratschläge erteilen![30]

Die Zeiten haben sich geändert, was damals geschah, kann nicht heutiges Handeln leiten, Kenntnis der alten Geschichte zeigt ihren Kontrast zur Gegenwart. Auch wo Parallelen bestehen (etwa in der Sicht des Reiches als eines wilden Tieres)[31], mahnen diese zur Vorsicht.

So also, Freund, ist es nötig, zusammen mit den gegenwärtigen [Zuständen] die vergangenen zu bedenken, damit die Vollständigkeit der Zierden jener weitestmöglich wiederhergestellt werden möge und die Unangemessenheit ihrer Verunstaltungen verscheucht werde, was ohne Aufruhr extrem schwer ist. Dass man nämlich es mit allem eher versuchen solle als mit [scharfem] Eisen, das wollen die Ärzte ebenso wie die Kaiser gelernt haben.[32]

Wiederherstellung alter guter Zustände, aber nur insofern dies unter Beachtung des Primats des Friedens möglich ist.

---

memoras, condiciones adversas presencium nesciebant. Quis nam tum Cesare pocior? Principalior quis Augusto? Conscriptorum decreto quid gravius? Quid execucione maturius? Quis Italo tirone solercior? Quis publice salutis amancior? Utinam tandem silerent, non insultarent, que Cesaribus consulebant!

[30] s. Lit. I.2.1 (Widmer 2001, S. 385).

[31] Zunächst der lateinische Text (Lit. I.2.1, Widmer 2001, S. 386–388): Sic igitur, amice, opus est cum presentibus elapsa pensare, ut illorum decoris utcumque reparetur integritas et horum dedecoris, quod absque turbine difficillimum est, iniquitas propulsetur. Omnia // nam prius temptanda quam ferrum et medici volunt et Cesares didicerunt.

[32] Übersetzung durch mich – durchaus mit nutzendem Blick auf Widmers Übersetzung (Lit. I.2.1, Widmer 2001, S. 387–389).

Vermutlich noch in Unkenntnis dieses Briefes versucht Petrarca Karl erneut zum Eingreifen zu bewegen.[33] Nach Erhalt des Briefes versucht er es ein weiteres Mal,[34] wobei er Karls Argumente (oder einen Teil davon) zu entkräften sucht.

Der Brief ist lang; wieso der Verweis darauf, dass auch in der alten Zeit Roms manchmal vieles im Argen lag, dass die Welt sich gleich bleibe, nur die menschliche Virtus, die Tugend, nachgelassen habe,[35] von Petrarca nicht als Bestätigung, sondern als Widerlegung von Karls Hinweis auf veränderte Umstände gesehen wird, wieso Karls Zitat der Aussage, das Imperium sei ein wildes Tier, dadurch entkräftet sein soll, dass es nicht Augustus (wie Karl schrieb), sondern Tiberius zuzuschreiben sei, und dass auch ein wildes Tier lenkbar sei,[36] und Karls Primat des Friedens dadurch, dass manches nur mit Waffengewalt zu erreichen sei:[37] dies ist mir so unmöglich zu erkennen wie, ob Petrarca wirklich (auch?) hoffte, mit diesem Brief Karl zu anderem Handeln bewegen zu können, und/oder ob es ihm (primär?) um die Darstellung (seines Erachtens) angemessenen Handelns ging.

In einem Brief vom Februar 1355 an Lello di Pietro Stefano dei Tosetti[38] berichtet Petrarca von einem Gespräch mit Karl in Mantua:[39] Sein Buch *De viris illustribus* („Über herausragende Männer") habe er Karl verweigert: es sei noch nicht fertig und Karl werde des Buches erst würdig sein, wenn er den darin Behandelten gleichkomme. Antike Münzen habe er Karl geschenkt mit der Aufforderung, die darauf dargestellten Herrscher zum Vorbild zu nehmen. Auf dessen Wunsch hin habe er Karl sein, Petrarcas, Leben erzählt und von seinem, Petrarcas, Streben nach einsamem Leben berichtet – was Karl als falsch zurückgewiesen habe und versprochen habe, Petrarcas Buch *De vita solitaria*, sollte er's je in die Hände bekommen, ins Feuer zu werfen. In der Einschätzung des Gesprächsresultats unterscheiden sich die Gesprächspartner beträchtlich[40]:

---

33 Francesco Petrarca (ed. & trans. Berthe Widmer), Lit. I.2.1., S. 390–395.
34 A. a. O., S. 402–423.
35 A. a. O., S. 406f., vgl. auch S. 418–421.
36 A. a. O., S. 410–413.
37 A. a. O., S. 412f.
38 A. a. O., S. 426–441.
39 A. a. O., S. 430–439.
40 Zunächst der lateinische Text (Lit. I.2.1, Widmer 2001, S. 436): *Finis is fuit, ut, si dicere Cesarem aut credere victum licet, verbis et ratione, nisi fallor, victus, opinione autem sua non modo invictus sed etiam palam victor.*

Der Schluss war so. Dass, wenn es zulässig ist, von einem Kaiser zu sagen oder zu glauben, er sei besiegt durch Worte und Ratio: Wenn ich mich nicht täusche, [so war er] besiegt, nach seiner [eigenen] Ansicht aber nicht nur unbesiegt, sondern auch klarer Sieger.[41]

Nach Rom folgt Petrarca, wie er im selben Brief berichtet, Karl trotz dessen Wunsch nicht, äußert sich in einem Brief an Neri Morando tief enttäuscht über Karls Nichtverbleiben in Italien nach seiner Kaiserkrönung, desgleichen in einem Brief an Karl selbst.

Dennoch reist er im Mai 1356 (wenn auch klagend) auf Karls Wunsch über die Alpen zu ihm – nach Prag. Bereits im September ist Petrarca wieder zurück in Mailand.

Eine erneute Einladung nach Prag schlägt Petrarca aus, seine ausführlichen Ermahnungen an Karl, antiken und neueren Vorbildern zu folgen (mindestens was das Eingreifen in Italien, vielleicht auch was das Anstreben der Weltherrschaft betrifft), halten an, er gutachtet – virtuos – für Karl zum sogenannten *privilegium maius*.[42] Und wieder lädt ihn Karl (vermutlich um den Jahreswechsel 1361/62) nach Prag ein,[43] mit explizitem Wunsch, von ihm moralische Lehren zu hören („desiderio ingenti a te morales audire doctrinas … scribimus") – zu Petrarcas moralischen Lehren unten mehr. Diesmal nimmt Petrarca die Einladung an, bricht die Reise jedoch wegen widriger Umstände ab, ohne das Ziel erreicht zu haben. In den nächsten Jahren folgen zwei weitere Briefe an Karl, mit der (vergeblichen) Aufforderung zu glorreichem Eingreifen in Italien und in der Welt. Um die Mitte der 1360er Jahre scheint die Korrespondenz zu Ende gekommen zu sein.

Nirgends in dieser Korrespondenz scheint es um das zu gehen, was an der von Karl gegründeten Universität zu lehren und wie und warum es zu lehren sei, nirgends um Inhalte und Ziele von Philosophie. Inhalte und Ziele von Philosophie, Wissenschaft, Gelehrsamkeit sind jedoch – ausführlich – Gegenstand von Petrarcas Abhandlung *De sui ipsius et multorum ignorantia (Über seiner und vieler anderer Unwissenheit)* von 1367/1371.[44] In diesem Text

---

[41] Übersetzung durch mich – auch hier durchaus mit nutzendem Blick auf Widmers Übersetzung (Lit. I.2.1, Widmer 2001, S. 437).

[42] s. Lit. I.2.1 (Widmer 2001, S. 508–519).

[43] Text in Lit. I.2.1 (Widmer 2001, S. 532s).

[44] s. hier und zum Folgenden Lit. I.2.1 (Petrarca, ed. A. Buck, übers. K. Kubusch 1993); II.5 (A. Kamp 1989; B. Méniel 2006; M. Laffranchi 2006).

wehrt sich Petrarca gegen die Einschätzung vieler seiner Bekannten, er sei ein guter, ein hervorragender Mann, aber ungebildet, ungelehrt. Auch sein Stil sei zwar elegant und gewählt, aber unwissenschaftlich. Petrarca entgegnet, Gelehrsamkeit habe er stets nur gesucht, um gut werden, mit Gott als Führer. Jenen aber sei Wissenschaft identisch mit Aristoteles, den sie nicht einmal gut kennten. Und auch Aristoteles sei nur ein Mensch gewesen, ein Mensch mit Irrtümern. Hieronymus folgend habe man sich aber nicht um das zu kümmern, was Aristoteles, sondern um das, was Jesus sagte. Im Unterschied zu Aristoteles habe Cicero nicht wie ein Philosoph, sondern wie ein Apostel gesprochen. Die Verehrer des Aristoteles hingegen verlachten Jesus insgeheim. Aristoteles habe gelehrt, was Tugend sei, nicht aber so geschrieben, dass man durch seine Lektüre ein guter Mensch werde – obwohl dies doch das Ziel der Ethik sein sollte. Auch Platon habe nicht nur die Wahrheit gesagt – obwohl er „von | allen alten Philosophen der Wahrheit am nächsten kam". Platon ist der Fürst der Philosophie – gemäß der Ansicht vieler antiker wie christlicher Autoren, von den Besseren gelobt statt wie Aristoteles von den Mehreren, nach Ansicht der Griechen göttlich statt dämonisch wie Aristoteles. Petrarca verweist darauf, dass er zahlreiche Werke Platons im eigenen Hause habe – auch wenn er selbst nicht Griechisch gelernt habe. Er, Petrarca, sei weder Ciceronianer noch Platoniker, sondern Christ – auch wenn Cicero und Platon gewiss Christen geworden wären, hätten sie vom Christentum Kenntnis gehabt. Der Text schließt:

> Es bleibt mir nichts anderes übrig als nicht etwa dich und einige wenige … sondern vielmehr meine restlichen Freunde und mit ihnen meine Richter zu bitten und zu beschwören, mich von nun an, **wenn nicht als einen gebildeten, so doch als einen guten Menschen,** wenn nicht einmal dies, so als einen Freund, und wenn wir wegen Mangels an Tugend auch diesen Namen nicht verdienen, so wenigstens als einen Menschen zu lieben, der sie liebt und es gut mit ihnen meint.[45]

Dieser Text kann, wie erwähnt, nicht Anlass noch Gegenstand der von Karl IV. ersehnten moralphilosophischen Diskussionen mit Petrarca gewesen sein.[46]

---

[45] s. Lit. I.2.1 (A. Buck & K. Kubusch 1993).

[46] In Auszügen referiert wurde der Text hier, da er der derzeit zumindest im deutschen Sprachraum in universitärer Praxis wohl mit Abstand am häufigsten gelesene philosophische Text Petrarcas ist.

Starke Nutzung eines Textes Petrarcas[47] findet sich auch in dem sogenannten *Fürstenspiegel Karls IV.*[48] von 1377. Inwieweit dieser Fürstenspiegel in irgendeinem direkterem (und wenn ja, in welchem) Zusammenhang mit Karl IV. entstanden ist – dazu scheinen in neuerer Zeit keine Untersuchungen angestellt worden zu sein; eine Autorschaft Karls ist aus stilistischen (Sprache, verwendete/zitierte Quellen) wie inhaltlichen (Mangel an Parallelen zu Aussagen in authentischen Texten Karls, Mangel an Parallelen zu Karls realer Politik) Gründen wohl auszuschließen.

In den Jahren seines Briefwechsels mit Karl IV. arbeitet Petrarca an dem Werk, das für lange Zeit sein berühmtestes und weitverbreitetstes war:[49] *De remediis utriusque fortunæ*: Über Heilmittel für beiderlei Fortuna.[50] Die Entstehungsgeschichte ist komplex und teilweise unklar: Erste Überlegungen scheinen in das Jahr 1342 zurückzureichen; 1354 arbeitet Petrarca an dem Buch bzw. an den Büchern. 1355 aber scheint noch kein greifbarer Text vorzuliegen. Spätestens 1360 ist eine erste Version fertiggestellt und (mindestens Boccaccio) zugänglich. 1362 wird von Prag aus gebeten, Petrarca möge das Buch dorthin mitbringen. 1366 vollendet Petrarca eine überarbeitete Fassung.

Das Werk hat zwei Teile: Im ersten Teil versucht *Ratio* (die Vernunft) in 122 Dialogen *Gaudium* (die Freude) und/bzw. in einigen dieser Dialoge auch *Spes* (die Hoffnung) davon zu überzeugen, sich zu zügeln, zu mäßigen, vernünftig zu betrachten und entsprechend zu handeln – größtenteils oder durchweg ohne erkennbaren Erfolg, z.B.: Trotz zahlreicher guter und wohldokumentierter Gründe der Vernunft gegen Freude am Besitz großer Büchermengen scheint die Dialogfigur „Freude" in ihrer Freude am Buchbesitz nicht im mindesten nachzulassen:[51]

---

[47] s. Lit. I.1.1 (Petrarca 1554).
[48] s. Lit. I.1.3 (S. Steinherz 1925; P. Kirn 1928).
[49] s. Lit. II.5 (H.C. Kuhn 2009, 2007; G.W. McClure 1991; M. Lentzen 2006).
[50] s. Lit. I.1.1 (Petrarca 1554, im Rest dieses Kapitels zitiert als „DR lat.". Die einzelnen Teile von *De remediis utriusque fortunæ* werden im Rest dieses Kapitels zitiert als „DR", gefolgt von der Angabe des Hauptteils in römischen Ziffern und der Nummer des Dialogs in arabischen Ziffern: z.B.: *De vasis Corinthiis* aus Teil eins als „DR I, 42 [DR lat S. 52s; Rawski 1, S. 135–138]"). I.2.1 (Petrarca, Übers. & Kommentar C.H. Rawski 1991, im Rest dieses Kapitels zitiert als „Rawski 1" … „Rawski 5"; Petrarca, übers. R. Schottlaender 1975).
[51] DR I, 43 („De librorum copia"). Ich folge der Übersetzung Schottlaenders: Lit. I.2.1 (Schottlaender 1975).

Bücher habe ich in großer Menge.
[...]
Bücher habe ich in reicher Fülle.
[...]
Eine Unmenge Bücher habe ich.
[...]
Eine unermessliche Menge von Büchern gehört mir.
[...]
Unabschätzbar groß ist die Menge meiner Bücher.
[...]
Unzählige Bücher habe ich.
[...]
Ich habe eine hübsche Menge Bücher.
[...]
Ich habe Überfluss an Büchern.
[...]
Ich habe die Bücher zur Unterstützung des Lernens.
[...]
Ich habe viele Bücher verschiedenster Art.
[...]
Von Büchern ersten Ranges habe ich eine große Zahl zusammengebracht.
[...]
Viele erstklassige Bücher hüte ich.

Teils auch nicht nur ohne erkennbaren Erfolg, sondern mit blutigem Misserfolg: DR I, 101 („Vom Rachenehmen"/*De vindicta*):[52]

Gaudium freut sich: Der Feind ist ihm in die Hände gefallen: jetzt kann er sich rächen.
Ratio rät dies nicht als Gelegenheit zur Rache, sondern zur Selbsterkenntnis zu nützen, Selbsterkenntnis, ob Gaudium Sklave des Zornes oder Freund der Milde sei.
Gaudium ist ungerührt: Rache sei ihm möglich.
Ratio verweist darauf, dass zwar die Rache möglich sei, doch gehöre sie sich nicht.
Rache sei süß entgegnet die Freude.
Bittrer sei nichts als der Zorn, antwortet die Vernunft, und die beste Art sich zu rächen sei: verschonen.
Zulässig sei die Rache, insistiert die Freude.
Doch befriedigender und schöner und besser das Verzeihen, das Vergessen des von anderen einem angetanen Unrechts, sagt die Vernunft, und verweist auf Cäsar, der durch solches Vergessen berühmt geworden sei.

---

[52] Referat zitiert (mit minimalen Korrekturen) aus Lit. II.5 (H.C. Kuhn 2004).

Befriedigend aber sei ihr die Rache, führt die Freude an.

Doch nur für den Augenblick, das Erbarmen jedoch für immer, antwortet die Vernunft.

Und ehrenhaft sei sie, die Rache, weiss die Freude.

Noch ehrenhafter aber, so die Vernunft, sei das Erbarmen. Benötigen doch alle Menschen Erbarmen. Und ohne Erbarmen kein Ende von Verbrechen und Schuld, keine Wiederherstellung menschlicher Gesellschaft, kein Ende des Zornes Gottes, kein Ende der Verderbnis. Der biblische Prediger wird zitiert: falsch sei es, einem Mitmenschen zu zürnen und für die eigenen Sünden Gott um Erbarmen zu bitten.

Nicht er sei's, der begonnen habe mit dem Unrecht, sagt Gaudium, er räche sich ja nur.

Die Ratio entgegnet: Angleichung an das, was man bei dem, an dem man sich räche, ablehne, schlecht werden wie er, das sei die Folge der Rache.

Gaudium bleibt unerschüttert: Er wolle sich rächen, und erlaubt sei das auch.

Die Vernunft antwortet: Wollen solle man's nicht. Und verboten sei's auch, durch göttliches Gesetz, und zitiert die einschlägigen Bibelstellen. Gott sei die Rache zu überlassen um eignes Heil zu erlangen.

Nichts da, so Gaudium, entschlossen sei er sich zu rächen.

Die Vernunft wählt eine andere Verteidigungsposition, will Zeitgewinn erreichen: sie bittet den Vollzug der Rache zu verschieben, Zorn verschwinde mit der Zeit.

Unerschütterlich bleibt Gaudium zum Vollzug der Rache entschlossen.

Bedenke die Folgen, die sich ergebenden Nachteile für dich selber, bittet dreimal, und dreimal vergeblich die Ratio.

Rache entledige ihn eines Feindes, ist nun das Argument des Gaudium. Verschonung aber, so die Vernunft, beseitige gleichzeitig einen Feind und gewinne einen Freund, und belegt dies mit den Lehren der Römischen Geschichte.

Angestachelt fühle er sich zur Rache, so Gaudium.

Länglich rät darauf, mit Zitat Senecas, und mit Bibelzitat, Vernunft, abzulassen von der Rache. Und dringt erneut mit verschiedenen Argumenten wenigstens auf Verschiebung des Vollzugs. Und schiebt, als die Freude nicht einlenkt, historische Exempla nach, die zum Rechttun ermahnen, gibt zu, dass Selbstbeherrschung schwer sei, und bittet das Gute zu tun, bittet – als auch dies die Freude nicht erweicht – um menschliches Verhalten, bittet nochmals die Folgen zu bedenken.

Eine kleine Pause, eine kurze Abwesenheit der Freude ist hier zu denken.

Gaudium kehrt zurück, und meldet: er hat sich gerächt.

Die Vernunft hat verloren.

Am hier gewählten Beispiel ist auch zu sehen, welche Arten von Argumenten der Vernunft zur Verfügung stehen: Klassiker-Zitate,

Bibel-Zitate, historische Exempla, Verweise auf Alltagserfahrung, Einsatz des Verstandes.

Im zweiten Teil von *De remediis* versucht *Ratio* (die Vernunft) in 132 Dialogen *Dolor* (die Trauer) und/bzw. in einigen dieser Dialoge auch *Metus* (die Furcht) davon zu überzeugen, ihre Trauer und Furcht zu zügeln, zu mäßigen, vernünftig zu betrachten, und entsprechend zu handeln – erneut größtenteils oder durchweg ohne größeren Erfolg.

Das Vorwort scheint auf den ersten Blick so etwas wie eine Einführung und Leseanweisung für das was folgt zu bieten, doch nur auf den ersten Blick: Weder ist das Werk so kurz wie angekündigt, noch spielt „himmlische Hilfe" – Bezug auf christliche Autoren – eine überragende Rolle, noch hat *temperantia* (Mäßigung) in den Dialogen die angekündigte zentrale Bedeutung, noch kann die Burgherrin Vernunft des Vorworts nach Auskunft des zweiten Teils gegen Laster helfen. Die Antwort auf die laut Vorwort leichte Frage „wem der Sieg gehört", scheint im Blick auf die einzelnen Dialoge keinesfalls leicht und bestenfalls zwiespältig möglich zu sein.

Durchweg bauen die von *ratio* vorgetragenen Argumente *nicht* aufeinander auf, sind teilweise untereinander widersprüchlich, folgen nicht gemeinsam bestimmten philosophischen „Sekten". Petrarcas Text rät *nicht* Zurückweisung der Affekte der Freude und Trauer als allgemeines Allheilmittel gegen alle Arten von Glücks- oder Unglücksfällen an, preist *nicht* Seelenruhe als aus jeder Situation heraus anzustrebendes Ziel, sondern lässt sich in seinen 254 Dialogen ein auf die wechselhafte Fülle dessen, was Menschen an scheinbar Erfreulichem und scheinbar Unerfreulichen zustoßen kann, und gibt situationsbezogenen Rat. Die *Auctoritates* und *exempla* (seien es biblische oder antike oder zeitgenössische) werden nicht als etwas geboten, das zum handeln zwingt, ihre Lehren und Beispiele nicht als etwas, dem zu *folgen*, sondern als etwas, das zu *bedenken* ist – wie Petrarca auch mehrfach dazu rät, den Rat zu berücksichtigen, mit räumlich wie zeitlich Getrennten in Unterredung zu treten.[53] Freude, Hoffnung, Trauer,

---

[53] Ein und dieselbe Aussage eines so Abwesenden kann in mehr als nur einer Situation genutzt werden: So übernimmt z.B. DR II, 51 (*De amisso fratre*: „Über den Verlust des Bruders", DR lat. 171s) einen guten Teil der Argumentationen, die sich in dem Seneca zugeschriebenen Werk: Ps.-Seneca: *De remediis fortuitorum* (s. Lit. I.2.2) finden, dort jedoch im Kapitel über den Verlust einer guten **Ehefrau** (*op. cit.*, S. 127–129) – ohne jedoch darauf zu

Furcht lassen sich durch die Vernunft allein nicht beherrschen, ja nicht einmal immer mäßigen.

Ratschläge in *De remediis* betreffen nicht nur Handlungen, zu denen geraten wird, sondern auch Haltungen zu Situationen. Die Ratschläge sind so gestaltet, dass – sollte je im eigenen Leben eine ähnliche Situation eintreten – die Leserin oder der Leser mehrere Alternativen zur eigenen Auswahl haben. Betrachtet man die Reihenfolge der Vorschläge in den einzelnen Dialogen, so scheint sich – wo eine Ordnung erkennbar ist – zu zeigen:[54] Die „sanfteren" Handlungsweisen zuerst und die „heftigeren" zuletzt: Im Falle des ungeratenen Sohnes zunächst die Ratschläge, die die eigene Haltung zu diesem betreffen, dann jene, die das Einwirken auf ihn betreffen, dann der der Trennung; im Falle des Bürgerkriegs zunächst das, was zum Vermeiden desselben beitragen kann, dann der Versuch, wieder Frieden zu erreichen, dann das Parteiergreifen und das Handeln für die ergriffene Partei: zunächst durch Reden, und wenn auch das nicht hilft: durch Beten und bürgerlich Handeln; und auch im Falle des Leidens unter einem ungerechten Herrscher erst *zuletzt* der Hinweis darauf, dass, so es auch nur einen einzigen guten Bürger gebe, der Tyrann sich nicht halten werde: Das zurückhaltendere Handeln vor dem weniger zurückhaltenden zu versuchen, Härte erst einzusetzen, wo Weichheit wirkungslos war.

Im Kontext dieses Kapitels ist von besonderem Interesse der 96. Dialog des ersten Teils von *De remediis*: „Von König- und Kaisertum" (*De regno et imperio*).[55] Eine Mischung von reichlich Gelehrsamkeitsfrüchten (insbesondere die Ausführungen zu antiken römischen Kaisern), von Allgemeinem (z.B. Aufforderung zu gerechtem Verhalten, um nicht nur dem Namen nach König, der Sache nach aber Tyrann zu sein, der gute König als Diener der Allgemeinheit), von Bemerkenswertem (z.B. das Spiel mit der Punktmetapher gegen Ende des Dialogs[56]), von kaum als Auseinandersetzung – es sei denn als lobende – mit Karl Lesbarem

---

verzichten, das (ziemlich misogyne) Material auch in seinem (Petrarcas) eigenen Dialog über den Verlust der Ehefrau (DR II, 18) ebenfalls einzusetzen.

[54] Das Folgende ist entnommen Lit. II.5 (Kuhn 2007).

[55] DR I, 96: DR lat. 96–100.

[56] DR lat. 100: eine bemerkenswerte Mischung aus Seneca-Rezeption, Geometrie, Astronomie, politischem Denken.

(wie der Hinweis, jede Erwartung als König Ruhe zu finden, werde trügerisch sein, die Warnung vor dem Glauben, als Herrscher alles tun zu können, die Aufforderung, keine Rache zu üben), und von direkt auf Karl IV. Beziehbarem (die Aufforderung zur „reformatio" des Herrschaftsbereichs – die von Karl ja spätestens bis 1356 recht gründlich und nachhaltig durchgeführt wurde, die Warnung vor der Durchführung von und Freude an kostspieligen Projekten, die kaiserliche Erwartung, mit dem Geld der Städte werde sich derlei wohl erledigen lassen), und dazwischen[57] dies:

> FREUDE: Zum Römischen Kaiser bin ich gemacht worden.
> VERNUNFT: Ein stark leuchtender Name, aber ein sehr schweres Amt. Auf Großes zu achten ist schwierig: Zusammengestürztes aufzurichten, Verstreutes zu sammeln, Verlorenes wiederzugewinnen, Verformtes zu reformieren, und die Bestellung einer Wüste, eines von vielen seit langem vernachlässigten Ackers hast Du unternommen. Harte Felder brauchen viele Legionen, trockene Wiesen viele Bäche. Fieber und Kälte sind Dein Teil. Falls Du Erfolg hast: So wirst Du Lob davon haben, was bleibt, erntet Dein Nachfolger; die Ernte ist spät, sie verlangt viele Sommer.

Und:[58]

> FREUDE: Ich bin der Römische Kaiser: der Herr der Welt.
> VERNUNFT: Es war einmal eine Zeit, da man dies fast als wahr aussprechen konnte – aber wohin sich die Angelegenheit zurückentwickelt hat, das siehst Du …

Die „Vernunft" Petrarcas in *De remediis* spricht zu dem Kaiser in *De remediis*, wie Kaiser Karl in seinen Briefen an Petrarca zu Petrarca gesprochen hatte: Eindringlich verweisend auf die Schwierigkeit, ja (Quasi-)Unmöglichkeit, für und durch sich selbst alten kaiserlichen Glanz wiederzubeleben, die (Über-)größe der Aufgabe, deutlich aussprechend, dass die Zeiten sich geändert haben,

---

[57] DR lat. 97: *G[AUDIUM]. At Romanus imperator factus sum.*
*R[ATIO] Clarissimum nomen, sed durissimum officium: Magna servare difficile est, quid collapsa erigere, sparsa colligere, recuperare perdita, deformia reformare, & deserti cultura ruris multisque diu neglectam suscepisti, multis egent dura arva legionibus, multis prata rivis arentia, æstuandum algendumque tibi est, si successerit. Tu hinc laudem, reliqua successor tuus metet, sera est messis, multas poscit æstates.*
[58] DR lat. 99. *G[AUDIUM]. Sum Romanus Imperator, mundi dominus.*
*R[ATIO] Fuit quando id dici prope veraciter poterat, quorsum vero redierint res vides …*

die Zeiten für einen Kaiser, der Herr der Welt ist, vorbei sind. Petrarcas *Ratio* vertritt (hier) die Position, die Petrarca in seiner Korrespondenz mit Karl IV. und in seinen Gesprächen mit Karl in Italien und wohl auch 1356 in Prag als Position Karls kennengelernt hatte, ist durch den Kontakt mit Karl im emphatischen Sinne *informiert*.

## Exkurs

Ein Wort ist bisher nicht gefallen: „**Humanismus**".[59] Das wird – abgesehen von diesem Exkurs (und von Titeln sekundärliterarischer Werke) – auch in den folgenden Kapiteln dieses Bandes so bleiben.

Festzustellen ist, dass es in der in diesem Band behandelten Zeit Personen gegeben hat, die für das von ihnen geschriebene Latein klassischen Vorbildern den Vorzug vor moderneren *termini technici* und einfache Satzstrukturen benutzenden neueren Autoren gegeben haben. Zweifellos hat es Personen gegeben, die sich mehr für Literatur, Rhetorik, Geschichte, Geschichtsschreibung und Ethik interessiert haben als für Naturphilosophie und Metaphysik; des weiteren Personen, die in Petrarca so etwas wie einen intellektuellen Urahnen gesehen haben; ferner Personen, für die Briefwechsel und Briefwechselnetzwerke große Bedeutung hatten; auch Personen, deren intellektuelles Umfeld weitgehend außerhalb von Universitäten verortet war; ebenso Personen, die reichlich Gebrauch von antiken *Exempla* gemacht haben; sogar Personen, deren Amtsbezeichnung „umanista" war – und dennoch gibt es weder eine Notwendigkeit davon auszugehen, es habe eine Strömung oder Bewegung namens „Humanismus" gegeben, noch ist zu unterstellen, es habe (abgesehen von denen, die entsprechend bezeichnete Stellen an höheren Lehranstalten hatten) eine hinreichend zu bestimmende Gruppe von Personen gegeben, die plausibel als „Humanisten" zu bezeichnen wären.

Unter jenen, die über „Humanismus" und „Humanisten" geschrieben haben und schreiben, besteht alles andere als Einigkeit darüber, was denn „Humanismus" sei.[60] Wie auch immer man Humanismus definiert –, und sei es als Denkstil, wie es Sabrina

---

59  Zu Petrarca (und auch Cola) und Humanismus im Kontext Prag s. Lit. II.4 (F. L. Borchardt 1977).
60  s. Lit. II.5 (S. Ebbersmeyer 2010). I.6 (A. Mazzocco, ed., 2006 [Mazzocco, Grendler, Fubini, Keßler 2006]).

Ebbersmeyer tut – man wird sich nicht nur fragen müssen, wie groß die Chancen sind, dass andere die jeweilige Definition und ihre Prämissen mittragen, sondern vor allem auch, welchen Gewinn an Erkenntnis über Vergangenes man dadurch hat. Die Frage ist, ob man bei der Verwendung von Konzepten, die nach der Zeit, über die man erzählt, entstanden sind, nicht mehr als nötig über die eigene Zeit erzählt und weniger als möglich über die Vergangenheit.

In diesem Band wird versucht, ohne das Konstrukt „Humanismus" auszukommen.[61] Dass ich dabei – meist ohne es im Einzelfall zu wissen und zu wollen – vermutlich reichlich Gebrauch von anderen Konstrukten machen werde, ist mir bewusst. Ich hoffe, dass künftige Kritik zu künftiger Reduktion solchen Gebrauchs führen kann und wird.

## I. Primärliteratur

### 1 Primärliteratur original (inkl. Editionen)

#### 1.1 Petrarca

Vittorio Rossi (ed.): Francesco Petrarca: *Le Familiari | Volume Primo: Introduzione e Libri I–IV*, Firence 1933.

Francesco Petrarca: *Opera quæ extant omnia*, Tomus I, Basileæ [Henrichus Petri] 1554 <reprint: Ridgewood 1965, online zugänglich unter URL http://adrastea.ugr.es/search*spi/aPetrarca%2C+Francesco%2C+1304-1374/apetrarca+francesco+1304+1374/-3,-1,0,B/l962&FF=apetrarca+francesco+1304+1374&12,,38,0,-1>, Soweit *De remediis* nach dieser Ausgabe zitiert wird erfolgt die Zitation als „**DR**", gefolgt von der Angabe des Hauptteils in Römischen Ziffern und der Nummer des Dialogs in arabischen Ziffern: z.B.: *De vasis Corinthiis* aus Teil Eins als „DR I, 42".

---

[61] Wie auch generell ohne vermeidbare Bezugnahme auf (andere) philosophische „Sekten": siehe hierzu das Vorwort.

## 1.2  Karl IV.

MGH-Ausgabe (zitiert als „BA"): Wolfgang D. Fritz (ed.): *Constitutiones et acta publica imperatorum et regum. Dokumente zur Geschichte des Deutschen Reiches und seiner Verfassung 1354–1356*, Weimar 1978.

Carolus IV. imp.: *Vita Caroli Quarti: Die Autobiographie Karls IV.*, ed. & trans. Eugen von Hillenbrand, Stuttgart 1979.

## 1.3  Sonstiges

Dante Alighieri: *Monarchia* (ed. Pier Giorgio Ricci [Roma 1978]) elektronisch verfügbar unter http://www.liberliber.it/biblioteca/a/alighieri/monarchia/pdf/monarc_p.pdf und ed. Pier Vincenzo Mengaldo [Milano 1996] unter http://www.bibliotecaitaliana.it/exist/bibit/search.xq?term1=%27bibit001024%27 (wenn nicht anders angegeben, benutze ich hier diese zweite Ausgabe).

Richard Scholz: *Unbekannte kirchenpolitische Streitschriften aus der Zeit Ludwigs des Bayern (1327–1354): Analysen und Texte*, 2 Bde., Rom 1911.

Ernst Dümmler (& al.): *Libelli de lite imperatorum et pontificum saeculis XI. et XII. conscripti*, 3 Bde., 1891–1897 (Hannoverae: Impensis Bibliopolii Hahniani, elektronisch zugänglich unter http://bsbdmgh.bsb.lrz-muenchen.de/dmgh_new/app/web?action=loadBook&bookId=00000828, http://bsbdmgh.bsb.lrz-muenchen.de/dmgh_new/app/web?action=loadBook&bookId=00000829).

Marsilius de Padua: *Defensor pacis*, Hannover 1932, S. 1–4. (Diese Ausgabe zitiert als DP.)

Lupoldus de Bebenburg: *Politische Schriften des Lupold von Bebenburg* (edd. Jürgen Miethke & Christoph Flüeler), Hannover 2004.

Samuel Steinherz (ed.): *Ein Fürstenspiegel Karls IV.* (= „Quellen und Forschungen aus dem Gebiete der Geschichte: 3. Heft") Prag 1925.

2 Primärliteratur übersetzt (inkl. zweisprachigen Ausgaben)

*2.1 Petrarca*

Francesco Petrarca (ed. & trans. Berthe Widmer): *Aufrufe zur Errettung Italiens und des Erdkreises. Ausgewählte Briefe Lateinisch – Deutsch,* Basel 2001.

Francesco Petrarca: *De sui ipsius et multorum ignorantia. Über seiner und vieler anderer Unwissenheit* (ed. & intr. August Buck, trans. Klaus Kubusch) Hamburg 1993.

Francesco Petrarca (trans & comm. Conrad H. Rawski): *Remedies for Fortune Fair and Foul. A modern English translation of De remediis utriusque Fortune, with a commentary,* Bloomington & Indianapolis 1991 (hier zitiert als „Rawski 1", „Rawski 2", … „Rawski 5").

Francesco Petrarca (trans. Rudolf Schottlaender): *De remediis utriusque fortunae. – Zweisprachige Ausgabe in Auswahl, übersetzt und kommentiert,* München 1975 (Neuausgabe: München 1988).

*2.2 Sonstiges*

Ps.-Seneca [ed. & trans. Robert J. Newman]: *Lucii Annaei Senecae De remediis fortuitorum liber ad Gallionem fratrem,* Baltimore 1984.

## II. Sekundärliteratur

1 Zu Karl IV.

Ferdinand Seibt: *Karl IV. Ein Kaiser in Europa 1346 bis 1378,* München 1994.

Charles Calvert Bayley: *Petrarch, Charles IV, and the ‚Renovatio Imperii‘,* in: „Speculum" 57.3 (1942), S. 323–341.

Jiří Spěváček: *Karl. IV. Sein Leben und seine staatsmännische Leistung,* Praha 1978.

Eva Schlotheuber: *Petrarca am Hof Karls IV. und die Rolle der Humanisten,* in: „Petrarca 2004 in München! Texte von Beiträgen zur Interdisziplinären Vortragsreihe durch Münchner Gelehrte zur Feier der 700. Wiederkehr des Geburtstags Francesco Petrarcas im Sommersemester 2004" (2004-09-21), URL: http://www.phil-hum-ren.uni-muenchen.de/SekLit/P2004A/Schlot heuber.htm.

Paul Kirn, in: *§ 17. Deutsche Geschichte von 1254–1519*, in: „Jahresberichte für deutsche Geschichte" 2 (1928), S. 286s <online zugänglich unter http://pom.bbaw.de/exist/servlet/JDG/ scripts/browse.xql?id=JRE02171&year=1926>.

## 2 Zu Prag und zur Prager Universität

František Šmahel: *Die Präger* [sic!] *Universität im Mittelalter / The Charles University in the Middle Ages. Gesammelte Aufsätze / Selected Studies*, Leiden 2007.

Ivana Čornejová, Michal Svatoš & Petr Svobodný (edd.): *A History of Charles University 1348–1802* (= Karel Beránek et al. [edd.]: A History of Charles University, Vol. 1), Prague: Charles University 2001, darin insbes.: František Šmahel: *The Faculty of Liberal Arts*, S. 93–120.

Matthias Makowski: Praga Caput Regni. Untersuchungen zur Sprache und Kulturgeschichte des Mittelalters, Frankfurt a.M. 1994.

Renate Dix: *Frühgeschichte der Prager Universität. Gründung, Aufbau und Organisation 1348–1409*, Bonn 1988.

Zhang Tao (= 张弢): *Fehlgründungen von Universitäten im Spätmittelalter – Motive und Bedingungen für die Entstehung der mittelalterlichen Universität*, Heidelberg 2010 (elektronisch verfügbar unter URL http://archiv.ub.uni-heidelberg.de/volltext server/volltexte/2010/11054/pdf/ZHANG_Tao_2010_Diss.pdf [gesehen: 2011-02-11] via http://archiv.ub.uni-heidelberg.de/voll textserver/volltexte/2010/11054/ bzw. http://www.ub.uni-heidel berg.de/archiv/11054), S. 99–105 zusammen mit S. 350–398.

## 3 Zu Theorie der Politik

Kaus von Beyme: *Geschichte der politischen Theorien in Deutschland 1300–2000*, Wiesbaden 2009.

Pier Giorgio Ricci: *Il commento di Cola di Rienzo alla „Monarchia" di Dante*, Spoleto 1980 (ursprünglich in „Studi medievali" 6.2 [1965]).

Karl Brandi: *Cola di Rienzo und sein Verhältnis zu Renaissance und Humanismus,* Darmstadt 1965 (ursprünglich in „Vorträge der Bibliothek Warburg" 5 [1925/26]), S. 95–121.

## 4 Zur *Bulla Aurea* Karls und zu Kontexten

Jean-Marie Moegelin: *Das Erbe Ludwigs des Bayern,* in: Ulrike Hohensee (et al., edd.): „Die Goldene Bulla: Politik – Wahrnehmung – Rezeption"; Band 1, Berlin 2009, S. 17–38.

Michael Menzel: *Feindliche Übernahme. Die ludovicianischen Züge der Goldenen Bulle,* in: Ulrike Hohensee (et al., edd.): „Die Goldene Bulla: Politik – Wahrnehmung – Rezeption"; Band 1, Berlin 2009, S. 39–63.

Robert Suckale: *Zur Ikonographie der deutschen Herrscher des 14. Jahrhunderts. Rudolf I. – Ludwig IV. – Karl IV.,* in: Ulrike Hohensee (et al., edd.): „Die Goldene Bulla: Politik – Wahrnehmung – Rezeption"; Band 1, Berlin 2009, S. 327–348.

Anna Modigliani & Andreas Rehberg (edd.): *Cola di Rienzo e il Comune di Roma,* 2 Bd. 2, Roma 2004.

Frank L. Borchardt: *First Contacts with Italy: German Chancellery Humanism in Prague* (1977/2008-04-20), URL: http://web.archive.org/web/20080420111330/www.duke.edu/~frankbo/pdf/Prague1.htm, ursprünglich veröffentlicht in: Gerhart Hoffmeister (ed.): „The Renaissance and Reformation in Germany: An Introduction", New York 1977), S. 1–16 (ich habe die Druckversion nicht eingesehen).

Konrad Burdach (ed.): *Vom Mittelalter zur Reformation. Forschungen zur Geschichte der deutschen Bildung.* Vierter Band: Aus Petrarcas ältestem deutschen Schülerkreise, Berlin 1921.

## 5 Zu Petrarca

Florian Neumann: *Francesco Petrarca,* Reinbek bei Hamburg 1998.

Karlheinz Stierle: *Francesco Petrarca. Ein Intellektueller im Europa des 14. Jahrhunderts,* München 2003 (insbes. für Literaturangaben).

Eckhard Keßler: *Die Philosophie der Renaissance. Das 15. Jahrhundert,* München 2008 (S. 191–195 für Literatur insbes. zu Petrarca als Philosoph, S. 17–26 für philosophische Interpretationen Petrarcas).

Sabrina Ebbersmeyer: *Homo agens. Studien zur Genese und Struktur frühhumanistischer Moralphilosophie*, Berlin 2010, cap. I.1 „Moralphilosophie im Dienst des Lebens: Francesco Petrarca (1304–1374)“.

Andreas Kamp: *Petrarcas Philosophisches Programm. Über Prämissen, Antiaristotelismus und „neues Wissen“ von „De sui ipsius et multorum ignorantia“*, Frankfurt am Main 1989.

Bruno Méniel: *Pétrarque et la tradition de l'invective*, in: Luisa Secchi Tarugi (ed.): „Francesco Petrarca: L'opera latina: Tradizione e fortuna: Atti del XVI Convegno internazionale (Chianciano – Pienza 19–22 luglio 2004“, Firenze 2006, S. 219–234.

Marco Laffranchi: *Il problema dell'eternità del mondo nel De ignorantia*, in: Luisa Secchi Tarugi (ed.): „Francesco Petrarca: L'opera latina. Tradizione e fortuna. Atti del XVI Convegno internazionale (Chianciano-Pienza 19–22 luglio 2004“, Firenze 2006, S. 535–550.

Heinrich C. Kuhn: *Spannungen und Spannendes in Petrarcas Schrift über die Heilmittel gegen beiderlei Fortuna* in „Petrarca 2004 in München! Texte von Beiträgen zur Interdisziplinären Vortragsreihe durch Münchner Gelehrte zur Feier der 700. Wiederkehr des Geburtstags Francesco Petrarcas im Sommersemester 2004“ (2004-09-22), URL: http://www.phil-hum-ren.uni-muenchen.de/SekLit/P2004A/Kuhn.htm.

Heinrich C. Kuhn: *Petrarcas „De remediis“. Ethik ohne Richtschnur?* (2007-08-20, URL: http://www.phil-hum-ren.uni-muenchen.de/php/Kuhn/ePub/Pet05/20070820.htm, gedruckt in abweichender Fassung in Sabrina Ebbersmeyer und Eckhard Keßler (edd.): „Ethik – Wissenschaft oder Lebenskunst? – Modelle der Normenbegründung von der Antike bis zur Frühen Neuzeit“, Berlin 2007), S. 127–141.

George W. McClure: *Sorrow and consolation in Italian humanism*, Princeton 1991.

Manfred Lentzen: *La fortuna del „De remediis utriusque fortunae“ del Petrarca nei paesi di lingua tedesca; Sebastian Brandt e il Petrarca*, in: Luisa Secchi Tarugi (ed.): „Francesco Petrarca: L'opera latina. Tradizione e fortuna. Atti del XVI Convegno internazionale (Chianciano – Pienza 19–22 luglio 2004“, Firenze 2006, S. 361–372.

Luisa Secchi-Tarugi: *Alcuni Principi del Ben Vivere nel De remediis utriusque fortunae di Francesco Petrarca,* in: Natalia Agapiou (ed.): „Anagorismos: Studi in onore di Hermann Walter per i 75 anni", Bruxelles 2009, S. 447–463.

## 6 Zu „Humanismus"

Angelo Mazzocco (ed.): *Interpretations of Renaissance Humanism,* Leiden 2006, darin insbesondere die (auch Historie und Hintergründe des Ringens um die Bestimmung dessen, was „Humanismus" sei, referierenden und diskutierenden) Beiträge von Mazzocco, Grendler, Fubini und Keßler. Angelo Mazzocco: *Introduction* [S. 73–95] (zur Geschichte der Humanismusbegriffe/konzepte von den Anfängen bei Georg Voigt [1859] bis zur Mitte des zwanzigsten Jahrhunderts, S. 7s zu „Humanismus" vor Petrarca); Paul F. Grendler: *Humanism. Ancient Learning, Criticism, School and Universities* [S. 73–95] (u.a. S. 74sqq zu den Thesen von Anthony Grafton, Lisa Jardine, Robert Black); Riccardo Fubini: *Humanism and Scolasticism. Toward an historical Definition* [S. 127–136]; Eckhard Keßler: *Renaissance Humanism. The Rethorical Turn* [S. 181–197] [auch elektronisch zugänglich unter URL http://www.phil-hum-ren.uni-muenchen. de/php/Kessler/Toronto2003.htm] (siehe dort nicht zuletzt S. 181 die Auseinandersetzung mit Nutzen und Gefahren von Konzepten wie „Idealismus", „Platonismus", „Realismus", „Humanismus" und die Aussage „Humanism is an invention of the nineteenth century", S. 182 zu Humanisten als Lehrern der *studia humanitatis,* S. 183sqq eine sehr produktive Auseinandersetzung mit Black); Angelo Mazzocco: *Petrarch. Founder of Humanism* [S. 215–241] (nicht zuletzt S. 223s zu Petrarca als Wiederhersteller der *studia humanitatis* bei Leonardo Bruni).

# Padua 1408

Padua, das ist die Stadt mit der – zumindest im Blick auf philosophische Werke, die in ihrem Kontext entstanden sind –wohl best-
untersuchten Universität der Renaissance.[1] Und dies nicht zuletzt
wegen der dieser Universität aufgrund der Tradition an Aristoteles
orientierter Aristotelesauslegung zugewachsenen Fama, Ort reli-
gionsunabhängiger Philosophie gewesen zu sein.[2] 1408 ist das
wahrscheinliche Jahr der Entstehung[3] der *Summa philosophie
naturalis*[4] des Paulus Venetus[5] (Paolo Nicoletti Veneto da Udine,
1369–1429), Dozent an der Universität Padua.[6]

Sein Orden (die Augustinereremiten – OESA –, denen er vermutlich ca. 1383 beigetreten war) hatte beträchtlich in seine Ausbildung investiert, zunächst Heimatkonvent, Santo Stefano in
Venedig, dann ab Dezember 1387 der Konvent in Padua, wo er
von 1387 bis 1390 u.a. – auf Basis der Werke des Aristoteles –
Naturphilosophie studiert hatte. Die Zeit von 1390 bis vermutlich
ca. Jahreswechsel 1393/1394 verbringt er in der Studieneinrichtung
des Ordens in Oxford, 1394 bis 1396 unterrichtet er im Paduaner
Konvent als *cursor* (eine Übergangsphase zwischen Student und
Dozent), dann von 1396 bis 1399 als *lector*, 1399/1400 vermutlich
als *opponens*, anschließend mit Sentenzen und Bibelauslegung
beschäftigt, dann zwischen 1403 und 1405 als *inceptor*. Im Mai

---

[1]  Als hervorragenden Einstieg und Überblick (und auch für weiterführende
    Literatur) s. Lit. I: P.F. Grendler; zudem H.C. Kuhn 1996, S. 821–864; be-
    sonders auch J.-P. Schobinger 1998.
[2]  Wichtigster „Leittext" für diese Fama ist E. Renan 1866 (reprint 1986) (s.
    Lit. I).
[3]  Datierung wie durch Alan R. Perreiah in Paulus Venetus 2002 (Lit. II.1).
    1408 war Paulus Venetus Dozent für Artes und Theologie in Padua (und
    damit für Unterricht in von der *summa philosophie naturalis* abgedeckten
    Gebieten zuständig), 1409 tritt er sein Amt als Generalprior der
    Augustinereremiten an.
[4]  Alternativer Titel: *Summa naturalium*. Die Ausgabe Venedig 1503 wurde
    von mir für dieses Kapitel im Nachdruck 1974 verwendet und im Folgen-
    den als „SPN" zitiert.
[5]  Zu Paulus Venetus siehe insbesondere Lit. II.2 (E. Keßler 2008, S. 146–
    150.245f.). Den Versuch einer ausführlichen Darstellung eines behaupteten
    „Systems" des Paulus Venetus im Blick auf Metaphysik und deren logische
    Grundlagen bietet A.D. Conti 1996 (Lit. II.2).
[6]  Zur Vita s. Lit. II.2 (R. Perreiah 1986, S. 7–33). Wo nicht anders angegeben,
    folgen meine Angaben zur Biographie des Paulus Venetus Perreiahs Buch.

1408 unterrichtet er als *doctor artium et theologiae* nicht mehr im Konvent, sondern an der Universität Padua, deren nicht-juristisch/theologischer Zweig, die *Universitas Artistarum*, erst 1399 gegründet worden war. Seit 1405 unterstehen Padua und die Universität der *Serenissima Repubblica di Venezia*;[7] spätestens ab 1415 mischt sich Venedig massiv in die Angelegenheiten der Universität ein. Im Mai 1409 wird Paulus Venetus von Papst Gregor XII. zum Generalprior des Augustinerordens ernannt, doch Venedig schließt sich bald später dessen Konkurrenten Alexander V. an, der im September 1409 alle Verwaltungsakte Paulus' für nichtig erklärt; im Februar 1410 legt dieser das Amt des Generalpriors nieder. Bereits ab Herbst 1409 ist Paulus Venetus immer wieder in diplomatischer Mission für die *Serenissima Repubblica* unterwegs (nach Ungarn, nach Ulm, nach Krakau). An die 33 Studenten hat er in seiner Zeit in Padua (bis 1420) examiniert, zwei davon 1408, in dem Jahr, in dem er vermutlich seine *Summa philosophie naturalis* abschloss.

In seinem Widmungsbrief von Anfang Dezember 1502 für die Ausgabe Venedig 1503 der *Summa philosophie naturalis* schreibt Paulus de Genezano, OESA, an seinen Ordensbruder, den Theologen Paulus Zabarella u.a.[8]:

> Zugestanden, dass unser Paulus Venetus in fast der ganzen Philosophie hochgelehrte Kommentare zustande gebracht hat, hat er doch nie etwas Gelehrteres als diese Summa der Natürlichen herausgegeben oder etwas Nützlicheres herausgebracht. Denn was auch immer er in den anderen [Werken zu den selben Themen] höchstausführlich gesagt hat, das hat er in ihr sozusagen unter Entfernung der Hefe und Entfernung der Nussschalen streng summarisch und sehr knapp zusammengetragen: So dass dort nur der süßeste Nektar der ganzen Philosophie unter dem Gewicht der Presse hervorgedrückt erscheint.

---

[7]  s. Lit. I (A. Zorzi 1987, S. 725.240–248).

[8]  Zunächst der lateinische Text (SPN f. [vi.] v): *Paulus noster venetus licet in tota fere philosophia quamdoctissima commentaria machinatus fuerit: numquam tamen hac naturalium summa aliquid aut doctius edidit: aut utilus emisit. Namque quicquid in aliis diffusissime dixerat: in ae quasi resecatis fecibus et putaminibus amputatis strictum summatim et quambrevissime congessit. Adeo ut inibi tantum totius philosophie dulcissimum nectar sub preli pondere expressum videatur.* (Ich „normalisiere" hier und durchweg den Gebrauch von „u" und „v" und füge nach Satzzeichen Spatia ein, wo solche in der Vorlage fehlen, lasse den Textstand ansonsten aber unverändert.)

Ein Lob der summarischen, kompendiarischen Darstellung über die Behandlung in ausführlichen Kommentaren, und zugleich die Aussage, die ganze angenehme Essenz der Philosophie lasse sich aus der Behandlung dessen gewinnen, was sich in der *Summa philosophie naturalis*[9] des Paulus Venetus findet, die nur die *Physica, De cælo, De generatione et corruptione, Meteora, De anima, Metaphysica* des *Corpus Aristotelicum* zu Gegenständen hat, findet sich in diesem Widmungsbrief des Paulus de Genezano.

Paulus Venetus selbst schreibt zu Beginn des Werkes[10]:

> Gefesselt durch die Bitten mehrerer, deren Hirne vor längerer Zeit meine Einführungsvorlesung in das Fach Logik[11] liebkost hat, dass ich auf entsprechende Weise in Bezug auf die Naturdinge und physischen Lehren ein Kompendium machen möge, so dass sie leichter und tiefer den Aristoteles und die Geheimnisse der ganzen Natur schmecken könnten, werde ich ebenso eine essentielle Reihe [von Werkteilen] von Allgemeinen, zu den Eigentümlichen eine kurzgefasste Summe der Naturdinge zusammenschreiben, in der ich nicht nur meine eigene Lehre, sondern auch die [Lehren] der wichtigen [anderen Autoren] und der vorangegangenen Väter erläutern werde.
>
> Dieses Werk habe ich aber nicht nur mit dem Ziel zu schreiben angeboten, dass ich mich bemühe quasi Unbekanntes den es Lesenden zu beweisen – da jemand nicht zweifelt, dass viele über die Wissenschaft jener Dinge vielbändige Werke herausgebracht haben, sondern eher

---

9 Zur *Summa philosophie naturalis* (und nicht zuletzt ihren Anfangs- und Schlusspassagen) s. Lit II.2 (F. Bottin 1983, S. 85–124, hier S. 93–95).

10 Zunächst der lateinische Text (SPN f. 1ra): *Plurimorum asctrictus precibus: quorum pridem mee introductionis eloquium in facultate logice mentes demulserat: ut suo in naturalibus proportionis modo: physicisque doctrinis formarem compendium: quo facilius quoque et profundius Aristotele totiusque nature secreta gustarent: velut quadam essentiali serie ex communibus ad propria naturalium summam sub brevitatem conscribam: in qua non meam tamen: sed maiorum: predecessorumque patrum explicabo doctrinam. Opus autem istud non ad hoc solum formare proposui: ut quasi incognita legentibus studuerim demonstrare: cum multos unusquisque non dubitet de earum rerum scientia multiplicium librorum volumina edidisse: sed potius sub uno collecta volumine mentes scholarum eo vehementius tangerem: quo sub labore hic posita perlegissent. Et eo ardentius ad altiora pertingerent: quo dulcius hec illis fuissent oblata. Denique et ipse siquam forte non dicenda assero: aut aliter qum formanda proponam in scriptis: charitas que omnia sufferendo tolerat: mihi penitendi ignoscat. idque apud legentium obtineat animos: ut quod mei imbecillitas sensus minus docte firmaverit: eorum prudentie argumentum corrigendo elucidet ....*

11 Es geht um den Text, der als *Logica parva* weite Verbreitung fand: s. Lit. II.1 (Paulus Venetus 2002, S. XVII u. S. XX–XXVIII).

dass ich mit einem Band, der [all] das in einem Band versammelt hat, die Hirne der Studenten umso vehementer berühren möge, die mit Mühe das hier Vorgelegte durchlesen möchten. Und sie mögen desto brennender zu Höherem gelangen: desto süßer ihnen jene [hier behandelten Gegenstände] angeboten wurden.

Außerdem: wenn ich vielleicht etwas vertrete, das man nicht sagen sollte, oder anders als man es tun sollte in meinen Schriften vortrage, so möge die Liebe, die alles leidend erträgt, mich als jemanden Reumütigen begnadigen. Und dies möge von den Seelen der Lesenden Besitz ergreifen: dass das, was durch meine Dummheit mit ungelehrtem Sinn festgestellt sein wird, ein Argument ihrer Weisheit korrigierend erhellen möge.

Wie im Widmungsbrief von 1502 findet sich auch 1408 bei Paulus Venetus die Betonung der Nützlichkeit und Überlegenheit des kurzgefassten Kompendiums (und die Bestimmung des Zielpublikums: Studenten, die nach dem Philosophiestudium noch Weiteres planen) – darüber hinaus, dass Kenntnis des in der *Summa philosophie naturalis* Behandelten nicht Selbstzweck sei, sondern dem Übergang zu höheren Studien,[12] und dass das in der *Summa philosophie naturalis* Vorgetragene keinen Anspruch auf absolute Richtigkeit erhebe. Entsprechende Untersuchungen und statistische Daten fehlen meines Wissens; mir scheinen aber Vorläufigkeit und Kontextgebundenheit von „Wahrheit" etwas zu sein, das vermutlich dem Anspruch der meisten philosophischen Texte der Renaissance entspricht; Ausnahmen wie vielleicht Texte Biagio Pelacanis und die 900 Thesen Giovanni Pico della Mirandolas (bzw. das Projekt, zu dem sie gehören) scheinen diese Beobachtung eher zu bestätigen als abzuschwächen.[13]

Sowohl Paulus de Genezano als auch Paulus Venetus selbst hatten als *den* Vorzug der *Summa philosophie naturalis* ihre Kompendiennatur genannt. Es handelt sich um ein Werk für den Unterricht, ein Lehrbuch, um etwas, das Charles Schmitt in seinem Überblick über das Genre und seine Entwicklung in der Renais-

---

[12]  Gedacht ist wohl an Theologie (da die angesprochene Logik-Einführung, die *Logica parva*, noch dem Kontext von Paulus Venetus' Unterricht im Augustinerkonvent angehört – vgl. A.R. Perreiah 1986 [Lit. II.2], S. 115) und Medizin (zumindest wenn man annimmt, dass bereits 1408 so wie im 16. und 17. Jahrhundert das Studium der Philosophie Vorstufe zum Studium der Medizin war).

[13]  Siehe weiter unten zu Paulus Venetus' Thesen zur Ewigkeit/Einheit des Intellekts.

sance[14] als „philosophical textbook" bezeichnet. Die Zahl von mindestens 52 erhaltenen Handschriften ist für naturphilosophische Texte jener Zeit sehr hoch, liegt in der Größenordnung der Zahlen für die Metaphysik-Kommentare des Averroes, Avicenna, Albertus Magnus; gedruckt wird der Text mindestens 9-mal, zuerst 1474 in Mailand, zuletzt 1525 in Lyon: eine Auflagenzahl, die nicht viel geringer ist als die mindestens 13 Auflagen von Gregor Reischs *Margerita philosophica* zwischen 1503 und 1636, aber deutlich weniger als die mindestens 27 Auflagen des *Compendium philosophiæ naturalis*[15] des Franciscus Titelmannus (Frans Titelmans) zwischen 1530 und 1604. Reischs *Margerita* sind weitaus grundlegender, einfacher als das *Compendium* Titelmans. Beide Werke enthalten weit weniger Auseinandersetzung mit von den im jeweiligen Text vertretenen abweichenden Positionen als Paulus Venetus' *Summa philosophie naturalis*, deren Druckfortuna mit dem Beginn derer von Titelmannus' *Compendium* zu enden scheint. Philosophische Kompendien bzw. Lehrbücher sind ein Genre von insbesondere im 16. Jahrhundert steigender Popularität, ersetzen zunehmend ausführliche Kommentare zu den Werken des Aristoteles im universitären Unterricht[16]. Auch wenn in Padua selbst im 16. und 17. Jahrhundert die regulären philosophischen Vorlesungen detaillierter Auslegung ausgewählter naturphilosophischer Werke des Aristoteles gewidmet waren und blieben, so verdient Paulus Venetus' *Summa philosophie naturalis* nicht zuletzt als ein frühes und lange Zeit durchaus erfolgreiches Beispiel eines philosophischen Kompendiums besondere Aufmerksamkeit.

Im Folgenden werden einige der Inhalte dieses zum größten Teil aus *Quæstiones*[17] bestehenden Werkes vorgestellt. An vielen Stellen findet sich großes Interesse an quantitativer Analyse philo-

---

[14] Charles B. Schmitt: *The Rise of the Philosophical Textbook*, in: Charles B. Schmitt u.a. (Hg.): The Cambridge History of Renaissance Philosophy, 1988, S. 792–804.

[15] Alternative Titel: Compendium naturalis philosophiæ und De consideratione rerum naturalium und Philosophiae naturalis compendium und Philosophiæ naturalis libri XII und Physicae compendium.

[16] Charles B. Schmitt: a.a.O. (s. Anm. 14).

[17] Die von Paulus Venetus in diesem Werk verwendete Form ist meist die folgende: Vorspann·– diverse Positionen und Aussagen·– Einwände gegen diese Positionen (eingeleitet mit „Contra") – Widerlegung entweder der Einwände oder der Postionen (eingeleitet mit „Ad …"). Es empfiehlt sich stets die jeweiligen Texte genauer zu betrachten, um sicherzugehen, welchem Muster gefolgt wird.

sophischer Probleme nach Art der *Calculatores*,[18] an *intensiones* und *latitudines*, so z.B. sehr eindrücklich bei den Analysen zur „Qualität" im *De generatione et corruptione* gewidmeten Teil.[19] Auf wen die zahlreichen das Verständnis erleichternden Illustrationen – sowohl zu solch „Calculatorischem" als auch zu anderem[20] – der Ausgabe von 1503 zurückgehen, ist m.W. unbekannt – fester Bestandteil des Werkes sind sie nicht; nach dem, was sich im Explizit des Druckes von 1503[21] findet,[22]

> Es endet der sechste und letzte Teil der „Summe der Naturdinge": behandelt und kompiliert durch den verehrenswürdigen Doktor der Künste und der Theologie Meister Paulus Venetus, OESA: übernommen aus dessen eigenem und eigenhändigem Original; verbessert aber durch den verehrenswürdigen Bakkalaureus der Heiligen Theologie, Bruder Paulus de Genezano, [und] mit allem Eifer und aller Gründlichkeit auch in die[23] ursprüngliche Vollständigkeit wiederhergestellt.

könnten sie sowohl auf das Autograph des Paulus Venetus selbst als auch auf die „emmendationes" des Paulus de Genezano zurückgehen.

Die folgenden Beispiele, die sich nur auf den Text, nicht auf die Illustrationen beziehen, mögen einen Geschmack vom Inhalt der *Summa philosophie naturalis* geben.

---

[18]  Die klassische Einführung zu den „(Oxford) calculators" ist: Edith Dudley Sylla: *The Oxford calculators*, in: Norman Kretzmann u.a. (Hg.): „The Cambridge History of Later Medieval Philosophy Vol. 1: From the Rediscovery of Aristotle to the Disintegration of Scholasticism 1100–1600", 1982, S. 540–563.

[19]  SPN f.37v–38r.

[20]  Z.B. zur Reihenfolge der Sphären (SPN f. 24r), zu Epizyklen und Excentern (SPN f. 31r), Transfer von Wasser (SPN f. 55v).

[21]  Nach dem *Explicit* des Textes des Werkes des Paulus Venetus, und mit diesem nicht zu verwechseln.

[22]  Zunächst der lateinische Text (SPN f. 126r): *Explicit sexta et ultima pars summe naturalium: acta et compilata per reverendum artium et theologie doctorem Magistrum Paulum de Venetys ordinis fratrum heremitanum sancti Augustini: transsumpta ex proprio originali : manu propria prefati Magistri [id est Pauli de Venetiis]. Emmendata autem per venerabilem sacre theologie bachalarum fratrum Paulum de geneçano: omni studio ac diligentia: et sue pristini integritati restituta.*

[23]  Das „sue" kann sich, soweit ich sehe, sowohl auf den 6. (der Metaphysik gewidmeten) Teil als auch auf die gesamte *Summa philosophie naturalis* beziehen.

Im ersten Teil, dem *Liber Physicorum*,[24] werden in Kapitel 9 die später populär gewordenen Schlüsse von der Wirkung auf die Ursache und umgekehrt (der von John Herman Randall[25] als in Padua entdeckte Methode der modernen Naturwissenschaft behaupteten und in der Folge als solche heftig diskutierten „Regressus") zunächst als zirkulär abgelehnt, dann jedoch argumentiert Paulus Venetus, dass es sich um keinen Zirkel handele, da es beim Erkenntnisprozess nicht zwei, sondern drei Erkenntnisstufen gebe: 1. die Erkenntnis einer Wirkung ohne Überlegung („sine discursu"), als Erkenntnis *quia* bezeichnet; 2. die Erkenntnis der Ursache durch Kenntnisnahme von selbiger Wirkung, ebenfalls als Erkenntnis *quia* bezeichnet; 3. die Erkenntnis der Wirkung durch die Ursache, und dies werde als Erkenntnis *propter quid* bezeichnet (so dass erste und letzte Erkenntnis dieses Prozesses nicht identisch sind, und daher kein Zirkel vorliegt).

In Kapitel 15[26] wird diskutiert, ob „monströse" Naturdinge von der Natur „intendiert" seien. Es gibt zwei Arten von Natur, eine universale und eine partikuläre. Die Intention der universalen Natur betrifft alles, was gleichermaßen und auf die gleiche Weise unterhalb der Mondsphäre ist – zur Erläuterung werden Gott und die Sphärengeister genannt. Die Intention der partikulären Natur aber betrifft nicht alles. Und weiter[27]:

> Desgleichen ist die Intention eines Naturdings doppelt: Will heißen, [es hat] eine primäre [Intention,] mit der das natürliche Handelnde

---

[24]  SPN f. 1r–23r.

[25]  In seinem klassischen Werk *The Development of scientific Method in the School of Padua*, ursprünglich in „Journal of the History of Ideas" 1 (1940), S. 177–206, von mir benutzt in einem Reprint mit Fußnoten mit lateinischen Zitaten in John Hermann Randall: „The School of Padua and the Emergence of Modern Science", 1961, S. 13–68. Für neuere Blicke auf diese Diskussion siehe die Beiträge in dem von Daniel A. Di Liscia, Eckhard Keßler & Charlotte Methuen herausgegebenen Kongressband *Method and Order in Renaissance Philosophy of nature: The Aristotle Commentary Tradition*, Aldershot 1997.

[26]  SPN, f. 8rb–8vb.

[27]  Zunächst der lateinische Text (SPN, f. 8rb): *Item intentio entis naturalis est duplex. scilicet primaria qua agens naturale intendit aliquid optimum in ordine illius intentionis. Et minus principalis qua illud ens aliquid intendit secondario ex impotentia ad tale optimum. verbi gratia. lapis intentione primaria intendit medium mundi: et minus principaliter ratione distantie vel corrumpentium intendit esse supra medium mundi.*

etwas in der Ordnung jener Intention Optimales intendiert, und eine weniger prinzipielle [Intention,] mit der jenes Ding etwas Sekundäres intendiert, wegen seiner Impotenz zu jenem Optimum. Zum Beispiel: Mit seiner primären Intention intendiert ein Stein die Mitte der Welt, und weniger prinzipiell – wegen der Entfernung oder korrumpierender Umstände – intendiert er über der Mitte der Welt zu sein.[28]

Monster – hier verweist Paulus Venetus auf Albertus Magnus zum 2. Buch der Physik des Aristoteles – gibt es aus vier Gründen: 1. wegen unzureichender Materie (z.B. wenn ein Mensch sehr klein ist oder in Bezug auf irgendeines seiner Glieder einen Defekt hat); 2. wegen eines Überflusses an Materie (z.B. wenn ein Mensch zwei Köpfe hat oder 6 Finger an einer Hand); 3. wegen der Disposition oder Disconvenienz der Qualitäten (z.B. ein verbrecherischer oder weibischer Mann); 4. wegen eines Übels des Behältnisses (z.B. wenn ein Mensch mit Lepra gezeugt wird).[29] Die universale Natur intendiert keine Monstren, da die erste Ursache sie nicht hervorzubringen intendiert. Sie liegen auch nicht in der Intention der partikulären Natur, da sie zufällig entstehen. Aber die partikuläre Natur intendiert unter den bei der Produktion eines Monsters obwaltenden Bedingungen die Produktion eines Monsters. Denn sonst würde sie sich nicht um solche Produkte kümmern. Aber wir sehen, dass auch sechste Finger genausogut ernährt werden und wachsen wie die anderen. Und[30]:

Wie es sich in der Kunst verhält, so verhält es sich auch in der Natur. Aber die Kunst beabsichtigt bisweilen ein künstliches Monster hervorzubringen. Also beabsichtigt [auch] die Natur bisweilen ein natürliches Monstrum hervorzubringen. Der Obersatz stammt aus dem Zweiten Buch der Physik des Philosophen[31] und der Untersatz ist aus der Erfahrung bekannt.

Aus der Erfahrung menschlicher Kunst lässt sich also (zunächst,

---

[28]  D.h.: Der Stein „will" eigentlich zum Mittelpunkt der Erde fallen, aber da das nicht möglich ist, will er wenigstens bis zum Boden fallen.

[29]  SPN, f. 8va. Alle oben genannten Beispiele sind von Paulus Venetus angeführt.

[30]  Zunächst der lateinische Text (SPN, f. 8va): *4° sicut est in arte ita est in natura: sed ars intendit aliquando producere monstrum artificiale. igitur aliquando natura intendit producere monstrum naturale. maior est philosophi secundum physicorum. et minor est nota per experientia.*

[31]  Also des Aristoteles.

später eingeschränkt) auf das Verhalten der Natur schließen.[32] Da Monster Naturprodukte sind, gibt ihre Produktion auch keine Hinweise auf künftige Ereignisse.[33]

In Kapitel 41[34] – dem letzten des *Liber Physicorum* – geht es um die Ewigkeit der Welt „gemäß der Ansicht des Aristoteles im 8. Buch der Physik"[35] (wie man sich denn ohnehin darüber im klaren sein sollte, dass Paulus Venetus das, was er in der *Summa philosophie naturalis* vorträgt, dies kontextbewusst im Kontext akademischen Unterrichts zur Naturphilosophie auf der Basis der Werke des Aristoteles tut – und nicht in irgendeinem Kontext, in dem es z.B. um Wahrheit an sich oder Wahrheit auf der Basis oder im Lichte von Offenbarungstexten ginge).[36] Zunächst werden Argumente für die Ewigkeit der Bewegung (und der Welt) vorgetragen, dann Argumente dagegen („Contra"), dann nicht die Widerlegung der zunächst vorgetragenen Argumente, sondern die der Gegenargumente: als Widerlegung des Arguments, dass, wenn die Welt ewig wäre – da gemäß dem dritten Buch von Aristoteles' *De anima* die Seele eines jeden Menschen ewig ist –, eine unendliche Zahl von Seelen geben müsste, so dass es von etwas eine unendliche Anzahl gäbe, was den Ausführungen des Aristoteles im dritten Buch der *Physik* und im ersten Buch von *De cœlo* widerspreche; als Widerlegung dieses Arguments das Folgende, mit dem der ganze *Liber physicorum* abschließt[37]:

---

[32] Dies meine zusammenfassende Beobachtung – nichts, was sich so zusammengefasst bei Paulus Venetus fände. Siehe zudem unbedingt die Relativierungen und Einschränkungen (soweit ich sie verstehe, aber im Falle dieser Quæstio nicht Widerlegungen) in der Auseinandersetzung mit den Argumenten SPN, f. 8vas!

[33] SPN, f. 8vb.

[34] SPN, f. 22va–f. 23rb.

[35] SPN, f. 22va: „ex intentionem philosophi octo physicorum".

[36] Es geht auch nicht um primär die möglichst richtige Interpretation von Texten des Aristoteles als Texte des Aristoteles, nicht um philosophiehistorisches Arbeiten zu Aristoteles, wie im (unten behandelten) 16. Kapitel des *Liber Celi et mundi* zu sehen ist.

[37] Zunächst der lateinische Text (SPN, f. 23ra): *Deinde concedendo quod species sunt eterne: et quod infiniti homines fuerunt: et quod cuiuslibet hominis anima fuit incorruptibilis. Sed ex hoc non sequitur quod iam sint infinite: quia unicus est intellectus est in omnibus hominibus: secundum philosophum et Commentatorem in tertio de anima. Deo gratias. Amen.*

Des weiteren ist zuzugestehen, dass die Species[38] ewig sind, und dass es unendlich viele Menschen gegeben hat, und dass eines jeden [dieser] Menschen Seele unvergänglich war. Doch daraus folgt nicht, dass es schon unendlich viele davon gibt [wenn denn die Welt ungeschaffen ewig ist]: Denn ein einziger Intellekt ist in allen Menschen,[39] gemäß Aristoteles und Averroes im Dritten Buch über die Seele. Dank sei Gott. Amen.

Im Zweiten Teil, dem *Liber Celi et mundi*,[40] behandelt Paulus Venetus in Kapitel 16[41] die Frage, ob die Bewegung der Planeten unterschiedlich sei von der Bewegung der Excenter und Epizyklen. Er stellt die Existenz von Excentern und Epizyklen nicht in Frage, folgt der Ansicht der Astronomen, stellt fest, dass die Erde im Gesamtmittelpunkt der Sphäre der Planeten sei, auch wenn sie nicht im Mittelpunkt der Excenter liege – und erwähnt nicht einmal, dass Aristoteles (und ihm folgend Averroes)[42] nicht von der Existenz von Excentern und Epizyklen ausgingen, sondern davon, dass alle Sphären der Planeten ein und dasselbe Zentrum (die Erde) haben,[43] geschweige denn, dass er diese Ansicht des „Philosophus" und des „Commentator" diskutierte bzw. widerlegte: Die *Summa philosophie naturalis* steht im Kontext eines Unterrichts, einer an Aristoteles orientierten Naturphilosophie, ist aber durchaus kein Aristoteles-Kommentar, in dem primäres Ziel die möglichst richtige Interpretation der Texte des Aristoteles als Texte des Aristoteles wäre.

Im *Liber De generatione et corruptione* (dem dritten Teil der *Summa philosophie naturalis*)[44] wird in Kapitel 7[45] ausführlich und komplex[46] zu den Grundqualitäten Wärme, Kälte, Trockenheit,

---

38  Die Formen der Arten.
39  Also nicht ein unterschiedlicher in jedem von ihnen.
40  SPN, f. 23ra–36va.
41  SPN, f. 31rb–31vb.
42  Wie später auch Alessandro Achilini, Girolamo Fracastoro, Giovanni Battista Amico und Cesare Cremonini.
43  Zu diesen Systemen homöozentrischer Spären s. H.C. Kuhn 1996 (Lit. I), S. 440–449. Dort auch S. 448f. zu Alessandro Achilini, Girolamo Fracastoro, Giovanni Battista Amico (und S. 455 zu Cremonini).
44  SPN, f. 36vra–50ra.
45  SPN, f. 39ra–40rb.
46  Und mit einer Struktur, die auch hier von der sonst gewählten abweicht; hier: Grundlegende Einführung – Thesen 1–4 – Einwände gegen die Thesen 1–4 – Argumente gegen diese Einwände.

Feuchtigkeit sowie sinnlich wahrnehmbaren Qualitäten (inklusive Farben) und den Einflüssen der Himmelskörper („influentie celestes") auf die sublunare Welt gehandelt.[47]

Zu Beginn von Kapitel 18[48] wird festgestellt: „Daraus dass die Ursprüngliche Feuchtigkeit (das *humidum radicale*) kontinuierlich durch die Natürliche Wärme (*calor naturalis*) aufgelöst wird, und es bisweilen eine stärkere Auflösung als Wiederherstellung gibt, folgt, dass das Leben des Menschen oder anderer Tiere nicht ewig erhalten werden kann, sondern durch eine innere Tätigkeit notwendig aufhören muss."[49] Wenn der lebensnotwendige *calor naturalis* den Rest des nur teilweise wiederherstellbaren *humidum radicale* aufgebraucht hat, tritt der Tod ein.[50] (Bemerkenswert ist hier nicht zuletzt der Ort der Behandlung: innerhalb der allgemeinen Lehre über Werden und Vergehen, nicht bei der spezielleren – zu *Meteora* IV – und auch nicht im speziell Belebtem gewidmeten *Liber de anima* – ein weiterer Beleg dafür, dass die *Summa philosophie naturalis* nicht mit einem Aristoteles-Kommentar im engeren Sinne gleichzusetzen ist.) Paulus Venetus diskutiert die Möglichkeit, das Leben durch medizinische und/oder astrologische Kunst zu verlängern, und kommt zu dem Schluss[51]:

> Es ist unmöglich, dass ein wie auch immer guter Arzt oder Astrologe das Feuchte wiederherstellen kann nach dem Zeitpunkt, wenn es kontinuierlich ausgetrocknet wird und endlich das Leben aufhört. Und der Grund [dafür] ist [folgender]: Weil das Feuchte, das hinzu-

---

[47] Ich verzichte hier auf nähere Ausführungen zu Kapitel 7, da sich sonst aufgrund dessen Komplexität der Umfang des Padua-Kapitels vermutlich verdoppelt hätte – was wiederum dem Kapitel des Paulus Venetus mehr Bedeutung im Kontext seiner *Summa philosophie naturalis* gegeben hätte als m.E. angemessen wäre.

[48] SPN III.18: SPN, f. 45rb–45vb.

[49] SPN f. 54rb.

[50] Zur (auf Hippokrates, und dann primär auf Aristoteles und Galen zurückgehenden) und immer wieder mit manchen Unterschieden in Detail und Grundannahmen diskutierten Lehre von dieser speziellen Lebenswärme und ihrer Interaktion mit der Ursprünglichen Feuchte s. H.C. Kuhn 1996 (Lit. I), S. 264–272 (und für Späteres S. 273–290).

[51] Zunächst der lateinische Text (SPN, f. 45vb): *impossibile est, medicum quantumcumque bonum vel astrologum restaurare humidum post tempus status quando continue desiccetur et tandem deficiat vita. et rato est: quia humidum adveniens non est ita purum sicut precedens. eo quod calor naturalis non potest facere tantam digestionem quantam poterat ante. Et si queritur de causa. dicitur quod hoc est a natura: quia virtutes tunc incipiunt a tota specie debilitari.*

kommt, nicht so pur ist wie das Vorhergehende, weshalb die Natürliche Wärme nicht so viel verdauen kann, wie sie es vorher konnte. Und wenn nach dem Grund dafür gefragt wird, so wird gesagt, dass dies an der Natur liegt, weil die Kräfte dann anfangen, von der ganzen Spezies her schwächer zu werden.

Es gibt also für die ganze Spezies Mensch einen Zeitpunkt, von dem an es nicht mehr möglich ist, sich so zu ernähren, dass die Kräfte ungeschmälert bestehen bleiben, was letztendlich zum Tod führt. Dazu, wann genau dieser Zeitpunkt sei, und wer oder was die „Natur" sei, an der all das liege, äußert sich Paulus Venetus nicht.

Der vierte Teil der *Summa philosophie naturalis* ist der *Liber Metheorum.*[52] In Kapitel 5[53] geht es um feurige Himmelsphänomene („impressiones ignite").[54] Am Ende des Kapitels erläutert Paulus Venetus seine Position zu diesen Phänomenen (bzw. ihren Ursachen) unter Bezugnahme auf das als bekannt vorausgesetzte Phänomen vom Himmel regnender Frösche[55]:

> Ich sage zuerst: so wie Frösche auf natürliche Weise in der Luft hervorgebracht werden, auch wenn die Luft nicht ihr natürlicher Ort ist, so auch die *impressiones.* Zum Zweiten sage ich: so wie die Frösche nicht auf natürliche Weise in der Luft bleiben, auch wenn sie auf natürliche Weise dort hervorgebracht werden: so auch die *impressiones.*

(Nicht nur der Vorrat vertretener philosophischer Theorien, sondern auch der Vorrat an unbezweifelten Phänomenen, auf die man sich berufen kann, ändert sich je nach Zeit und Ort ...)

In Kapitel 6[56] wird zwar nicht für Kometenschweife, wohl aber für die Milchstraße zugestanden, dass sie himmlischer, nicht irdischelementarer Natur sei.[57]

---

[52]   SPN, f. 50ra–66rb.
[53]   SPN, f. 52vb–53ra.
[54]   Aus dem Anfang von Kapitel 6 (SPN, f. 53ra) geht hervor, dass es sich um Kometen und die Milchstraße handelt.
[55]   Zunächst der lateinische Text (SPN, f. 53ra): *dico primo quod sicut rane naturaliter generantur in aere; licet aer non sit locus naturalis ipsarum: ita et impressiones. secundo dico sicut rane non manent naturaliter in aere: licet naturaliter ibidem generantur: ita et impressiones.*
[56]   SPN, f. 53ra–53va.
[57]   SPN, f. 53va.

In Kapitel 7[58] werden Argumente dafür vorgetragen, dass Kometen keine schädlichen Wirkungen hätten und auch keine Vorzeichen für Übel seien – und teilweise widerlegt.

Fünfter Teil der *Summa philosophie naturalis* ist der *Liber De anima*.[59] Gleich zu Beginn wird festgestellt: „Die Wissenschaft von der Seele gehört zu den guten, ehrbaren [Wissenschaften], und übertrifft die einzelnen [anderen] naturphilosophischen Disziplinen [sowohl] was den Gegenstand als auch was die Beweisführung angeht."[60]

In Kapitel 30[61] schreibt Paulus Venetus, das Gehirn sei kein (einheitliches) Organ, sondern ein Körperteil („membrum"), das die Anatomen in drei Hauptteile unterteilten, und in dem sich in fünf Hohlräumen („cellule et concavitates") vier Organe befinden: Der erste Teil des dritten Hauptteils des Gehirns ist Organ der Einschätzungskraft (*virtus extimativa*) und der zweite des Gedächtnisses, während die beiden ersten Hohlräume gemeinsam Organ des (Sinneseindrücke zusammenführenden) *sensus communis* sind – Verbindung und Ausgleich medizinischer und philosophischer Sicht auf den menschlichen Erkenntnisapparat und Körper.[62]

Am Ende desselben Kapitels diskutiert Paulus Venetus die Frage, ob Bienen und Ameisen über ein Gedächtnis verfügen – da sie ja in der Lage seien, zu Orten, an denen sie waren, zurückzufinden; und es scheine ja auch eine Erkenntnis von zukünftigen nicht-notwendigen Ereignissen („futura contingentia") zu geben, da Spinnen Netze bauen, um Fliegen zu fangen, und Ameisen im Sommer Körner für den Winter sammeln. Er antwortet: Sie verfügen nur über ein unvollkommenes Gedächtnis und eine unvollkommene Vorstellungskraft, da bei ihnen Gedächtnis und Vorstellungskraft in eins fallen: Sie erinnern sich durch die Vorstellungskraft, wenn sinnlich Wahrnehmbares fehlt. Zukünftige nicht-notwendige Ereignisse erkennen diese Tiere nicht, auch nicht die Gründe ihres eigenen Handelns, sondern sie handeln nur aufgrund eines natürlichen Instinkts, der durch die Kraft des Him-

---

[58]  SPN, f. 53va–54rb.
[59]  SPN, f. 66rb–92vb.
[60]  SPN, f. 66ra.
[61]  SPN, f. 84ra–84vb.
[62]  Eine Verbindung und ein Ausgleich, die im frühen 17. Jahrhundert so, auf aristotelischer Basis, nicht mehr möglich sind.

mels[63] determiniert ist. „Daher sind sie nicht aus sich selbst heraus in Vernunftwerken tätig, sondern nur [in Werken] der Natürlichen Vernunft."[64]

In Kapitel 37[65] geht es um die „Vervielfältigung des Intellekts" – die Frage, ob es ein und denselben Intellekt für alle Menschen gebe, oder ob jeder Mensch einen eigenen Intellekt habe.[66] Paulus Venetus trägt hierzu zunächst vier Positionen der Naturphilosophen, der *naturaliter loquentes*, vor: Die Alexander von Aphrodisias zugeschriebene Position, jeder Mensch habe einen eigenen, Werden und Vergehen unterworfenen Intellekt, der mit dem Tod des jeweiligen Menschen ende; dann die Platon zugeschriebene, gemäß der es so viele Intellekte wie Sterne gebe und dass diese Intellekte nach dem Tod zu den Sternen zurückkehrten und dann nach langer Zeit wieder zu Körpern zurückkehrten; dann die Pythagoras zugeschriebene Position, es gebe eine begrenzte Zahl von menschlichen Seelen, die nach dem Tod des Menschen, dessen Seele sie waren, in andere Menschen oder Tiere wechseln; schließlich die Ansicht der Neueren Autoren („opinio modernorum"),[67] dass die Intellektive Seele gemäß der Zahl der Menschen vervielfältigt sei und dass diese Seele geschaffen werde, aber nicht vergehe, „und sie (diese Autoren) glauben, dass dies die Ansicht des Aristoteles gewesen sei".[68] Keine von diesen aber war die Ansicht des Aristoteles, der – gemäß dem Beweis des Averroes – die Ansicht vertrat, dass es einen einzigen, ein und denselben Intellekt in allen Menschen gebe – entgegen der Ansicht des Glaubens, dass ein (individuell) geschöpfter Intellekt von außen in den menschlichen Körper gelange. Nach diesen Klarstellungen folgen Positionen gemäß Aristoteles und Averroes, Einwände gegen diese Positionen und die Widerlegung dieser Einwände. Die Kognitive Seele der Menschen, die sich wesentlich von der Intellektiven Seele unterscheidet, ist vergänglich. Vermittelt durch die Sinneswahrnehmungsergebnisse in den inneren Sinnen („fantasmata"), *welches*

---

[63] i.e.: der Gestirne bzw. Gestirnssphären.
[64] SPN, f. 84rb.
[65] SPN, f. 88va–89ra.
[66] s. hierzu auch F. Ruello 1978 (Lit. II.2), S. 257–273, bes. S. 257–259.
[67] Mit den *moderni* sind Thomas von Aquin und Autoren, die seiner Intellektlehre anhängen, gemeint.
[68] SPN, f.88 va.

*Menschen* der eine Intellekt seine Kenntnisse erhält, ist unerheblich.[69]

Stärker als sonst betonte Paulus Venetus in diesem Kapitel den Bezug seines Vortrags zu den Ansichten des Aristoteles. Und dennoch wurde er unter Bezugnahme auf diesen Text zu den Philosophen gerechnet, die gegen christliche Lehre die individuelle menschliche Unsterblichkeit leugnen.[70] Derartige Interpretationen von Texten im weiteren Sinne Paduaner Universitätsphilosophen (insbesondere des Pietro Pomponazzi und des Cesare Cremonini) und anderer Autoren scheinen mir ihre Ursachen nicht zum geringsten in Intentionen der so „libertinisch" interpretierenden Autoren des späten 17. und 18. Jahrhunderts und der so interpretierenden Verfechter einer Tradition „laizistischen" Philosophierens im 19. und 20., möglicherweise auch im 21. Jahrhundert zu haben.[71] In einigen wenigen philosophischen Texten der Renaissance wird behauptet, Aufgabe der Philosophie sei es, die Wahrheit schlechthin, also kontext- und rahmenunabhängige Wahrheit zu suchen, zu finden, zu vertreten.

Paulus Venetus' Intellektlehre ist nur eine von vielen, vielfältig differenzierten und intensiv diskutierten Intellektlehren der Renaissance.[72] Obwohl das Thema soweit erkennbar wohl für die meisten der es behandelnden Autoren nur ein Thema unter vielen ist, eignet es sich gerade, weil es so gut untersucht wurde, als ein zu der auf exemplarische Jahre und Orte ausgerichteten vorliegenden Darstellung alternativer „Einstieg" in das Philosophieren in der Renaissance.

Einen thematischen Übergang zum folgenden, der Metaphysik gewidmeten Teil der *Summa philosophie naturalis* stellt Kapitel

---

[69] SPN, f. 89ra, zum scheinbaren Paradoxon, dass, wenn es nur einen Intellekt gebe, der niedrigste Bauer (vilissimus rusticus) alle *artes liberales* kennen würde.

[70] s. hierzu z.B. F. Ruello 1978 (Lit. II.2), S. 257–273, bes. S. 257f.

[71] Philosophie wie Philosophiehistorie qua Philosophiehistorie oder Philosophie (und nicht einfach als Sekundärliteratur) der Zeit zwischen ca. 1650 und 2010 liegen außerhalb der Gegenstände dieses Bandes – und weitgehend auch außerhalb meiner Kompetenzen.

[72] Die klassische (und nach wie vor unübertroffene) Einführung ist: Eckhard Keßler: *The intellective soul*, in: Charles B. Schmitt u.a. (Hg.): „The Cambridge History of Renaissance Philosophy", 1988, S. 485–534 (zu Paulus Venetus dort S. 488–490).

42[73] dar, in dem es darum geht, wie unser Intellekt „abgetrennte Substanzen" – Sphärengeister, Engel – erkennt.

Dieser sechste und letzte Teil der *Summa philosophie naturalis*, der *Liber Metaphysice*[74], wird bereits ganz am Anfang von Kapitel 1 explizit als „Naturalium ultima pars", als letzter der Teile der Naturphilosophie bestimmt.

Kapitel 3[75] enthält eine sehr differenzierte Untersuchung zu *universalia* (Allgemeinkonzepten) und ihrer Erkenntnis (womit naturphilosophischer Bezug besteht), unter reichlicher Verwendung scheinbarer Paradoxien (was auch eine Brücke zur Logik schlägt).

In Kapitel 12[76] wird gefragt, ob die Quantität real von der Sache unterschieden sei, deren Quantität sie ist. Dies ist eines der wenigen Kapitel, in dem die Übereinstimmung des in der *Summa philosophie naturalis* Gelehrten mit den Lehren der Kirche diskutiert wird – hier in Bezug auf die Wandlung beim Altarsakrament. In diesem Fall wird Vereinbarkeit mit Hilfe einer Differenzierung verschiedener Subjekte materialer Formen festgestellt.

In Kapitel 16[77] wird die Zahl als „diskrete Quantität, die aus den mathematischen Einheiten fließt" bestimmt und gezeigt, dass formal betrachtet die Zahl ein absolutes und unteilbares Akzidenz der Form ist.[78]

In den Kapiteln 35[79] und 36[80] wird mit ständigen Bezügen auf Naturphilosophisches über die Zeit gehandelt, nach ausführlichen vorangehenden Bestimmungen in den Kapiteln 33[81] und 34:[82] die

---

[73]  SPN, f. 92ra–92vb.
[74]  SPN, f. 92vb–126rb.
[75]  SPN, f. 94rb–95ra, vgl. auch cap. 2: SPN, f. 93va–94rb.
[76]  SPN, f. 101ra–101vb.
[77]  SPN, f. 104ra–105ra.
[78]  SPN, f. 10ava, dazu der Einwand f. 104vb und die Antwort darauf f. 105ra, die eine Differenzierung zwischen mathematischen Zahlen und physisch existierenden Zahlen/Zahlförmigen zu implizieren scheint.
[79]  SPN, f. 119va–120rb.
[80]  SPN, f. 120ra–121ra.
[81]  Über das „predicamentum quando": SPN, f. 118ra–118vb.
[82]  Über die Frage, wie Bewegung in der Zeit sei, s. SPN, f. 118vb–119va. Hier auch die Feststellung: So wie es keinen Menschen geben könne, der nicht

Behandlung ist hier deutlich ausführlicher und grundsätzlicher als im entsprechenden Kapitel 25 des der Physik gewidmeten Teils der *Summa philosophie naturalis*.[83]

In seinen oben zitierten einführenden Zeilen zur *Summa philosophie naturalis* hatte Paulus Venetus auf seine vor der *Summa philosophie naturalis* entstandene Einführung in die Logik verwiesen, den Text, der heute als *Logica parva* bekannt ist.[84] Besondere Beachtung in der neueren Literatur hat die Behandlung der Paradoxe/Paradoxien (*insolubilia*) gefunden. Ein Textabschnitt davon, in dem Paradoxie in Aktionen und situationsbezogen (nicht „nur" als Paradoxien in Sätzen qua potentiell paradoxen Sätzen) diskutiert wird,[85] sei hier kurz vorgestellt (man stelle sich dabei vor, dass es in dem beschriebenen Casus um einen Wettbewerb gehe, bei dem eine Jury zu entscheiden habe, ob ein bestimmter Wettbewerber eine bestimmte Brücke überqueren dürfe)[86]:

> Auf die gleiche Weise[87] wird auf den gesetzten Casus geantwortet, wenn gesetzt wird, dass jeder, der etwas Wahres sagt, über eine [bestimmte] Brücke gehen wird, und nur ein solcher [der etwas Wahres

---

die Fähigkeit habe zu lachen, obwohl die Annahme eines solchen Menschen nicht in sich selbst widersprüchlich wäre, so könne es auch keine Ortsbewegung ohne Zeit (und umgekehrt) geben; bei Annahme einer derartigen Bewegung ohne Zeit wäre aber keine (solche) Bewegung schneller oder langsamer als die andere, und es gebe keine aufeinanderfolgenden Bewegungen (SPN, f. 119rb). Siehe auch die Ausführungen zur Frage, ob die Existenz Gottes mit der Existenz der Zeit begonnen habe, SPN, f. 119vb.

[83] SPN, f. 13va–14va. Analoges gilt mindestens, was die Grundsätzlichkeit betrifft (die Wörter habe ich nicht gezählt), für die Behandlung der Bewegung in Kapitel 26 (SPN, f. 14ra–14rb).

[84] Kritische Ausgabe mit sehr nützlichem Kommentar: Paulus Venetus 2002 (s. Lit. II.1).

[85] Wie es beim „klassischen" Lügnerparadox der Fall wäre.

[86] Zunächst der lateinische Text (s. Lit. II.1, S. 148): *Eodem modo respondetur ad casum positum quando ponitur quod omne dicens verum pertransibit pontem, et solum tale, et Sortes qui sit omnes Sortes dicat istam propositionem et nullam aliam „Sortes non pertransibit pontem" significantem praecise sicut termini praetendunt, non admittitur casus. Si tamen removeatur dictio exclusiva, admittatur, et dicatur consequenter quod Sortes non pertransibit pontem et quod A est falsum.*

[87] Wie bei dem Problem, dass die Regel in einem Wettbewerb sei, dass in diesem Wettbewerb, wer etwas Wahres sage, einen Denar erhalte, und dass einer der Wettbewerbsteilnehmer äußere „Ich werde keinen Denar erhalten": Paulus Venetus 2002, S. 147f.

sagt], und dass Sokrates, der alle Sokratesse sei, diese Propositio und keine andere sagt: „Sokrates wird nicht über die Brücke gehen", die präzis bezeichnet, so wie es die Termini vorgeben: dann wird der Casus nicht zugelassen. Wenn aber die exklusive Aussage hinweggenommen wird, dann wird er zugelassen, und es wird folglich ausgesagt, dass Sokrates nicht über die Brücke gehen wird und dass A falsch ist.

Es geht also (zunächst) nicht darum, welchen Wahrheitswert in der angenommenen Situation die Aussage „Sokrates wird nicht über die Brücke gehen" hat, sondern die Frage bezieht sich auf den ganzen Casus (und nicht nur diesen Satz) und darauf, ob dieser „zugelassen" werden solle. Es geht dabei um Insolubilia im Kontext logischer Übungen/Wettstreite des Typs *Obligationes*.[88] Und für diese gilt, dass, was schlechthin paradox/*insolubilis* ist, nicht zugelassen werden muss noch soll.[89] Und streng betrachtet, unter Beachtung aller Bedingungen, trifft dies auf diesen Casus zu. Wenn aber die Bedingung, dass der Sokrates, der da spricht, alle Sokratesse sei, so sagt er, dass kein Sokrates über die Brücke gehen werde; aber es wird angenommen, dass irgendein Sokrates über die Brücke gehen wird, und daher der die Propositio äußernde Sokrates unrecht hat.[90] Es folgen Einwände gegen diese Position und deren Widerlegung, dann einige allgemeinere Aussagen, darunter die obigen zur Unzulässigkeit von schlechthinnigen Paradoxien/*insolubilia*, und dann folgender Abschluss des Traktats über die Paradoxa/Paradoxien/*insolubilia*[91]:

---

[88] Für eine Einführung zu diesen *Obligationes* s. Paulus Venetus 2002 (s. Lit. II.1), S. 279–288 und dazu die einschlägigen Literaturangaben S. 308–310.

[89] Paulus Venetus 2002 (s. Lit. II.1), S. 149: „Et nullum insolubile simpliciter est concedendum infra tempus obligationis."

[90] Der oben erwähnte Casus mit der Aussage „Ich werde keinen Denar erhalten" wird von Paulus Venetus in der nichteingeschränkten Fassung dadurch gelöst, dass „Ich werde keinen Denar erhalten" als die Behauptung „Ich werde keinen Denar erhalten und diese Aussage ist wahr (hat den Wahrheitswert ‚wahr')" verstanden wird, und dass „diese Aussage ist wahr (hat den Wahrheitswert ‚wahr')" bestritten wird, so dass die Gesamtaussage falsch ist. Dies ist keine Lösung, die Paulus Venetus für den Casus mit der Brücke diskutiert: er sieht ihn, soweit erkennbar, nicht als einfach eine andere Version desselben Problems.

[91] Zunächst der lateinische Text (s. Lit. II.1, S. 150): *Notandum quod non quaecunque quae hic locutus sum seu in ceteris tratatibus ea dixi secundum intentionem propriam sed partim secundum intentionem aliorum ut iuvenes incipientes facilius introducantur.*

Es ist festzuhalten, dass ich nicht alles, was ich hier bzw. in den anderen Traktaten gesagt habe, gemäß meinem eigenen Verständnis gesagt habe, sondern zum Teil gemäß dem Verständnis anderer, auf dass die jugendlichen Anfänger leichter eingeführt würden.

Nicht um die eigene Ansicht also geht es noch um Originalität/ Eigenständigkeit, sondern um einen möglichst guten Text für möglichst guten akademischen Unterricht.

## Literatur

### I. Universität Padua und ihre Kontexte

Università degli Studi di Padova: *Storia dell'Ateneo* (2010-02-19), URL http://www.unipd.it/ateneo/storia/storia.htm

Lucia Rossetti: *L'Università di Padova: profilo storico,* Trieste 1983 (auch ins Deutsche übersetzt: *Die Universität Padua|ein geschichtlicher Querschnitt,* Trieste 1985.

Zeitschrift: „Quaderni per la storia dell'Universitá di Padova"; das Inhaltsverzeichnis der Jahrgänge 1968 bis 2008 steht zur Verfügung unter URL http://www.centrostoria.unipd.it/documenti/QSUP_sommari_1-41.pdf

Paul F. Grendler: *The Universities of the Italian Renaissance*, Baltimore 2002.

Jean-Pierre Schobinger (ed.): *Ueberweg 1.2: Allgemeine Themen, Iberische Halbinsel, Italien* (= Die Philosophie des 17. Jahrhunderts; 1.2 [Grundriss der Geschichte der Philosophie, begründet von Friedrich Ueberweg]), Basel 1998 (und die dort angegebene Literatur).

Ernest Renan: *Averroès et l'averroïsme: Essai historique (troisième édition, revue et augmentée)*, Paris 1866 (auch als reprint – Hildesheim, Zürich, New York 1986 – verbreitet).

Heinrich C. Kuhn: *Venetischer Aristotelismus im Ende der aristotelischen Welt. Aspekte der Welt und des Denkens des Cesare Cremonini*, Frankfurt a.M. 1996 (und die S. 821–864 aufgeführte einschlägige universitätshistorische und philosophiehistorische Sekundärliteratur).

Alvise Zorzi (trans. Sylvia Höfer): *Venedig: Die Geschichte der Löwenrepublik*, Frankfurt am Main 1987, S. 725 und S. 240–248.

„Quaderni per la storia dell'Universitá di Padova"; das Inhaltsverzeichnis der Jahrgänge 1968 bis 2008 steht zur Verfügung unter
URL    http://www.centrostoria.unipd.it/documenti/QSUP_som
mari_1-41.pdf

## II.1   Paulus Venetus: Primärliteratur
(inkl. kommentierte Ausgaben und Übersetzungen)

Paulus Venetus (ed. Alan R. Perreiah): *Logica parva: First critical
Edition from the Manuscripts with Introduction and Commentary,* Leiden 2002.
Paulus Venetus: *Logica*, Hildesheim 1970 (reprint der Ausgabe
Venedig 1472).
Paulus Venetus (trans. Allan R. Perreiah): *Logica Parva*, München
1984.
Paulus Venetus: *Summa philosophie naturalis,* Venedig 1503 [von
mir für dieses Kapitel im Nachdruck Hildesheim 1974 verwendet und im Folgenden als „SPN" zitiert].
Paulus Venetus: [*Expositio librorum naturalium Aristotelis*], Venedig 1476, im Internet zugänglich unter URL http://visualiseur.
bnf.fr/Visualiseur?Destination=Gallica&O=NUMM-059603

## II.2   Paulus Venetus: Sekundärliteratur

Alan R. Perreiah: *Paul of Venice: A bibliographical guide*, Bowling
Green 1986.
Francesco Bottin: *Logica e filosofia naturale nelle opere di Paolo
Veneto*, in: Antonino Poppi (ed.): „Scienza e filosofia all'università di Padova nel quattrocento", Trieste 1983, S. 85–124.
Eckhard Keßler: *Die Philosophie der Renaissance: das 15. Jahrhundert*, München 2008, S. 146–150 und S. 245f. (und die dort genannte Literatur).
Alessandro Domenico Conti: *Paul of Venice*, in: „Stanford Encyclopedia of Philosophy" 2011-09-01, URL http://plato.stanford.
edu/archives/win2012/entries/paul-venice/
Alessandro Domenico Conti: *Esistenza e verità: Forme e strutture
del reale in Paolo Veneto e nel pensiero del tardo medioevo,* Roma
1996.

Francis Ruello: *Paul de Venise, théologien „averroïste"?,* in: Jean Jolivet: „Multiple Averroès", Paris 1978, S. 257–273.

Alan R. Perreiah: *Insolubilia in the Logica Parva of Paul of Venice,* in: „Medioevo" 4 (1978), S. 145–171.

# Florenz 1434

1434, das ist das Jahr, in dem Leon Battista Alberti[1] gemäß seiner (Auto???)biographie[2] in 90 Tagen die ersten drei Bücher seines Werkes *De familia*[3] verfasst.[4] Florenz, das ist die Stadt seiner Familie,[5] die Stadt, auf die dieses Werk zielt, die Stadt, in der Alberti gemäß der Angabe, das Werk in Rom verfasst zu haben, nicht war, als er jene drei Bücher schrieb. Florenz wird von Alberti im selben Jahr 1434 – oder vielleicht auch erst 1435 – zum ersten Mal nachweisbar betreten,[6] die Stadt, in deren Sprache (*estrusca* – Toskanisch) er den Text verfasst und deren Bibliotheken noch heute den Hauptteil der Handschriften des Werkes enthalten.[7]

Abgesehen von einer erheblichen Bearbeitung von Buch III durch einen anderen Autor sind 17 Handschriften überliefert (davon eine eine Abschrift einer der anderen 16) und keinerlei bekannte rinascimentale Drucke: dies ist alles andere als viel im Vergleich zu den mindestens 52 Handschriften plus mindestens 9 Druckaufla-

---

[1] Zu Alberti in philosophischer Hinsicht s. insbesondere Lit. II.1: E. Keßler. Ebenfalls durchweg der Lektüre wert und reich an nützlichen bibliographischen Angaben (Lit. II.1): A. Grafton. Eine hervorragende Bibliographie der zwischen 1995 und 2010 zu Alberti erschienenen Literatur bieten M. Paoli & F. Garibotto (Lit. II.1).

[2] Zur Autorschaft des Textes siehe unten, Fußnote 19.

[3] Italienischer Text (s. Lit. I): *I libri della famiglia* (im Folgenden zitiert als *DFit*). Deutsche Übersetzung durch W. Kraus: *Vom Hauswesen* (s. Lit. I) (im Folgenden zitiert als *DFdt*). Soweit m.E. sinnvoll möglich, zitiere ich in diesem Kapitel aus *DFdt*.
Für Interpretationen von und Literaturverweise zu *De familia* s. Lit. II.1: A. Grafton, S. 142–182 (auch extrem lesenswert zu den Kontexten des Textes!), und Lit. II.1: S. Ebbersmeyer, S. 256–279.

[4] Zu den Angaben in jenem biographischen Text zur Entstehung von *De Familia* s. R. Cardini und A. Grafton (Lit. II.1). Zur Entstehungsgeschichte und Überlieferung s. ebenfalls F. Furlan (Lit. II.1).

[5] Ein von Alberti selbst (1438/1440 mit späteren Ergänzungen) erstellter Stammbaum der Familie Alberti findet sich in P. Benigni u.a. (edd.) (Lit. I), S. 164–176.441–443. Ein ausführlicher Stammbaum findet sich in F. Schalk (Lit. II.1), S. XXXIVf.

[6] s. Lit. II.1: R. Cardini, S. 229.

[7] 10+1 der 16+1 überlieferten Handschriften (s. F. Furlan [Lit. II.1], S. 431–436.

gen von Paulus Venetus' *Summa naturalis philosophie*[8], ganz zu schweigen von den mindestens 254 Handschriften und mindestens 26+12+29 Druckausgaben von Petrarcas *De remediis utrisque fortune*. Und ob das, was in Albertis Text verhandelt wird, im 14. bis zum 17. Jahrhundert nicht in anderen Texten mindest zum Teil mindestens ebenso lesenswerte Diskussion gefunden habe, ist wohl nicht objektiv zu sagen, ist gewiss nicht offensichtlich affirmierbar.

Weder in der mehr oder minder zeitgenössischen Wirkung und Verbreitung, noch in etwaiger „Exemplarität" des Textes qua Text, noch in der (unbestrittenen) Qualität des Textes liegt der Grund seiner Behandlung *hier*. Ich behandle den Text hier nicht um seiner selbst willen, sondern aus dem Bewusstsein heraus, dass ideengeschichtliche bzw. philosophiehistorische Texte (wie der, dessen Teil dieser Satz ist) die Erkenntnis wirkmächtiger Traditionen, in denen sie (gleich ob zustimmend oder widersprechend) stehen, anerkennen sollten.

Mehr als – soweit mir erkennbar – jeder andere Text hat Jacob Burckhardts *Die Cultur der Renaissance in Italien*[9] (Erstdruck 1860) zumindest im deutschen (und wohl auch englischen Sprachraum) bis heute nachhaltig die Vorstellungen zur Renaissance als Epoche und insbesondere zu ihrer Geistesgeschichte geprägt. Als virtuoses Werk des 19. Jahrhunderts bewundernswert, scheint doch erklärungsbedürftig (und ist mir bislang unerklärlich), dass es nicht als solches, sondern als zeitunabhängig grundlegender und gültiger Grundstein der Renaissancestudien rezipiert wurde und wird. In *Zweiter Abschnitt: Entwicklung des Individuums*[10] ist in den „völlig ausgebildeten Menschen" gewidmeten Absätzen, den Ausführungen Burckhardts zum „allseitigen Menschen", zum „uomo universale"[11], Leon Battista Alberti die zentrale Figur. Schon bevor Alberti selbst Gegenstand dieses Kapitels wird, wird eines seiner Werke, eben *De Familia*, davon das dritte Buch in der oben erwähnten stark überarbeiteten Fassung (für die Burckhardt Albertis Autorschaft als Hypothese bekannt ist), zum Beleg des

---

[8]   s. voriges Kapitel.

[9]   Von mir im Folgenden zitiert nach J. Burckhardt (s. Lit. II.2).

[10]  J. Burckhardt (Lit. II.2), S. 137–174: zusammen mit dem vierten („Die Entdeckung der Welt und des Menschen") wohl das am stärksten breit rezipierte Kapitel des ganzen Werkes.

[11]  J. Burckhardt (Lit. II.2), S. 143: „dann entstand der ‚allseitige Mensch', l'uomo universale".

„Individualismus"[12] auch bei Verlierern politischer Auseinandersetzungen:[13]

> Die Leute der unterlegenen Parteien aber kamen oft in eine ähnliche
> Stellung wie die Untertanen der Tyrannenstaaten, nur daß die bereits
> gekostete Freiheit oder Herrschaft, vielleicht auch die Hoffnung auf
> deren Wiedergewinn ihrem **Individualismus** einen höheren Schwung
> gab. Gerade unter diesen Männern der unfreiwilligen Muße || findet
> sich z.B. **ein Agnolo Pandolfini (st. 1446), dessen Schrift „vom
> Hauswesen" das erste Programm einer vollendet durchgebildeten
> Privatexistenz ist. Seine Abrechnung zwischen den Pflichten des
> Individuums und dem unsichern und undankbaren öffentlichen
> Wesen ist in ihrer Art ein wahres Denkmal der Zeit zu nennen.**

Und dann, wenig später:[14]

> Ein sehr geschärfter kulturgeschichtlicher Blick dürfte wohl imstande
> sein, im 15. Jahrhundert die Zunahme **völlig ausgebildeter Menschen**
> schrittweise zu verfolgen.

Und kurz darauf:[15]

> Wenn nun dieser Antrieb zur höchsten Ausbildung der Persönlichkeit
> zusammentraf mit einer wirklich mächtigen und dabei vielseitigen
> Natur, welche sich zugleich aller Elemente der damaligen Bildung be-
> meisterte, dann entstand der **„allseitige Mensch", l'uomo universale**,
> welcher ausschließlich Italien angehört.

Dann rund eine halbe Seite zu Dante,[16] rund eine Seite zu Verschiedenen,[17] dann dies:[18]

> Über diese Vielseitigen aber ragen einige wenige Allseitige hoch em-
> por. Ehe wir die damaligen Lebens- und Bildungs-Interessen einzeln
> betrachten, mag hier, an der Schwelle des 15. Jahrhunderts, das Bild
> eines jener Gewaltmenschen seine Stelle einnehmen: **Leon Battista
> Alberti.**

---

[12]   Burckhardts Terminus: J. Burckhardt (Lit. II.2), S. 140.
[13]   J. Burckhardt (Lit. II.2), S. 140f. Fettdruck durch mich.
[14]   J. Burckhardt (Lit. II.2), S. 142. Fettdruck durch mich.
[15]   J. Burckhardt (Lit. II.2), S. 143. Fettdruck durch mich.
[16]   J. Burckhardt (Lit. II.2), S. 143f.
[17]   J. Burckhardt (Lit. II.2), S. 144f.
[18]   J. Burckhardt (Lit. II.2), S. 145. Fettdruck durch mich.

Albertis Vielseitigkeit wird dann anhand der *Vita anonyma*[19] beschrieben[20] – zweieinhalb Seiten lang; es folgen fünf preisende Zeilen zu Leonardo da Vinci, dann ist der Absatz des Abschnitts zu Ende.

Wirkmächtig nicht nur (aber auch nicht zuletzt) mit dem „uomo universale" als Inbegriff eines Menschen der Renaissance (und exemplarisch erläutert am Beispiel Albertis), sondern auch mit dem auf Jules Michelet zurückgehenden Slogan (der Titel des Vierten Abschnitts von Burckhardts *Cultur der Renaissance in Italien* ist) „Die Entdeckung der Welt und des Menschen". Dort findet sich auch, am Übergang von der Behandlung der „Entdeckung der Welt" zur Behandlung der „Entdeckung des Menschen":

> Zu der Entdeckung der Welt fügt die Kultur der Renaissance eine noch größere Leistung, indem sie zuerst den ganzen, vollen Gehalt des Menschen entdeckt und zu Tage fördert.[21]

Ein eigener Absatz ist im folgenden Abschnitt dem „Hauswesen",[22] der Ökonomik, gewidmet, wobei der hier primär zugrundeliegende Text Albertis *De familia* ist, das, soweit ich sehe, am häufigsten von allen Werken Albertis in der *Cultur der Renaissance in Italien* zitierte (wobei sich Burckhardt nicht sicher ist, ob die ihm zugängliche Bearbeitung eines Teils dieses Werkes als Werk des Agnolo Pandolfini oder Albertis zu betrachten sei).

In Bezug auf die Autorenfrage hat es klaren Fortschritt gegeben, ist Burckhardts Position eine von 1860; in Bezug auf „uomo uni-

---

[19] Die Vita steht im Internet zur Verfügung unter URL http://www. bibliotecaitaliana.it/xtf/view?docId=bibit000971/bibit000971.xml bzw. http:// is.gd/eSTzA . Gedruckt lateinisch-deutsch: Chr. Tauber (s. Lit. I). Die Annahme der Autorschaft Albertis ist weit verbreitet (cf. e.g. Anthony Grafton [Lit. II.1], S. 18), der Text mit der „klassischen" Argumentation *für* eine Autorschaft Albertis ist: R. Watkins (Lit. II.1), S. 101–112. *Aber*: bis zu einer etwaigen plausiblen Widerlegung der (m.E. sehr gewichtigen!) Gründe, die sich bei K.A. Enenkel (Lit. II.1), S. 199–205 *gegen* die Wahrscheinlichkeit der Autorschaft Albertis finden, scheint es angemessen, die Vita wieder als Werk einer unbekannten Autorin oder eines unbekannten Autors (der vermutlich nicht mit Alberti identisch ist!) zu behandeln.

[20] Zur – durchaus bemerkenswerten – *Weise* der Verwendung dieser Vita durch Burckhardt siehe Anthony Grafton (Lit. II.1), S. 17f.

[21] An dieser Stelle hat Burckhardt in *Die Kultur der Renaissance in Italien* auf S. 303 folgende Fußnote: „Diese treffenden Ausdrücke sind aus dem VII. Bande von Michelets Histoire de France (Introd.) entnommen."

[22] J. Burckhardt (Lit. II.2), S. 394–397.

versale" und „Entdeckung der Welt und des Menschen" aber scheinen die inzwischen vergangenen einhundertfünfzig Jahre immer noch nicht gereicht zu haben, um diese Etiketten als Etiketten ihren Ort in der Zeit, *in der* Burckhardt schrieb, statt in der Zeit, *über die* Burckhardt schrieb, finden zu lassen. Ob „Gefangenschaft" oder „Sklaverei" (*servitude volontaire*?) oder „Krankheit" oder „Erbschaft" die richtige Metapher zur Beschreibung dieses Phänomens sein möchten, weiß ich nicht zu sagen – und kehre aus dem Basel der Zeit um 1860 in das Florenz der Zeit um 1434 zurück. Zweierlei, vielleicht gar dreierlei Florenz um 1434 sind dabei zu betrachten und zu unterscheiden: Das Florenz, von dem Albertis *De familia* schreibt, und das Florenz jener Zeit, von dem wir durch uns zeitgenössische historische Forschung zu wissen meinen, und vielleicht auch das Florenz, für das Alberti sein Werk zu schreiben hoffte.[23] Ohne zu wissen, ob sich das Florenz der Zeiten, über die Alberti in *De familia* schreibt, *für Alberti bewusst* von dem Florenz unterschied, von dem (und zum Teil auch für das) er schrieb, lässt sich nicht sagen, zu welchen Teilen genau er in *De familia* über „erfundene" Familie und Haushalte so schreibt, wie antike und spätere Autoren über „erfundene" (oft ideale) politische Gemeinwesen geschrieben haben. In extremen Fällen (wie dem unten behandelten Umgang mit einer sich schminkenden Ehefrau) scheint es kaum möglich, Albertis Text als einen zu lesen, von dem der Autor annahm, viele seiner Leser/innen würden ihn als einen ungebrochen Alltagsrealitäten beschreibenden Text lesen; auch spätere Texte Albertis (insbesondere die *Intercenales*[24] und der *Momus*[25]) belegen Albertis Fähigkeit zu satirischer und/oder überspitzender Darstellung. Auch für Albertis *De familia* gilt, was schon für mehrere der im vorigen Kapitel behandelten Texte erwähnt wurde: naives Gleichsetzen des im Text Vorgetragenen mit vom Autor uneingeschränkt als eigene Ansicht und Wahrheit Vertretenem ist nicht durchweg eine Missverständnisse vermeidende Leseweise.

Im Blick neuerer Sekundärliteratur ist Florenz um 1434 u.a. eine Stadt, in der seit 1434 der aus Rom vertriebene Papst Eugen IV.

---

[23]   Zu Alberti und Florenz s. R. Cardini (Lit. II.1).
[24]   s. Lit. I: D. Marsh.
[25]   s. Lit. I: M. Boenke.

(zu dessen Entourage Alberti gehört) auf Einladung der Medici-feindlichen Partei residiert (mit Unterbrechungen bis 1443), den Führer dieser Partei (Rinaldo degli Albizzi) dazu bringt, einen päpstlichen Schiedsspruch zu akzeptieren, und dann zugunsten von Cosimo de'Medici (dessen Familie in langjährigen und andauernden Finanzbeziehungen zum Papsthof stand) entscheidet – so dass der neue starke Mann von Florenz dies nicht zuletzt von des Papstes Gnaden ist. In Verbindung zu Florenz ist Eugen wohl am besten bekannt durch das dortige Einigungskonzil, versucht aber z.B. auch Einfluss auf die dortige Wirtschaftspolitik, Regeln und Jurisdiktion für das Verleihen von Geld zu nehmen. Das Florenz jener Zeit ist eine Stadt zwischen Papst und Sforza, geprägt von alten und neuen Eliten.

Nichts davon findet sich in Albertis *De familia*.

Der Prolog des Gesamtwerks beginnt mit dem Erstaunen über Berichte aus Antike und näherer Vergangenheit, aus denen hervorgeht, dass lange glückliche und glorreiche Familien verschwinden können, und dem Verweis auf die Frage, ob dies an der Gewalt einer feindlichen Fortuna liege.[26] Dann die Anrede an die „Jünglinge unseres Hauses",[27] die „giovanni Alberti"[28], und die Behauptung, dass das beträchtliche Durchhaltevermögen der Familie Alberti, bewährt gegen schwere Widrigkeiten, Beleg dafür sei, dass „die Menschen meist von ihrem Glück und Unglück selbst die Ursache sind"[29].

Die vier Bücher von *De Familia* sind Gespräche zwischen Mitgliedern der Familie Alberti[30] im Paduaner Anwesen des sterbenden Vaters Albertis Lorenzo, seit 1400 aus Florenz verbannt.

Buch I[31] trägt im Original den Titel „LIBER PRIMUS FAMILIE: DE OFFICIO SENUM ERGA IUVENES ET MINORUM ERGA MAIORES ET DE

---

26  DFit, S. 3, DFdt, S. 3.
27  DFdt, S. 4.
28  DFit, S. 4.
29  DFdt, S. 4. DFit, S. 4: „gli uomini aversi d'ogni suo bene cagione e d'ogni suo male" (DFdt verwandelt hier und an anderen Stellen Albertis kunstvoll kontrahierte Prosa in widerstandslos gefällig fließendes Deutsch – leider).
30  „Familie" im weiteren Sinne: unter Einbezug von nicht-verwandten Mitgliedern des Haushalts im weiteren Sinne.
31  DFdt, S. 15–102, DFit, S. 15–100.

EDUCANDIS LIBERIS" – „Erstes Buch der Familie: **Über das Amt der Alten in Bezug auf die Jungen und der Jüngeren in Bezug auf die Älteren und über die Erziehung von Kindern**" und macht so klar, dass dieses volkssprachliche Werk für Leser/innen gedacht ist, die auch über Lateinkenntnisse verfügen.[32]

Hauptredner ist zunächst Lorenzo, der als höchstes angestrebtes Glück („desideratissima letizia", „estrema felicità") angibt, im Hause seines Vaters, in seinem Vaterlande (Florenz), wenn nicht schon leben, so wenigstens sterben zu dürfen – der Familienbesitz, das Haus des Vaters, wird vor dem Vaterland genannt. Preis der Tugend sei, dass man, wenn man sie habe, gelobt werde, dass man geschätzt werde, dass man Versprechungen erhalte, dass man Ehre erhalte, mit allem versuche, die positiven Erwartungen der anderen zu erfüllen – von Lohn, den tugendhaftes Verhalten etwa in sich selber trage, von Glückseligkeit und gutem Leben ist nicht die Rede. Sein eigener Vater, „ein Mann von Klugheit, Ansehen und nicht gemeinem Ruf", habe sich stets um Gut und Ehre der Familie gekümmert, nicht nur um hinreichenden materiellen Besitz, sondern (Autorität stärker nutzend als Herrschaftsgewalt) um das Wohlergehen und die Ruhe seiner ganzen Familie. Auch die politischen Umstände sind zu berücksichtigen, gerade in Anbetracht dieser ist vorsichtiges und behutsames Verhalten geboten, geht es darum, bei den Mitbürgern beliebt zu sein.

Die Ärzte raten Lorenzo zu einer Ruhepause, er befolgt ihren Rat, die anderen (jüngeren) Gesprächspartner unterhalten sich derweil über die Liebe,[33] Ehe, Kinder, Erziehung. Die Diskussion erfolgt unter häufiger Erwähnung/Verwendung/Zitierung antiker

---

[32]  Die Verwendung lateinischer Kapitel- (und Werk-)überschriften in volkssprachlichen Texten (für die Machiavellis *De principatibus* wohl das berühmteste Beispiel bietet) wäre näherer Untersuchung wert. Mir ist leider keine solche bekannt. Ob es im Italien der Zeit um 1434 viele Leser/innen gegeben hätte, die ohne lateinische Texte lesen zu können Albertis Toskanisch in diesem Text verstanden hätten, ist (zumindest mir) zweifelhaft, ebenso wie die Antwort auf die Frage, welchen gesellschaftlichen Gruppen solche Leser/innen angehört hätten. Für Auskünfte, Belehrungen, Belege, Verweise bereits im voraus Dank! (Nein, es geht mir nicht um Schulunterricht, und auch nicht um Verwaltungstexte, Lyrik, Reimepen, sondern um Leser/innen literarischer und/oder philosophischer Prosatexte.)

[33]  Zur Philosophie der Liebe in der Renaissance siehe (nebst der dort zitierten Literatur) insbesondere: Sabrina Ebbersmeyer: *Sinnlichkeit und Vernunft: Studien zur Rezeption und Transformation der Liebestheorie Platons in der Renaissance*, München 2002.

Autoren und Texte.[34] Stärker als jede andere Liebe (auch als geschlechtliche Liebe und Liebe zu Freunden) ist die Liebe der Väter (Mütter werden nicht erwähnt) zu ihren Kindern. Dies entspricht der Vorhersehung der Natur für die Selbsterhaltung jeder hervorgebrachten Sache. Für die Betrübnisse des Kleinkindalters und die Sorge um sehr kleine Kinder hingegen sind Frauen, Mütter und/oder Ammen zuständig. Die zweiundzwanzig Männer der *gens* Alberti im Alter zwischen 16 und 36 lebten alleine, ohne Lebens(abschnitts)gefährtin oder Ehefrau, weshalb Mangel an künftigen Kindern der Familie zu befürchten stehe. Wie aber die richtige Ehefrau finden? Es folgen Ausführungen zu den Aufgaben der Väter in Bezug auf die Ausbildung ihrer Söhne (und Diskussion der Alternativen Erwerb von Reichtum, Waffengeschick, Gelehrsamkeit, und der Rat, hierbei den erwiesenen Neigungen der Söhne zu folgen). Körperlich wie seelisch sind sie auszubilden, Körperstrafen durch Lehrer wie Väter sind dabei unvermeidlich, Tugend ist anzustreben, Preis und Ruhm sind das Ziel. Bildung, die über die für die Alltagsnotwendigkeiten erforderlichen Fertigkeiten im Schreiben und Rechnen hinausgeht, ist wünschenswert (und Familientradition der Albertis)[35] – und nützlich:

> **Keine Mühe ist so reich belohnt** – wenn es überhaupt Mühe heißen kann und nicht vielmehr Vergnügen und Erquickung für Herz und Geist – **wie die, gute Werke zu lesen und wieder zu lesen: du gewinnst daraus einen Überfluss an Beispielen, eine Fülle von Gedanken, einen Reichtum an Überzeugungen,**[36] **Kraft der Gründe und Urteile, du schaffst dir Gehör, deine Mitbürger lauschen deinen Worten, preisen dich, lieben dich. Ich will nicht darüber verbreiten, denn es wäre zu weitläufig, aufzuzählen, wie sehr literarische Bildung, ich sage nicht nützlich, sondern notwendig ist für den, der die Dinge lenkt und steuert …**

Auch sportliche Betätigung ist ratsam. Da die Weltläufte instabil sind, soll sicherheitshalber auch ein ehrbares Handwerk erlernt

---

34  Platon, Terenz, Cato, Aulus Gellius, Apollonius Molon, Horaz, Plutarch, Columella, Demosthenes, Cicero, Xenophon, Sueton, Priscian, Livius, Sallust, und andere – jedoch (zumindest explizit) *nicht* Aristoteles (weder die ihm zugeschriebenen Œconomica noch die *Politica*).
35  DFdt, S. 85–89, DFit, S. 84–88.
36  Soweit ich's verstehe, geht es um das Überzeugen anderer: die Passage lautet in DFit, S. 86: „Tu n'esci abundante di essempli, copioso di sentenze, **ricco di persuasioni**, forte d'argumenti e ragioni; fai ascoltarti …“.

werden. Aufgabe der Väter ist die Sorge um die Tugend ihrer Söhne, um Ansehensschaden der Familie zu vermeiden.

Es folgt Buch II, überschrieben „LIBER SECUNDUS DE FAMILIA: DE RE UXORIA" – „Zweites Buch über die Familie: Über die **Ehefrauenangelegenheit**". In diesem Buch tritt der Erzähler (Battista) als Gesprächspartner auf, zusammen mit seinem Bruder Carlo und Lionardo. Lionardo verweist auf die Verstreutheit der Familie (London, Brüssel,[37] Köln, Venedig, Bologna, Rom, Avignon, Paris, Valencia, Barcelona) und dass die wahren Freundschaften nicht ins Exil gefolgt seien.[38] „Liebe, die in wahrer Freundschaft enthalten ist", sei „die mächtigste und beständigste von allen Arten der Liebe" bzw. näher am Text: „dass unter den *amores* diejenige der wahren Freundschaften diejenige ist, die fester ist als die anderen und die am meisten vermögende Liebe".[39] Battista wendet (mit Verweis auf antike Exempel) ein, dass es die geschlechtliche Liebe sei, die sowohl natürlich als auch unwiderstehlich sei. Lionardo antwortet, indem er Verliebtheit und Liebe unterscheidet,[40] und der zweiten, die auch Freundschaften zukomme, den Vorzug zuspricht. Lionardo fordert, und Battista verspricht, Freundschaften zu schließen, die der Familie Alberti nützlich sind – auch wenn sie vulgär wären.

Lionardo, der behauptet, ungelehrt, unbelesen zu sein (aber an anderer Stelle explizit auf Xenophon verweist!), lehrt, dass es vier Hauptvorschriften gebe:

> „[1.] Die Zahl der Köpfe soll nicht abnehmen, ‖ sondern sich vervielfachen; [2.] das Vermögen soll nicht schwinden, sondern zunehmen;[41] [3.] jede Schädigung des Rufes soll man vermeiden, den guten Namen lieben und nach ihm trachten;[42] [4.] Hass, Neid und Feindschaft soll man fliehen, Bekanntschaften, Neigung und Freundschaft erwerben, steigern und bewahren."[43]

---

[37]  Oder Brügge? (DFit, S. 103 hat „Bruggia".)

[38]  DFdt, S. 105f., DFit, S. 103f. Das ganze Buch IV von *De Familia* (dazu weiter unten) ist dem Thema „Freundschaft" gewidmet.

[39]  DFdt, S. 108.

[40]  Wohl analog zur Unterscheidung ἔρως und ἀγάπη bzw. *amor* und *caritas*.

[41]  Dies ist Hauptthema von Buch III.

[42]  Die Sorge um und für den Ruf/die Ehre einzelner Personen und der Familie wird in allen vier Büchern angesprochen.

[43]  Freundschaft und damit Verbundenes ist Hauptthema von Buch IV.

Die Familie wird reich an Bevölkerung, wie es Gebiete, Provinzen, die ganze Welt werden: durch Zeugung und Aufzucht von Kindern; um Kinder zu zeugen, brauchen Männer Frauen. Der Fortpflanzung wegen und um eine „sichere und beständige Gefährtin zu haben", sollen Männer sich verheiraten.

Schönheit, Herkunft, Reichtum: hierauf ist bei der Auswahl der künftigen Ehefrau zu achten. Tugend wird dabei unter Schönheit subsumiert, oder als deren Folge betrachtet. Hohe Bildung ist wünschenswert, aber nachrangig. Nach einigen weiteren Ausführungen geht es im Folgenden um Kinder, Adoption, …, dann länglich wider den Müßiggang, den *ozio,* das *otium,* die Muße: nicht erstrebens-, sondern tadelnswert. (Das Thema „Ehefrau" wird im Dritten Buch wieder aufgegriffen – und dort auf sehr bemerkenswerte, geradezu spektakuläre Weise).

Dann, nach manch anderem: das Thema Reichtum.[44]

> Keine Betätigung scheint einem stolzen und edlen Geist weniger glänzend als diejenigen, die darauf abzielen, Reichtümer aufzuhäufen.

Reichtum ist, wie kurz vorher gesagt, eines der Dinge, die benötigt werden, um eine Familie glücklich zu machen und glücklich zu erhalten.[45] Geldgewinn durch Handel ist Söldnertätigkeit (cosa mercenaria): der Söldnerlohn ist, was man behält, wenn vom Verkaufspreis der eigene Einkaufspreis abgezogen ist, Zahlung für des Verkäufers Mühe (fatica) – davon, was da angemessener Verkäuferslohn sei, wie Preise zu bilden seien, kein Wort: es gehört nicht zu den Themen des Textes. Essercizii pecunarii, Geld-um-Geld-Handel, Bankgeschäfte im weiteren Sinne gelten zwar als anrüchig, sind aber nicht verächtlich als Tätigkeit für diejenigen, die zu

---

[44] DFdt, S. 180ff., DFit, S. 172ff. Die Behandlung des Themas beginnt bei Sonnenuntergang; s. hierzu A. Grafton (Lit. II.1), S. 158 (Reichtum und die zu ihm führenden Tätigkeiten als Grund für Scham wegen Abweichung von religiösen wie adeligen Normen); Grafton nennt Christian Mackauer als Quelle dieser Interpretation; die Interpretation mag richtig sein, aber ich bin nicht überzeugt, denn: die nochalante Kaum- bis Nicht-Behandlung von Tugend, Frömmigkeit, Einverständnis bei den Gründen/Aspekten der Auswahl einer Ehefrau scheint nicht notwendig in besserem Verhältnis zu christlichen Lehren, das, was zum Aspekt/Kriterium Herkunft der Ehefrau angeführt wird, mit adligen Vorstellungen zu Ebenbürtigkeit kompatibler als das, was zu Reichtum und Reichtumserwerb folgt.

[45] DFdt S. 180, DFit, S. 173. (Reichtum sei nützlich, um sich Freundschaft, Ehre und Ruhm zu erkaufen.)

großartigen Tätigkeiten ungeeignet sind, und sind von Nutzen für das Vaterland – u.a.: „die Herrschaft über die Völker kaufe man dem Glück um einen Preis von Gold und Blut ab" („lo'mperio delle genti si compera dalla fortuna a peso d'oro e di sangue")[46] – als Beispiel dient der Reichtum der Familie Alberti, die als einzige der Florentiner in der Lage gewesen sei, Reichtum über mehr als eine Generation zu erhalten. Reichtum entsteht durch Gewinn, Gewinn durch Mühe, Sorgfältigkeit, Fleiß; deren Gegenteil führt zu Armut. Bewahrung geschieht durch masserizia, Haushalten/ Haushaltskunst.[47]

Nach und neben Ausführungen dazu, wie weit man der Fortuna ausgeliefert sei und wie weit nicht, wird festgestellt, dass jegliche Söldnertätigkeit, Wucherei und Geiz einem freien und edlen Geiste unangemessen seien; der Geist soll nicht Dienst tun, in Knechtschaft sein – absolut oder soweit möglich:

> Knechtschaft ist in meinen Augen nichts anderes als der Herrschaft eines anderen untertan sein; über jemanden herrschen ist, mein' ich, nichts anderes als von dessen Arbeit den Vorteil haben. **So muß man hier so wenig als möglich Knecht sein, nicht um Lohn dienen, sondern aus Gefälligkeit; man muß lieber der eigenen Familie dienen als anderen, lieber Freunden als Fremden, williger den Guten als den minder Guten: das Vaterland aber hat den ersten Anspruch auf uns.**[48]

(Alberti thematisiert hier nichts, das seiner eigenen Situation – i.e. mit Geist und Feder Diener eines Papstes – analog wäre.) Mit einem Ausblick auf die Behandlung von Tätigkeiten, die ehrbare Vermeidung von Armut ermöglichen, und der bereits erwähnten masserizia/Haushaltskunst enden Dialogtag und Buch.

Dann Buch III („LIBER TERTIUS FAMILIAE: ECONOMICUS"[49]) – „Drit-

---

[46]  DFdt, S. 181, DFit S. 174.

[47]  DFdt, S. 185, DFit, S. 177f. Der masserizia, dem Haushalten, der Haushaltskunst, ist das Dritte Buch von DF hauptsächlich gewidmet.

[48]  DFdt, S. 191. DFit, S. 183, prägnanter: „… non è servitù a mio credere altro che stare sotto imperio altrui. Avere imperio sopra d'alcuno credo sia non altro che fruttare l'opere sue. Qui adunque servasi el manco si può, servasi non per premio, ma per grazia; servasi più tosto alla famiglia sua che agli altri, più tosto agli amici che agli strani, più volontieri a' buoni che a' non buoni; la patria vero a tutti si preponga."

[49]  DFit, S. 187 (Proemio – S. 192–320, DFdt, S. 195–339 (Überschrift DFdt, S. 201: „Oeconomicus").

tes Buch der ‚Familie': Das Ökonomische".[50] Das Proömium[51] beklagt den Untergang des (antiken) römischen Reiches und der lateinischen Sprache, lobt beide (und behauptet, dass alle Völker [genti] von Natur aus der Freiheit begierig seien) und vertritt die These, dass „alle alten Schriftsteller in einer Weise schrieben, dass sie von allen ihren Mitbürgern verstanden sein wollten".[52] Auch er selber wolle allgemeinverständlich schreiben, eher vielen nützlich als einigen wenigen Gelehrten gefallen. Die ihm und dem Adressaten dieses Vorworts gemeinsame Volkssprache[53] sei dem Lateinischen[54] nicht notwendig unterlegen. Dann diese Passage, die sich als interessanter erweisen wird, als sie auf den ersten Blick scheint:

> Ich glaube, es wird Dir nicht unangenehm sein, es zu lesen, denn Du wirst seinen Stil schmucklos und einfach finden und von solcher Art, daß Du wirst erkennen können, daß ich zeigen wollte, wieweit ich imstande wäre, den anmutigsten und liebenswürdigsten griechischen Schriftsteller, **Xenophon**, nachzuahmen.[55]

Es folgt eine Schlussadresse an Francesco (D'Altobianco Alberti), dann der Hauptteil von Buch III.

Einige Passagen und Argumente scheinen mir von besonderem Interesse:

---

[50] Buch III ist sei spätestens seit den Zeiten Burckhardts (dem der Text ohne die anderen Bücher und in einer von der hier behandelten abweichenden Version/Bearbeitung vorlag) unter allen Teilen von Albertis *De familia* der am intensivsten untersuchte und kommentierte Text. Für bibliographische Hinweise s. die einleitenden Fußnoten dieses Kapitels. Ich folge – soweit nicht anders angegeben – in Referat und Kommentierung von Buch III einerseits keiner anderen Sekundärliteratur, kann aber hier noch weniger als an anderen Stellen ausschließen, dass im Laufe der Jahrzehnte Gelesenes und/oder Gehörtes meine Interpretation nicht unbeeinflusst gelassen hat. Für Hinweise auf entsprechende Parallelen bereits im voraus herzlichen Dank!

[51] DFit, S. 187–192, DFdt, S. 195–200.

[52] DFdt, S. 197, DFit, S. 190 (von „Mit*bürgern*" ist in FNit hier nicht die Rede).

[53] Alberti spricht *hier* von „questa moderna", „la nostra", nicht von „Volkssprache", „Italienisch", „Toskanisch", oder „Florentinisch".

[54] Nicht als „Lateinische Sprache", sondern als „quella antica apresso tutte le genti piena d'autorità" bezeichnet: Die Gegenüberstellung geht auf Autorität und Gebrauch, nicht auf Sprache qua Sprache, nicht auf Sprache A gegen Sprache B, nicht auf Vokabular, Grammatik u. dgl.

[55] DFdt, S. 199, DFit, S. 191; Fettdruck durch mich.

Verschwendung wie Geiz sind zu meiden, Sparsamkeit aber ist gut. Hauptgesprächspartner ist dabei Giannozzo Alberti, der von sich selbst sagt, ungelehrt zu sein, sich mehr auf eigene Erfahrung zu stützen als auf Argumente anderer, Buchgelehrsamkeit kein Gewicht beimisst. „Bei jeder Ausgabe muss man vorher überschlagen, dass sie nicht größer sei, nicht mehr belaste, nicht größere Summen betreffe, als es die Notwendigkeit erfordert, und nicht geringer sei als es der Anstand verlangt." Zur Überraschung Gianozzos erklärt Lionardo, sich nicht erinnern zu können, diese Weisheit in seinen Büchern gefunden zu haben.[56]

Frau, Kinder, Haus, Besitz kann die Fortuna uns nehmen; sie sind daher nicht unser eigen. Unser eigen ist nur, was uns nie-

---

[56]  DFdt, S. 211, DFit, S. 203. Ob dies ironisch zu verstehen sei, wäre zu erwägen (man vergleiche Cicero: *De officiis* II § 52ff., auch Aristoteles: *Nikomachische Ethik* IV). Entweder ist Lionardos Gedächtnis schlecht, oder er verspottet (diesem unhörbar) Giannozzo, oder es geht um den Schwerpunkt: zuerst zu bestimmen, was nötig sei, dann erst, was das sozialverträgliche Minimum sei: so sparsam zu sein, wie es möglich ist, ohne als geizig zu gelten, statt so freigiebig zu sein, wie es möglich ist, ohne die eigenen Mittel nachhaltig zu schädigen? Stünden nicht Texte wie die erwähnten Ciceros und Senecas und Aristoteles' dem entgegen – man möchte auch Ironie in Blick auf die Banalität der Aussage für möglich halten.
Für einen differenzierteren, erläuternden Blick, eine differenzierte, erläuternde Praraphrase s. DFdt, S. 273, DFit S. 259f.: hier wird erfreulicher Luxus (wie die Ausmalung einer Loggia) in einem Zuge mit Freigebigkeit zu dem gerechnet was begründet, aber nicht nicht nötig sei, unterlassen nicht schade – eine Sichtweise die hinsichtlich der Freigebigkeit doch sehr von der der erwähnten antiken Autoren abweicht. Womit sich als weitere mögliche Erklärung der Stelle, auf die sich diese Fußnote bezieht (DFdt, S. 211, DFit, S. 203), ergäbe: der Hinweis auf eine Giannozzo unsichtbare tiefe Kluft zwischen dem, was den antiken Autoren als angemessenes Sozialverhalten erschien, und dem, was dem Praktiker des frühen 15. Jahrhunderts als klug erscheint: ein Hinweis, der nur Leser/innen sichtbar wird, die von der Position der antiken Autoren wissen und die beide Stellen (DFdt, S. 211, DFit, S. 203 / DFdt, S. 273, DFit, S. 259f.) in Beziehung zueinander setzen – was nach meiner Erfahrung nicht auf alle uns zeitgenössischen Leser/innen zutrifft, und auch nicht auf alle potentiellen Leser/innen zur Zeit Albertis zugetroffen haben wird (zumindest wenn man den Text als einen auch potentiell vorgelesenen, und so auch *illiterati* zugänglichen bedenkt). Damit wäre diese Stelle (DFdt, S. 211, DFit, S. 203) eine, die für unterschiedliche potentielle Leser/innen unterschiedliche Bedeutung hat. Davon ausgehend, dass Alberti Rezeption durch *illiterati*, „naive" Leser/innen, für zumindest nicht ausgeschlossen hat: wäre diese Stelle bewusst polysem. Zu einer Passage, auf die dies mt Sicherheit zutrifft, s. weiter unten.

mand nehmen kann: und dies ist dreierlei: das erste ist „die Regung der Seele, durch die wir begehren oder in Zorn aufwallen", das zweite der Körper; das dritte ist uns noch mehr eigen als unser eigener Körper, nicht vererbbar noch verminderbar, und doch können wir wollen, dass es nicht uns, sondern jemand anderem gehöre: die Zeit. Giannozo berichtet, er habe dies von einem alten Priester im Hause des Niccolaio Alberti gelernt: es sei uns nichts eigen außer einer „gewisse[n] Willkür und Kraft des Geistes", und wenn außerdem noch etwas, so diese drei: Seele, Körper und Zeit.

Der Körper sei nur für Ehrbares, Nützliches, Edles zu verwenden, möglichst lange in gutem Zustand zu erhalten.[57]

Was die Zeit betrifft (wenn man Giannozo als Beispiel nimmt): guter Gebrauch soll von ihr gemacht werden, sie soll nicht verloren werden, Schlaf und Muße sind zu meiden, desgleichen aber auch Eile. Am Morgen wird jeder für den Tag geplanten Tätigkeit ihre Zeit zugewiesen; des Abends wird Rückschau gehalten und wo möglich Abhilfe bei noch nicht optimal Erledigtem geschaffen – auch auf Kosten des Schlafes; soweit möglich ist der richtige Augenblick nicht zu verpassen, Notwendiges nicht zu verschieben.

Bankwesen, anspruchsvoller Handel: was den Reichtum der Stadt Florenz, so wie er uns in den Palästen der reichen Familien begegnet, mit ermöglichte, wird in diesem *Oeconomicus* genannten Buch zunächst nicht erwähnt: Ginannozzo plädiert für Landgut und Agrarwirtschaft. Dann aber wird der Handel als in höchstem Maße ehrbare und nützliche Beschäftigung genannt, Handel mit Dingen wie Wolle oder Seide oder dergleichen, die man sich „unter den Händen verbessern" („migliorare tra le mani") sieht, als erstrebenswert – zumindest für denjenigen, der sich darauf beschränkt, Geschäftsführer („fattori") und Gehilfen zu beaufsichtigen und anzuleiten. Geschäftsführern ist nicht zu trauen, sie sind zu kontrollieren. Familienangehörige sind Fremden als Geschäftsführer vorzuziehen.

Weiteres wird ausgeführt, dann ein Thema, das auch in Buch II behandelt worden war: Frauen.[58] Lionardo vertritt unwidersprochen:

---

[57]  DFdt, S. 223–225, DFit, S. 214–216. Man beachte, dass im italienischen Text hier in Bezug auf den Körper wieder von haushälterischer Sparsamkeit („masserizia") die Rede ist.

[58]  DFit, 266ff.

Und es ist der Geist des Mannes viel mehr als der der Frau robust und fest, um jedem Vorstoß der Feinde zu widerstehen, und es sind stärker in Bezug auf die Mühen, konstanter in den Sorgen die Männer, und haben auch ehrbarere Erlaubnis, in Länder anderer auszugehen und dabei Güter der Fortuna zu erwerben und zusammenzubringen. Im Gegensatz dazu zeigen sich die Frauen fast alle als scheu von Natur aus, weich, langsam, und deshalb nützlicher sitzend, um über die Dinge zu wachen, quasi als ob die Natur so für unser Leben Vorsorge trage, in dem sie wolle, dass der Mann nach Hause bringe, [und] die Frau ihm diene.

Die ins Haus eingeschlossene Frau solle die Güter und sich selbst verteidigen, der Mann Frau, Haus, Angehörige, Vaterland[59] – ohne zu sitzen.

Giannozzo berichtet, wie er seine Ehefrau erzogen habe. Er zeigte ihr das Haus und wo darin was seinen Platz habe.[60] Von seinen Geheimnissen solle der Ehemann nicht mit seiner Frau reden. Eine Frau, die gelernt hat ihren Eltern zu gehorchen, ist auch geneigt, ihrem Gatten zu gehorchen, und wird daher bald lernen, ihren Gatten zu befriedigen. Giannozzo, angeregt in Antwort auf eine kurze Aussage Lionardos, die Antiken hätten Frauen dazu gebracht, auf Gesichtsbemalung zu verzichten, berichtet, wie er seine Frau dazu gebracht habe, auf das Sichschminken zu verzichten, und wie er sie, als sie sich dennoch schminkte, zu Tränen

---

[59]  Was denn das Vaterland sei (im Falle der Exilierten zweiter Generation: Florenz oder das ihnen Aufnahme gewährt habende Territorium? im Falle Leon Battista Albertis. Genua oder Rom oder Florenz oder die päpstlichen Territorien oder die *curia romana* oder die *familia* der Päpste, denen er jeweils diente? oder [man bedenke die Einleitung des gesamten Werkes wie dieses Buches] Italien bzw. die Gebiete, in denen man die Sprache, in der Albertis Text abgefasst ist, goutiert?): diese Frage wird weder gestellt, noch diskutiert, noch beantwortet. Dass sie sinnvoll stellbar ist, dies scheint in Anbetracht des gesamten Werkes und insbesondere der Vorrede zum gesamten Werk und der *epistola præfatoria* zu Buch III plausibel. Ob ihr Nichtgestelltsein *hier* Lionardo charakterisiert, oder der Vermeidung einer Ablenkung vom eigentlichen Thema des Textes an dieser Stelle (Frauen und der Umgang mit ihnen) geschuldet ist, scheint mir nicht entscheidbar.

[60]  DFdt, S. 282f., DFit, S. 268. Vgl. Xenophons Οικονομικος, 9 (Xenophon, ed. & trans. Gert Audring): *Ökonomische Schriften*, Berlin 1992, S. 72ff. – wobei bei Xenophon die Ordnung etwas von beiden Gatten gemeinsam zu Entwickelndes ist, bei Alberti etwas vom Ehemann der Ehefrau als Vorgegebenes Präsentiertes.

gebracht habe.[61] Dies hat eine klare Parallelstelle bei Xenophon,[62] doch werden *dort*[63] Tränen nur als etwas erwähnt, dem Schminke nicht widerstehen könne. Grafton[64] charakterisiert den Gegensatz treffend:

> The two stories teach the same moral, but their ways of imparting it contrast sharply. In each, the older male explains proper conduct to the younger female. But Ischomachus treats his wife as a reasonable, if inferior, creature, whom he must convince. Giannozzo, by contrast, finding that persuasion fails to make his wife perfectly docile, resorts to the sharp weapon of his formidable sarcasm. He clearly enjoys turning his wife's training into a game of subordination.[65]

Dass Alberti hier und an anderen Stellen Giannozzo, den nach eigener Aussage Ungelehrten, Unterweisungen geben lässt, die Paraphrasen von Stellen aus einem Werk des im Proömium zu diesem Buch gepriesenen Xenophon sind: dies ist in mehr als einer Hinsicht bemerkenswert. Nicht nur des Kontrastes zwischen den Lehren des Antiken und den Lehren Giannozzos wegen: mindestens ebenso bemerkenswert ist, dass Xenophon eben nicht von der Figur des in Antikem belesenen Lionardo paraphrasiert (und verändert) vorgetragen wird, sondern von der Figur des seine Weisheit in buchfremder Praxis erworben habenden Giannozzo.

Dies hat mehrere Aspekte. Zum ersten: Die Passagen, in denen Ginannozzo Aussagen macht, die Paraphrasen von Textstellen im Werk Xenophons darstellen, sind als Passagen, die solche Paraphrasen sind, nur denjenigen erkennbar, die die entsprechenden Xenophonstellen kennen: Mit Kenntnis der Xenophonstellen lesen sich die Passagen anders als ohne deren Kenntnis. Wer die Stellen mit Kenntnis der Xenophonstellen liest, kann darüber nachdenken, ob Früchte gelehrter Lektüre im Mund des Ungelehrten An-

---

[61]  DFdt, S. 288–295, DFit S. 273–279. Die klare Parallelstelle dazu ist Xenophon Οικονομικος, 10 (Xenophon, ed. & trans. Gert Audring): *Ökonomische Schriften*, Berlin 1992, S. 78–81).

[62]  s. Fußnote 61.

[63]  s. Lit. in Fußnote 61 (Xenophon, S. 78f.).

[64]  s. Lit. II.1: A. Grafton, S. 165.

[65]  Unterwerfung der Ehefrauen unter ihre Gatten als Ziel, als etwas, das wünschenswert oder gar erforderlich sei: dies ist nicht auf Albertis Text beschränkt, findet sich auch außerhalb Italiens: Man vergleiche auch Erika Kartschoke: *Repertorium deutschsprachiger Ehelehren der Frühen Neuzeit: Band I/1: Handschriften und Drucke der Staatsbibliothek zu Berlin/Preußischer Kulturbesitz (Haus 2)*, Berlin 1996.

zeichen dafür sind, dass der vorgeblich Unbelesene nur vorgeblich unbelesen ist, oder ob dort, wo seine Aussagen und Berichte mit dem, was bei Xenophon steht, übereinstimmen, Weitergültigkeit antiker Wahrnehmungen, Verfahren, Haltungen bestehe, und ob dort, wo es Abweichungen gibt, solche Weitergültigkeit nicht bestehe (und kann sich fragen, warum die Figur des Leonardo darauf nicht eingehe). Was dem naiven Leser aus Lebenspraxis gewonnene Aussagen des ungelehrten Giannozzo sind, das gibt dem nicht-naiven Leser Anlass zu Reflexionen, die dem naiven Leser nicht zugänglich sind: naiver Leser und nicht-naiver Leser lesen diese Passagen als jeweils etwas anderes: sie sind offensichtlich polysem; nicht weil der Text nachlässig, sondern weil er mit gelehrter Umsicht geschrieben ist, „bedeutet" ein und dieselbe Stelle Unterschiedliches (wobei auch der nicht-naive Leser die Leseweise des naiven nachvollziehen kann). Zudem kann diese „Doppellesbarkeit" auch als Spott auf die ungelehrten, naiven Leser verstanden werden, denen diese Doppellesbarkeit verborgen bleibt.[66]

## Exkurs

Weder Albertis Lionardo noch Albertis Giannozzo haben erkennbare Erwartungen an – oder gar Wertschätzung für – weibliche intellektuelle Aktivität. Und die vorliegende Darstellung bietet – von diesem Exkurs hier abgesehen – keine Behandlung von Philosophinnen der Renaissance. Nicht weil es sie nicht gegeben hätte.

---

[66] Bei manchen Passagen anderer Texte, nicht zuletzt Beteuerungen (vornehmlich in Texten, die vortragen, eine bestimmte Frage nur aus Sicht einer bestimmten Philosophie beantwortet zu haben, wobei als wahrhaft gültig aber eine abweichende und rechtgläubige Antwort zu gelten habe und auch der Ansicht der Verfassers entpreche), ist die Diskussion, ob *diese* Passagen nur als polyseme richtig zu verstehen seien (z.B. als intendiert für eine Lektüre als ehrliche Beteuerungen der Rechtgläubigkeit für Leser, die Inquisitoren sind, und als bloße Schutzbehauptungen für Leser, die die wahre Ansicht des Autors teilen), möglich, in Bezug auf die angesprochenen Passagen in Albertis *De familia* aber ist offensichtlich, dass sie als polyseme zu lesen sind, wenn es sich um Lektüre, die auf ihren ganzen „Gehalt" geht, handelt.

Es gab sie.[67] Und es gab herausragende: Zum einen Christine de Pisan[68] – die erste postantike Person überhaupt, die allein von ihren nicht im Rahmen einer offiziellen Stellung verfassten Texten (und nicht von Pfründen, Besoldung, Einkommen als Mitglied eines Hofes, Gesandtentätigkeit …) leben konnte.[69] Unter ihren zahlreichen Werken ist vermutlich heute am leichtesten zugäng-

---

[67] Für einen ersten (italienzentrierten) Blick auf intellektuell tätige Frauen („Humanistinnen") und eine Basisbibliographie älterer Literatur s. Hanna-Barbara Gerl: *Einführung in die Philosophie der Renaissance,* Darmstadt 1989, S. 28–31. Nur für Italien (und nicht auf die Renaissance beschränkt, und mit bibliographischen Angaben, die z.T. über Italien und die Renaissance hinausreichen): Letizia Panizza & Sharon Wood (edd.): *A History of Women's Writing in Italy,* Cambridge 2000, darin insbes. Penny Morris (ed.): *Bibliographical guide to women writers and their work* (S. 282–337). Für Italien, Frankreich, i. w. S. deutschsprachige Territorien, die Niederlande, Spanien, Ungarn, England s. Kathrine M. Wilson (ed.): *Women writers of the Renaissance and Reformation,* Athens and London 1987. Eine hervorragende Bibliographie (u.a. mit Verweisen auf weitere Bibliographien) zu englischsprachiger Literatur zu Autorinnen der Zeit zwischen ca. 1400 und ca. 1700 ist: Margaret King & Albert Rabil, Jr. (edd.): *The Other Voice In Early Modern Europe: Series Bibliography: A Comprehensive English Language Bibliography,* 2011-01-18, URL http://www.othervoice ineme.com/othervoicebib.html (gesehen 2011-03-02).
Dass in dieser Fußnote bisher *nicht* von „Philosophinnen", sondern von Autorinnen, Schriftstellerinnen, Humanistinnen, intellektuell tätigen Frauen die Rede war, ist signifikant: Nur extrem wenige dieser Autorinnen ließen sich auch mit einem „engen" (an den Gegenständen und Genres universitärer Philosophie jener Zeit und an Rezeptions- und Zitationsnetzwerken orientierten) Philosophiebegriff als Philosophinnen bezeichnen. Genug der Texte sind bemerkenswert, lesenswert genug, um es lohnend zu machen, sie mit einem „weiteren" (an Traditionen des 20. und 21. Jahrhunderts orientierten) Philosophiebegriff (philosophisch/philosophiehistorisch) zu lesen. Aber man sollte sich nicht der Illusion hingeben, die meisten in solchem Sinne philosophierenden Frauen der Renaissance wären integrierter Teil der (schon rein numerisch primär von Männern betriebenen) Philosophien der Renaissance gewesen – sie waren es (wie auch das Zitationsverhalten der meisten ihrer männlichen Kollegen zeigt) nicht.
[68] Die Literatur zu Christine de Pisan und ihren Schriften ist umfangreich. Für einen Überblick über einen großen Teil der einschlägigen Literatur s. Angus J. Kennedy: *Christine de Pizan: a bibliographical guide,* London 1984, plus Angus J. Kennedy: *Christine de Pizan: a bibliographical guide: Supplement 1,* London 1994 [recte 1995?], plus Angus J. Kennedy: *Christine de Pizan: A Bibliographical Guide: Supplement 2,* Woodbridge 2004.
[69] Für einen ersten Überblick zu Christine de Pisan immer noch empfehlenswert: Régine Pernoud (trans. Sybille A. Rott-Illfeld): *Christine de Pizan: Das Leben einer außergewöhnlichen Frau und Schriftstellerin im Mittelalter,* München 1990.

lich ihr *Buch von der Stadt der Frauen (Libre de la cité des dames).*[70] Zum anderen Marie de Gournay,[71] Herausgeberin Montaignes, Autorin u.a. von *Le Proumenoir de Monsieur de Montaigne* – bereits als Text, dessen Primäradressat zum Zeitpunkt der Veröffentlichung durch Marie de Gournay verstorben war, als Text, dessen Leserinnen und Leser ihn als einen Text lesen, der ihnen als Nichtprimäradressaten nie so verständlich sein kann wie der Autorin, von beträchtlichem Interesse, auch inhaltlich.[72]

Zu jeder von beiden Autorinnen ein Kapitel in den vorliegenden Band aufnehmen – inklusive der Bezugnahme auf weitere Autorinnen der Renaissance von (potentiellem) philosophischem Interesse? Damit „gender awareness" zeigen oder vortäuschen, den Eindruck erwecken, die Renaissance sei eine Periode gewesen, in der philosophierende Frauen solches Gewicht gehabt hätten, dass sie weitaus prominentere Behandlung verdient hätten als Philosoph*innen* in anderen Zeiten als der der Renaissance? Die Renaissance als eine Periode präsentieren, in der im Rahmen der „Entdeckung des Menschen"[73] auch eine Entfaltung von Philosophinnen Konjunktur gehabt hätten?[74] Insinuieren, ihre meist unprominente

---

[70] Ed. crit. durch Maureen Curnow (*The Livre De La Cité Des Dames Of Christine De Pisan: A Critical Edition*, Nashville 1975 [Typoskript, zahlreich vervielfältigt, Unterstreichung auf der Titelseite, 2 Bände]); deutsche Übersetzung durch Margarete Zimmermann: Christine de Pisan: *Das Buch von der Stadt der Frauen*, Berlin 1986.

[71] Eine umfassende Bibliographie (entsprechend denen Kennedys zu Christine de Pisan) liegt soweit mir bekannt für Marie de Gournay leider nicht vor. Für einen ersten Start durchaus geeignet ist Dorothy Disse: *Marie le Jars de Gournay (1565–1645)*, (Teil von „Other Women's Voices"), 2011-02-01, URL http://home.infionline.net/~ddisse/gournay.html (gesehen 2011-03-03).

[72] Marie de Gournays Werke stehen in zwei Bänden zur Verfügung: Marie de Gournay (Jean-Claude Arnould et al. edd.): *Œuvres complètes*, Paris 2002.

[73] S.o. zu Burckhardt. Zudem: Jacob Burckhardt [ed. Horst Günther]: *Die Kultur der Renaissance in Italien*, Frankfurt a.M. 1989, S. 388: „Zum Verständnis der höheren Geselligkeit der Renaissance ist endlich wesentlich zu wissen, daß das Web dem Manne gleich geachtet wurde. Man darf sich ja nicht irre machen lassen durch die spitzfindigen und zum Teil boshaften Untersuchungen über die vermutliche Inferiorität des schönen Geschlechtes, wie sie bei den Dialogschreibern hin und wieder vorkommen" und S. 390: „Von einer aparten, bewussten ‚Emanzipation' ist gar nicht die Rede, weil sich die Sache von selber verstand."

[74] Und: *second to last, but anything but least:* Hoffen, *hierdurch* philosophiehistorisch interessierte Leser*innen* dieses Textes zur Beschäftigung mit der Geistesgeschichte und Philosophie der Renaissance zu bewegen?

oder gar fehlende Diskussion in (den meisten?) bisherigen Überblicksdarstellungen zur Philosophie der Renaissance sei allein
(oder zumindest primär) Folge unreflektierter Weiterführung
maskulin fokussierter Rezeptionstraditionen?

Dies wäre nicht ehrlich[75] Und es wäre nicht fair. Vor allem:
nicht fair gegenüber den philosophierenden wie den nicht-philo-
sophierenden Frauen der Renaissance.[76] Diskriminierende Ansichten und Umstände allenthalben, doch: Der Hauptgrund der wirk-
mächtigen Benachteiligung der philosophierenden wie den nicht-
philosophierenden Frauen der Renaissance ist m.E. ein einfacher:
Universitätsbesuch war Männern vorbehalten. Ohne lernenden
Zugang zu Universitäten (von lehrendem Zugang ganz zu schweigen), ausgeschlossen aus den Einrichtungen, in denen (damals wie
heute) philosophische Diskussionen ihren primären Ort hatten,
ohne die Möglichkeit, in Disputationen Argumente und Argumentationen zu entwickeln und auf ihre Kraft zu prüfen, im lebendigen Austausch unterschiedliche Interpretationen und Positionen zu wägen, Auseinandersetzung mit Philosophie in Breite
und innerem wie äußerem Kontext zu erfahren[77] – ohne all das
waren Frauen in keiner Lage, die ihnen das Philosophieren so
ermöglicht hätte wie es Männern möglich war. Die Renaissance
war keine gute Zeit für Philosophinnen und andere Frauen, die es
hätten werden können. Ich habe mich bewusst entschieden, in
diesem Band das entsprechende Dunkel nicht durch eine angemessen ausführliche Behandlung Christine de Pisans und Marie de
Gournays zu überstrahlen, die Lücke nicht durch kursorische
Behandlung/Erwähnung einiger anderer zu überdecken.

---

[75] Bislang habe ich noch keinen Text gefunden, der die These verträte, *das
Gros* der von Frauen der Renaissance verfassten Texte von philosophischem
Interesse entspräche (oder überträfe gar) nach Qualität der Texte und Breite
der behandelten Themen dem *Gros* der von ihren männlichen „Kollegen"
verfassten Texte.

[76] Der Artikel, der am folgenreichsten den Blick auf die Lage von Frauen in
der Renaissance gelenkt hat, ist Joan Kellys 1977 zuerst erschienener Text
*Did Women Have a Renaissance* (Joan Kelly: *Did Women Have a Renaissance,* in: Lorna Hutson [ed.]: „Feminism and Renaissance Studies", Oxford
1999, S. 21–47.

[77] Auch studentische „Bücherleihzirkel" und gemeinsamer studentischer
Buchbesitz (man denke an die häufigen mehr oder minder zeitgenössischen
handschriftlichen Besitzvermerke in Drucken der Renaissance „XYZi **et
amicorum**") sollten nicht unterschätzt werden.

Weiter mit Buch IV („liber quartus familie: de amicitia"[78]) – „Drittes Buch der ‚Familie': Über **Freundschaft**", dem letzten der Bücher von Albertis Text. Mit der Aufnahme des Themas Freundschaft[79] erweitert Alberti einerseits den Rahmen der Gegenstände philosophischer Ökonomie über das aus Xenophon und (Ps.-) Aristoteles Bekannte hinaus; andererseits lässt er – diesem Buch folgt kein fünftes – das in (Ps.-)Aristoteles' Texten zur philosophischen Ökonomik abschließende Thema „Staatsfinanzen und herrscherlicher Gelderwerb" unberücksichtigt: der Titel des Werkes („Über Familie") entspricht dem Inhalt, nicht der Inhalt der Tradition.

Zu Beginn des Textes tritt der Diener Buto auf und berichtet, dass seine Erfahrungen mit seiner Ehefrau zeigen, dass es nicht zutreffe, dass Verbindung und Zusammenleben mit Freundschaft einhergingen – wodurch er das Wohlgefallen der anwesenden Gelehrten (Ricciardo, Adovardo, Lionardo) erregt.[80] Anschließend wird diskutiert, ob Tugend oder Reichtum oder Sympathie Basis für Freundschaft seien.[81] Piero berichtet ausführlich, wie es ihm durch geschickte Kunstgriffe gelang, die Gunst des Herzogs von Mailand Gian Galeazzo Visconti, des Königs Ladislaus von Neapel und des Papstes[82] zu erlangen.[83] Alle drei Beziehungen werden als „ehrenvolle, genußreiche und vorteilhafte Freundschaften" bezeichnet, erreicht durch „Gerissenheit und Kunst". Es folgt eine ausführliche Darstellung antiker Aussagen und Exempel zum Thema Freundschaft;[84] was sich bei den antiken Schriftstellern findet, wird von Adovardo unwidersprochen für unzureichend befunden. Freundschaften werden, so führt er aus, eingegangen wegen Gier nach eigener Ehre und eigenem Nutzen. Dann wieder Antikereferat.[85] Dann der Rat, potentielle Freunde durch „ottima astuzia", „beste

---

[78] DFit, S. 321–428, DFdt, S. 340–453.

[79] Über Freundschaft im Italien des 15. Jahrhundert – und nicht zuletzt zu Alberti! – sehr lesenswert: Annalisa Ceron: *L'amicizia civile e gli amici del principe: lo spazio politico dell'amicizia nel pensiero del Quattrocento*, Macerata 2011.

[80] DFdt, S. 340–342, DFit, S. 321–323.

[81] DFdt, S. 342–348, DFit, S. 323–329.

[82] Johannes XXIII. (Gegenpapst): Baldassare Cossa.

[83] DFdt, S. 350–368, DFit, S. 330–349.

[84] DFdt, S. 369–381, DFit, S. 349–361: Referat, nicht Diskussion der Gemeinsamkeiten und Unterschiede der antiken Auffassungen von Freundschaft.

[85] DFdt, S. 382–388, DFit, S. 363–368.

Gerissenheit", Prüfung ihrer Reaktion auf für solche Prüfung erzählte Erzählungen und durch Beobachtung gegebenenfalls verräterischen Verhaltens zu testen.

Zur Frage, wer zum Freunde zu wählen sei, findet sich weiterer Rat, darunter nicht am unwichtigsten: „die Reichen und ernsthaft Mächtigen sind diejenigen, die es am nützlichsten ist als Freunde zu haben".

Im Folgenden werden behandelt: Die Zahl der Freunde,[86] Beendigung von Freundschaften und das Vermeiden von Hass und Nachteilen und der Umgang mit Feinden,[87] das Bewahren von Freundschaften.[88] Zum Ende dann eine ungehört (und unlesbar) bleibende Methode, mit der Fürsten Wohlwollen erringen können:

> ADOVARDO. Hochbeglückt der Fürst, der sich so Zuneigung erwerben wollte und weniger gefürchtet als geliebt zu sein, wie es alle **durch ein einziges, leichtes Mittel,** das noch dazu voller Freuden ist, vermögen – aber sie kümmern sich nicht darum, sich in dieser Hinsicht zugleich Liebe und unsterbliches Lob zu erwerben!
> ||
> LIONARDO. Ich bin gespannt zu hören, was dies ist.
> (Ein Diener ist eingetreten.)
> ADOVARDO. Was sagt er?
> CARLO. Er sagt, Herr Antonio Alberti sei eingetroffen, um Lorenzo zu begrüßen.
> ADOVARDO. So werde ich eure Neugier morgen befriedigen.[89]

Abgesehen von dem so unerwähnt bleibenden potentiellen Ratschlag an Fürsten: Einzige Endziele aller empfohlenen Handlungen scheinen der Erhalt und das Prosperieren der *gens* Alberti zu sein. Warum dies aber höchste Ziele aller Angehörigen der *gens* Alberti sein sollten – dies bleibt undiskutiert, unerwähnt.[90]

Ein vollständiger Zensus aller rinascimentalen Texte philosophischer Ökonomie, Familiäres wie Extrafamiliäres betreffend, ist mir

---

[86]  DFdt, S. 397–405, DFit, S. 376–383/384 (ausgehend von und in Anlehnung an die Ausführungen des Aristoteles in der *Nikomachischen Ethik*).

[87]  DFdt, S. 406–440, DFit, S. 384–417.

[88]  DFdt, S. 440–452, DFit, S. 417–428; von antiker Literatur wird explizit wie implizit reichlicher Gebrauch gemacht.

[89]  DFdt, S. 452f., DFit, S. 428: das Ende des Textes.

[90]  Man vergleiche als Kontrast die Diskussion der Ziele menschlichen ökonomischen Handelns in des Augustinus Niphus' *De divitiis*.

nicht bekannt. Ihre Zahl ist nicht gering,[91] ihre Vielfalt nicht unbeträchtlich.[92] Nicolas Oresmes Abhandlung über Geld;[93] die verschiedenen Ausgaben von Geoffroy de La Tour Landrys Buch für den Unterricht seiner Töchter;[94] Albrecht von Eybs berühmtes *Ehebüchlein*[95] und Francesco Barbaros *De re uxoria*[96]; Johannes Versors[97] *Liber yconomicorum Aristotelis tractans de gubernatione rerum domesticarum cum commento magistri Johannis versoris legentium aspectibus multum amenus*[98] – ein (Ps.-)Aristoteles-Kommentar, der z.B. schon ziemlich zu Beginn[99] die Frage nach der Einordnung monastischer Ökonomie in das in dem antiken Text Behandelte stellt; Antonio de Guevaras Lob des Privatlebens über das Hofleben und seine Anweisungen für festliche Zusammenkünfte;[100] Dirk Volkertszoon Coornherts politische und öko-

---

91  Es handelt sich um mehrere hundert. Vgl. die (nur das 16. und 17. Jahrhundert betreffende, und auch für diese Zeit durchaus nicht alle derartigen Werke umfassende) Primärbibliographie in Joseph S. Freedman: *Philosophical Writings on The family in Sixteenth- And Seventeenth Century Europe,* in: „Journal of Family History" 27 (2002), S. 292–342, hier S. 325–342.

92  Ich gebe im Folgenden primär Werke als Beispiel, die in vielen Bibliotheken und/oder im Internet verfügbar sind, um Zugriff und eigene weiterführende Studien zu erleichtern.

93  Von der langanhaltenden Wirkung dieses Werkes des 14. Jahrhunderts zeugt z.B. diese Ausgabe des 17. Jahrhunderts: Nicolaus Oresmius: *Tractatus De Mutatione Monetarum,* Helmstadi 1622, verfügbar unter URL http://diglib.hab.de/drucke/fg-163/start.htm (gesehen 2011-03-18).

94  Z.B.: Geoffroy de La Tour Landry (trans. Marquart [von Stein] [= Marquard vom Stein]: *Zuchtmeister der Weiber und Jungfrawen, auß biblischen und weltlichen Historien* [= *Livre pour l'enseignement de ses filles* <deutsch>] Franckfurt am Mayn 1572, verfügbar unter URL http://daten.digitale-sammlungen.de/~db/0003/bsb00037640/images/ (gesehen 2011-03-18)

95  Zahlreiche Ausgaben. Auch elektronisch leicht verfügbar.

96  Für Links zu elektronischen Versionen des Druckes Haganoae [ex officina Seceriana] 1533 siehe http://www.phil-hum-ren.uni-muenchen.de/W4RF/YaBB.pl?num=1285328167 (gesehen 2011-03-18).

97  = Ioannes Versorius.

98  Ioannes Versorius: *Liber yconomicorum Arestotelis[!] tractans de gubernatione rerum domesticarum cum commento magistri Johannis versoris legentium aspectibus multum amenus,* Köln ca. 1495, verfügbar via URL http://diglib.hab.de/inkunabeln/149-3-quod-2f-2/start.htm (gesehen 2011-03-18).

99  Ioannes Versorius: *Liber yconomicorum Arestotelis[!] tractans de gubernatione rerum domesticarum cum commento magistri Johannis versoris legentium aspectibus multum amenus,* Köln ca. 1495, f. [a i] rbs.

100 Antonio de Guevara: *Zwey schöne Tractätlein: Deren das eine: De Molestiis Aulae Et Ruris Laude, Darinnen die müheseligkeit des Hofs, und Glückselig-*

nomische *Emblemata* zu rechtem und falschem Gebrauch von Dingen.[101] Eine umfassende Übersicht zu primär Texten aus Gegenden nördlich der Alpen philosophischer Ökonomik mit Schwerpunkt auf Aussagen zur Familie hat 2002 Joseph Freedman vorgelegt.[102]

Herausragend sind unter den mir bekannten Texten rinascimentaler philosophischer Ökonomik des Augustinus Niphus *De divitiis* von 1531,[103] das auf das wiederholte Ersuchen seines Sohnes, er (A.N.) möge doch bitte Reichtümer erwerben, um seinem Sohn einen größeren Nachlass vererben zu können, antwortet, und Antoine de Montchrestiens *Traicté de l'œconomie politique* von 1615,[104] mit seiner systematischen Verbindung von Staatseinnahmenmehrung und öffentlicher Wohlfahrt, von staatlichem und individuellem Handeln, von ökonomischem und politischem Handeln, ein Text, in dem es um politisch-ökonomische Neuordnung Frankreichs geht, unter Zugrundelegung der Vermutung, einzelne Menschen handelten bestimmt durch das Ziel ihres wirtschaftlichen Wohlergehens.

*keit des Landlebens angezeiget, und mit denckwürdigen Exempeln erwiesen wird, Wie viel herrlicher, nützlicher, sicherer, und erprießlicher das Privatleben vor dem Hofleben sey, Und was für Gefährligkeiten dieses vor jenem habe, Anfangs durch Herrn Antonium de Guevara, Bischofn zu Mondonedo, und weyland Keyser Caroli V. Historico, in Hispanischer Sprach beschrieben. Das andere, De Conviviis et Copotationibus, von Gatereyen und Zutrincken, … Durch Aegidium Albertinum, Fürstl. Durchl. in Bäyern Hofraths Secretarium verdeutscht,* Leipzig 1621, verfügbar unter URL http://diglib.hab.de/drucke/xb-2486-1s/start.htm (gesehen 2011-03-18).

[101] Theodorus Cornhertius: *Emblemata Moralia, Et Oeconomica, De Rerum Usu Et Abusu,* Arnhemi 1609, verfügbar unter URL http://diglib.hab.de/drucke/258-2-hist-2s/start.htm (gesehen 2011-03-18).

[102] Joseph S. Freedman: *Philosophical Writings on The family in Sixteenth- And Seventeenth Century Europe,* in: „Journal of Family History" 27 (2002), S. 292–342.

[103] Augustinus Niphus (= Agostino Nifo): *De Divitiis Libellus Ad Iacobum Filium,* in: Augustinus Niphus: „Prima Pars Opusculorum Magni Augustini Niphi Medices philosophi Suessani: in quinque libros divisa, secundum varietatem tractandorum, ab ipsomet nuper in lucem edita", Venetiis 1535, S. 34–67, zugänglich via URL http://www.uni-mannheim.de/mateo/itali/nifo2/jpg/s034.html bzw. http://www.uni-mannheim.de/mateo/itali/autoren/nifo_itali.html (gesehen 2011-03-18).

[104] Antoine de Montchrestien (ed. Th. Funck-Brentano): *Traicté de l'œconomie politique,* Paris 1889, zugänglich unter URL http://gallica.bnf.fr/ark:/12148/bpt6k106383n (gesehen 2011-03-18).

Zugänge zu philosophischen Theorien und Schriften der Renaissance zu Familie wie zu Ökonomik gibt es zahlreiche. Die diesbezügliche Prominenz des Textes Albertis zeigt sich, so man nicht ihn als Ausgangspunkt und/oder zentrales Werk nimmt, als Wirkung der Rezeption Albertis direkt oder indirekt via Burckhardt, als historiographisches Artefakt. Wir sind frei in der Wahl unserer Zugänge zu Themen wie Texten der Philosophie der Renaissance; unsere Wege sind kontingent, und sollten begründbar unsere sein.

## Literatur

### I. Alberti: Ausgaben, Übersetzungen

Leon Battista Alberti (ed. Francesco Furlan): *I libri della famiglia* Torino 1999 (im Text zitiert als *DFit*).

Leon Battista Alberti (trans. Walter Kraus): *Vom Hauswesen (Della Famiglia),* München 1986 (ursprünglich vermutlich erschienen Zürich 1982, weitere Ausgaben vorhanden, im Text zitiert als *DFdt).*

Paolo Benigni, Roberto Cardini, Mariangela Religiosi & Elisabetta Arfanotti (edd.): *Corpus epistolare e documentario di Leon Battista Alberti,* Firenze 2007.

Christine Tauber (ed. & trans., adi. Robert Cramer): Leon Battista Alberti: *Vita,* Frankfurt 2004.

David Marsh (trans.): Leon Battista Albert: *Dinner Pieces: A Translation of the „Intercenales",* Binghamton 1987.

Michaela Boenke (ed. & trans.): Leon Battista Alberti: *Momus oder Vom Fürsten: Momus seu de principe,* München 1993.

Leon Battista Alberti (ed. Sarah Knight & Virginia Brown, trans. Sarah Knight): *Momus,* Harvard 2003.

### II.1 Alberti: Sekundärliteratur

Michel Paoli & Francesca Garibotto: *Leon Battista Alberti (1404–1472): Bibliografia 1995–2010* (2011-02-17), URL http.//alberti. wordpress.com/

Anthony Grafton: *Leon Battista Alberti: Master Builder of the Italian Renaissance,* New York 2000 (hiervon gibt es eine parallele Ausgabe London 2001 und eine – von mir nicht eingesehene – deutsche Übersetzung (*Leon Battista Alberti: Baumeister der Renaissance,* Berlin 2002).

Roberto Cardini & Mariangela Regoliosi (edd.): „Alberti e la cultura del Quattrocento: atti del convegno internazionale del Comitato nazionale VI centenario della nascita di Leon Battista Alberti, Firenze, 16-17-18 dicembre 2004", Firenze 2004.

Eckhard Keßler: *Die Philosophie der Renaissance: das 15. Jahrhundert,* München 2008, S. 42–50 und S. 205–208 (und die dort genannte Literatur).

Sabrina Ebbersmeyer: *Homo agens: Studien zur Genese und Struktur frühhumanistischer Moralphilosophie,* Berlin 2010, S. 256–279.

Francesco Furlan: *Nota al testo,* in: Leon Battista Alberti: „I libri della famiglia ... Nuova edizione a cura di Francesco Furlan", Torino 1999, S. 429–478.

Fritz Schalk: *Einleitung,* in: Leon Battista Alberti: „Vom Hauswesen (Della Famiglia)", München 1986.

Renée Watkins: *The Authorship of the Vita Anonyma of Leon Battista Alberti,* in: „Studies in the Renaissance" 4 (1957), S. 101–112.

Karl A. Enenkel: *Die Erfindung des Menschen: die Autobiographik des frühneuzeitlichen Humanismus von Petrarca bis Lipsius,* Berlin 2008, S. 199–205.

II.2

Jacob Burckhardt (ed. Horst Günther): *Die Kultur der Renaissance in Italien,* Frankfurt a.M. 1989.

# Wien 1489

Wien im Jahre 1489: Das ist die Residenzstadt[1] des Matthias Corvinus,[2] Königs von Ungarn und Herzogs von Österreich, eines auch an Magie[3] wie Astrologie interessierten großen Büchersammlers.[4] Neben und in Verbindung zu Matthias, seinem Hof, seiner Entourage ist zweiter intellektueller Brennpunkt Wiens die dortige Universität.[5]

In der zweiten Hälfte des 15. Jahrhunderts ist die Wiener Universität zwar (abgesehen von Löwen) nach wie vor im Heiligen Römischen Reich die Hochschule mit den meisten Studenten,[6] hat aber – zugunsten insbesondere von Leipzig, Erfurt und Köln – deutlich an Dominanz eingebüßt.[7] Es kommt zu einer West-Ost-Verschiebung des Einzugsbereiches. Während der Wiener Herrschaft des Matthias Corvinus erhöht sich (wenn auch vorübergehend) die Zahl der Studenten deutlich sowie (wenn auch weniger deutlich und ebenfalls vorübergehend) die Zahl der Lehrveranstaltungen der Artistenfakultät[8] (wo auch die Philosophie ihren institutionellen Ort hat).[9] Unter dem im April beginnenden Rektorat des

---

[1]  Zu Wien und Corvinus (bzw. zu Corvinus und Wien) s. F. Opll (Lit. II.) und insbes. A. Kubinyi (Lit. II.), S. 202–215; s. auch A. Kubinyi (Lit. II.), S. 60 (zu Provinzialverwaltung) und S. 180 (zu Wien als Ort der Anwerbung von Söldnern).

[2]  Eine umfassende Biographie zu Matthias Corvinus und seinem politischen wie intellektuellen Umfeld ist mir nicht bekannt. Zu Corvinus in Kontexten von Politik und Traditionen ist empfohlen: S. Csernus (Lit. II.), S. 13–24. Vergleichsweise neu ist: M. Tanner (Lit. II.). Eine Kurzbiographie findet sich auch in G. Rászó (Lit. II.), S. 26f.

[3]  Siehe A. Scafi (Lit. II.), S. 5–16, insbes. S. 9ff.

[4]  Siehe insbes. die Artikel in J.-F. Maillard u. a. (edd.) (Lit. II.).

[5]  Für einen allgemeineren Überblick s. K. Mühlberger & M. Nederkorn-Bruck (Lit. I.).

[6]  Nur Studenten, keine Studentinnen – s. den Exkurs im vorigen Kapitel.

[7]  Chr. Hesse: *Der Blick von außen: Die Anziehungskraft der spätmittelalterlichen Universität Wien auf Studenten und Gelehrte*, in: K. Mühlberger & M. Niederkorn-Bruck (Lit. I.), S. 101–112, hier S. 103. Siehe auch K. Mühlberger: *Das Wiener Studium zur Zeit des Königs Matthias Corvinus*, in: L. Szögi & J. Varga (edd.) (Lit. I.), S. 89–116, hier S. 111.

[8]  K. Mühlberger (1997) (Lit. I.), S. 89–116, hier S. [115].

[9]  Siehe die Vergabe der Themen an die Dozenten in Th. Maisel & I. Matschinegg (Lit. I.), S. 112f.

Theologen Leonardus Mulner de Novoforo werden – wenn ich richtig gezählt habe – 309 Studenten neu eingeschrieben,[10] darunter (soweit ich sehe) nur ein einziger aus einem Territorium außerhalb des Heiligen Römischen Reiches und auch außerhalb der im weitesten Sinne matthiascorviniusschen Territorien und Polen stammend: Franciscus Wemfinis de Ascalon – ein Italiener. Unter dem Rektorat des Johannes Harrer de Heilprunn (der auch Professor der Artes ist) werden im Oktober 1489 159 Studenten immatrikuliert, darunter keine von außerhalb der üblichen Einzugsgebiete der Wiener Universität, wohl aber (unter den Studenten der *Natio Renensium*) 11 „pauperes". Die Neuimmatrikulierten diesen Jahres zahlen im Normalfall 4 Groschen, wobei es z. T. überraschende Abweichungen von dieser Norm gibt: Johannes Tax de Buda zahlt 1 Pfennig mehr, Stephanus Lwpolt de Kamparn kommt mit nur 1 Groschen davon, Stephanus de Bogatth und Nicolaus Altenberger de Cibinio geben (je?) einen Ungarischen Gulden, ein Doktor der Rechte (der auch [in Gegenwart zweier Notare] auf – nicht näher genannte – Privilegien verzichtet) einen halben Thaler.

Schon vor der Besitznahme der Stadt im Jahre 1485[11] durch Matthias Corvinus besteht der Eindruck, er hege der Universität gegenüber großes Wohlwollen.[12] Noch am Tage seines Einzugs erklärt Matthias – wie ausdrücklich erklärt wird: in excellentem Latein –, Freiheiten und Privilegien der Universität nicht nur erhalten, sondern vermehren zu wollen und anzustreben, sie zu alter Blüte zurückzuführen. Er versucht diejenigen Dozenten, die Recht auf ein festes Gehalt haben (*lectores stipendiati*) und die schon vor Matthias' Einzug in Wien seit rund 2 Jahren kein Geld mehr erhalten hatten, dazu zu bringen, den Eid auf ihn abzulegen – vergeblich; die Universität sucht stattdessen beim Papst um Bestätigung nach. Kaiser Friedrich III. weigert sich ebenfalls zu zahlen – unter Verweis auf zu freundliches Verhalten der Universität gegenüber Matthias. Ab (Herbst?) 1486 bezahlt Matthias Corvinus die *lectores stipendiati*, stellt auch Geld für Stipendien an Studenten zur Verfügung und gewährt u. U. auch Weiteres.

---

10  Für das Folgende in diesem Absatz s. W. Szaivert & F. Gall (edd.) (Lit. I.), S. 205ff.

11  Zu den hierzu führenden militärischen Ereignissen s. G. Rászó (Lit. II.), S. 16–19.

12  Für das Folgende in diesem Absatz s. K. Mühlberger (1997) (Lit. I.), S. 89–116, hier S. 98f.

Die an der Artes-Fakultät der Universität unterrichteten Gegenstände sind bekannt – wenn auch das, was genau zu den einzelnen Gegenständen unterrichtet bzw. von den Dozenten diskutiert und/oder vertreten wurde, m.W. bislang nicht untersucht wurde.[13] Am ersten September 1489 werden an der Artistenfakultät die zu unterrichtenden Gegenstände (bzw. Basistexte) festgelegt und die sie unterrichtenden Dozenten bestimmt:[14] Reichlich Logik („Universalia Porphyrii", *Ars veteris*, *Parva logicalia*, *Topica*, *Insolubilia*, Petrus Hispanus II & III [4 Dozenten], „*Obligatoria*" [2 Dozenten], *Analytica priora*, *Analytica posteriora* [2 Dozenten], *Elenchi*[15] [2 Dozenten]), Ethik (Buch I), nicht wenig Naturphilosophie – wenn auch in Auswahl – (*De anima* [4 Dozenten], *Parva naturalia*, Physik II [2 Dozenten], *De cælo II*), Metaphysik, Kosmologie („Speram materialem"), Mathematik („Algorismum" [2 Dozenten], Euklid [2 Dozenten], „Proporciones breves", „Arismetricam communem", „Perspectivam communem"), Grammatik und Rhetorik nach Alexander de Villadei [9 Dozenten], Augustinus Dacus (Dati) und der *Summa Iovis*. Abwesend sind: Politik und Ökonomik, Poetik und nicht-philosophisch/rhetorische antike Texte. Ob die Nichtbehandlung von Politik und nicht-philosophisch/rhetorischen antiken Texten politische Gründe hatte, Dozentenmangel geschuldet war, oder andere Gründe vorlagen, ist (mir) nicht erkennbar; zu beachten ist allerdings, dass sie vor Beginn von Matthias Corvinus' Herrschaft über Wien (1485) anfing, und nicht mit dessen Tod (1490) und dem Ende der ungarischen Dominanz in Wien endete.

Von wenigen Ausnahmen abgesehen, besteht keine Überschneidung zwischen dem, was an der Artesfakultät und insbesondere an Philosophie in Wien unterrichtet wird, und den Interessen des Matthias Corvinus auf den entsprechenden Gebieten, so wie

---

[13]  Abgesehen vom Folgenden s. zu Inhalten und Unterrichtsformen auch: Chr. Glaßner: *Wiener Universitätshandschriften in Melk: Bemerkungen zum Lehrbetrieb an der Wiener Artistenfakultät*, in: K. Mühlberger & M. Niederkorn-Bruck (Lit. I.), S. 87–99.

[14]  Die folgenden Angaben auf Basis von Th. Maisel & I. Matschinegg (Lit. I.), S. 112f.

[15]  Bemerkenswert ist, dass diese von den *Insolubilia* geschieden sind: ein klarer Hinweis darauf, dass ein Teil der Logikveranstaltungen Texte des Aristoteles (und andere des Petrus Hispanus) zugrunde legten, anderen hingegen nicht einem Text, sondern einem Thema gewidmet waren.

sie durch das, was wir über seine Bibliothek wissen, belegt sind.[16] Aristoteles ist zwar vertreten, aber nur mit einem einzigen Text (oder bestenfalls drei Texten): der Physikvorlesung (und u. U. auch mit der *Rhetorik* und/oder *De cælo*[17]), dazu ein einschlägiges Werk des Trapezuntius. Eine vollständige Ausgabe der Werke des Aristoteles war zwar zur Schmückung in Auftrag gegeben, aber zur Zeit des Todes des Matthias Corvinus noch nicht fertiggestellt. Von den in dieser enthaltenen logischen Werken des Aristoteles abgesehen: soweit ich sehe: nichts zur Logik. Zur Rhetorik: antike Redner und Quintilian, nicht aber die in Wien verwendeten Lehrbücher. An Kosmologie sehr wenig, an Mathematik: soweit ich sehe, nichts. Moralphilosophie und/oder politische Philosophie mit besonderem Schwerpunkt auf Matthias Corvinus selbst: Andreas Pannonius' *Libellus de regiis virtutibus,* Ludovico Carbos *Dialogus de Mathiae Regis laudibus.* Schwerpunkte der Sammlung sind Theologisches (Bibel, Kirchenväter, Bernardus Clarevallensis, Thomas von Aquin, Bessarion), Lateinische wie Griechische Klassiker, Texte aus Italien stammender Autoren der letzten zwei Jahrhunderte (Baptista Mantuanus, Boccaccio, Alberti ...). Und nicht zuletzt: Platon, in den erhaltenen und bekannten beiden Handschriften in Übersetzung durch Leonardo Bruni, nicht durch Marsilio Ficino, obwohl auch dessen Übersetzungen sich ursprünglich in Matthias Corvinus' Bibliothek befunden haben dürften, wie auch Ficino vermutlich derjenige war, auf den die (relativ) meisten lateinischen Übersetzungen in der Bibliothek zurückgingen.[18]

Marsilio Ficino[19] war auch mit eigenen Werken in der Bibliothek vertreten,[20] auch mit seinem neuesten und aktuellsten,[21] mit dem

---

[16] Zum erhaltenen Bestand s. E. Madas & al.: *Manuscripts corviniens „authentiques",* in: J.-F. Maillard u. a. (edd.) (Lit. II.), S. 48–78.

[17] C. Tristano: *La biblioteca greca die Mattia Corvino,* in: J.-F. Maillard u. a. (edd.) (Lit. II.), S. 215–238.

[18] P. Ekler: *Die Bibliotheca Corviniana: Lateinische Übersetzungen griechischer Autoren,* in: J.-F. Maillard u. a. (edd.) (Lit. II.), S. 237–247; hier S. 246f.

[19] Zu Marsilio Ficino (Marsilius Ficinus) s. E. Keßler (Lit. III.), S. 101–141 und S. 231–234 (und die dort genannte Literatur). Leitwerk für Zitationssuchen ist Kristellers monumentales Buch zu Ficinos Philosophie (1972) (Lit. III.). Der derzeit führende Gelehrte zu Ficino ist M. J. B. Allen (Lit. III.). Eine hinreichend kurze Einführung zu einigen Aspekten von Ficinos Denken bietet: T. Albertini (2010) (Lit. III.), S. 82–91.

[20] Zwei Bände Briefe: E. Madas & al.: *Manuscripts corviniens „authentiques",* in: J.-F. Maillard u. a. (edd.) (Lit. II.), S. 48–78, hier S. 54.

[21] Die Florentiner Handschrift (Laurenziana, Plut. 73.39), auf die sich E.

Text, der im Hauptfokus dieses Kapitels steht: *De triplici vita* sive *De vita libri tres*.[22]

„Über das gesunde Leben (‚De vita sana‘)", das erste der drei Bücher von *De triplici vita* sive *De vita libri tres*[23], handelt davon, wie Gelehrte leben und sich ihre (von Melancholie bedrohte und/oder geprägte) Konstitution erhalten bzw. verbessern sollen.[24] Das zweite Buch – Vom langen Leben (‚De vita longa‘) – gibt

---

Madas & al.: *Manuscripts corviniens „authentiques"*, in: J.-F. Maillard u. a. (edd.) (Lit. II.), S. 48–78, hier S. 68, bezieht, hat zwar Matthias Corvinus' Bibliothek wegen dessen Tod nicht erreicht, aber nachdem ein Teil – der für dieses Kapitel hier wichtigste – Matthias Corvinus gewidmet war, und die Handschrift nach dem Erstdruck fertiggestellt wurde und mit diesem auch bemerkenswerte Übereinstimmungen hat (s. Lit. III.: Marsilio Ficino, edd. & trans. C. V. Kaske & J. R. Clark), ist m. E. mehr als nur zu vermuten, dass Ficino ein Exemplar des Druckes an den Widmungsempfänger Matthias Corvinus geschickt hatte, und dies der Anlass für die Inauftraggabe der erwähnten Abschrift war.

[22] Ich verwende im Folgenden die folgende Ausgabe mit englischer Übersetzung: M. Ficino (edd. & trans. C. V. Kaske & J. R. Clark) (s. Lit. III.). Nicht diese Ausgabe, aber zahlreiche digitalisierte Versionen alter Drucke des Textes stehen im Internet zur Verfügung: s. z. B. die Einträge unter „Ficinus, Marsilius" („De Triplici Vita", „De vita", „De vita libri tres") in D. F. Suttons *An analytical Bibliography of on-line Neo-Latin Texts* unter Buchstaben F (URL http://www.philological.bham.ac.uk/bibliography/f.html [2011-04-04, gesehen 2011-04-06]) und die Aufstellung unter URL http://www.phil-hum-ren.uni-muenchen.de/W4RF/YaBB.pl?num=12149 96153 (gesehen 2011-04-06). Nach weitgehender Fertigstellung dieses Kapitels erschien die zweisprachige (lateinisch/deutsch) Ausgabe/Übersetzung durch M. Boenke (s. Lit. III.).

[23] Im Folgenden zitiert nach der in der vorigen Fußnote angegebenen Ausgabe von Kaske und Clark, und abgekürzt als „DV", dann jeweils Angabe des Buches („I", „II", „III") und des Kapitels mit vorangestelltem „c." unter Verwendung arabischer Ziffern (so dass auch die Verwendung einer anderen Ausgabe erleichtert sein sollte), dann die Seitenangaben gemäß der erwähnten zitierten Ausgabe. „DV I c. 2, p. 110" bezieht sich also auf das zweite Kapitel des ersten Buches (in dem es darum geht, dass, und vor welchem physiologischen Hintergrund, sich Gelehrte um ihr Gehirn, ihr Herz, ihren Magen und ihren *spiritus* kümmern sollen.) (Die Details der Lehren zum *spiritus* unterscheiden sich von Autor zu Autor, von Text zu Text; gemeinsam scheint zu sein, dass der *spiritus* etwas Dünnes, gerade noch Materielles ist, [auschließlich oder u. a.] vom Blut transportiert wird, und [auschließlich oder u. a.] Vermittlungsaufgaben hat. Ficino selbst bezeichnet ihn [DV I c. 2, S. 110] als Werkzeug und sagt, gemäß den Medizinern sei er ein gewisser reiner, subtiler, warmer und leuchtender Dunst [„vapor"] des Blutes.

[24] Das grundlegende Werk hierzu ist: E. Panofsky u. a. (Lit. III.).

entsprechende Ratschläge für alte Menschen.[25] Das dritte (und hier hauptgegenständliche) Buch – „Vom auf himmlische Weise einzurichtenden Leben" (‚De vita cœlitus comparanda') – handelt von der Nutzung überirdischer materieller wie immaterieller Entitäten für das irdische Leben,[26] von Magie.

## Exkurs

Eine Abgrenzung scheint angebracht:[27] Es geht (mir, hier) um Magie, nicht Esoterisches, Astrologie, Alchemie, Hermetismus, Kabbala. Nicht um *„Esoterisches"*, denn zumindest ein Teil der hier behandelten Texte war in der Renaissance durchaus populär – am populärsten vermutlich Ficinos *De triplici vita* sive *De vita libri tres*.[28] Das verbreitete Bündel von Astrologie, Alchemie, Hermetismus, Kabbala und Magie zu „Okkulten Wissenschaften", dessen Popularität sich nicht zuletzt den – durchaus gelehrten und bis heute lesenswerten – Werken von Frances A. Yates und Daniel Pickering Walker verdankt,[29] dieses Bündel aufzuschnüren kann Verständnis erleichtern:

*Astrologie* ist in der Renaissance keine Pseudowissenschaft, sondern – zumindest hinsichtlich dessen, was unter dem Titel *De*

---

[25]  Hierzu m. E. besonders lesenswert: A. Costa (Lit. III).

[26]  *Nota bene:* Der größte Teil dessen, was im Rest dieses Kapitels folgt, hat beträchtliche Parallelen, ja völlige oder teilweise Textidentität zu Teilen meines Aufsatzes: H. C. Kuhn (= Lit. III.), S. 447–461. Dies scheint mir erwähnenswert, aber nicht illegitim (auch das folgende Kapitel wird, wenn auch geringere, so doch nicht unbeträchtliche Überschneidungen zu bereits vorher von mir Veröffentlichtem haben).

[27]  Im Vorgriff auf das, was ich im Folgenden versuchen werde an Verbindungslinien zwischen rinascimentaler Magie und (spätrinascimentaler) Naturwissenschaft zu ziehen: Wo ich solche Verbindungen, Verbindungslinien, Kontiguitäten, Kontinuitäten behaupte oder belege, geht es *nicht* darum, von Newtons Interessen für Gebiete, die gerne als „Okkulte Wissenschaften" bezeichnet werden, Interessen, die inzwischen sogar ihren Niederschlag im Kinderbuch gefunden haben, Schlüsse auf rinascimentale magische Einflüsse auf seine Physik und oder Optik zu ziehen. Es geht nicht darum, aus dem Glauben von Mitgliedern der *Royal Society* an Hexen, Hexerei und deren Erforschbarkeit zu schließen, dass derlei Glauben eng verbunden mit ihrer Naturwissenschaft gewesen sei.

[28]  Vgl. E. Keßler (Lit. III.), S. 113.

[29]  Siehe Lit. III.

*diebus criticis* behandelt wird – ordentlicher Gegenstand universitären Medizinstudiums.

Grenzen zwischen dem, was in unserem heutigen Sinne Chemie ist oder wird, und dem, was die Erleuchtung, Gott, den Stein der Weisen und Gold suchenden *Alchemisten* anstreben, sind für die hier behandelten Jahrhunderte teils fließend, teils schwer zu ziehen, teils nicht vorhanden.

Das wohl einflussreichste „magische" Werk der Renaissance, eben Ficinos *De vita cœlitus comparanda* ist, wie Copenhaver m. E. überzeugend gezeigt hat, kein „*hermetisches*" Werk.[30]

Bei der *Kabbala* wäre, Charles Zika folgend, zwischen „prophetisch/extatischer (beziehungsweise praktischer) Kabbala" einerseits, „spekulativer und theosophischer" Kabbalah andererseits zu unterscheiden[31] – und davon wieder die Verwendung hebräischer oder pseudohebräischer Worte bei der Dämonenbeschwörung zu trennen.

Mir geht es hier nicht um Astrologie, Alchemie, Hermetismus, und Kabbala, sondern nur um *Magie*. Sie kann als etwas von Astrologie, Alchemie, Hermetismus und Kabbala Unterscheidbares behandelt werden, obwohl Magie unbestritten auch in der Renaissance gelegentlich in Werken Gegenstand ist, die sich durchaus auch mit Astrologie, Alchemie, Hermetismus, Kabbala beschäftigen. Klare Definitionen von Magie sind auch in der Renaissance selten. Am vielleicht tauglichsten erscheint Campanellas Bestimmung von Magie als Anwendung von nicht allgemein bekannten Künsten, bei der die Natur imitiert oder der Natur geholfen wird, und so Erstaunliches bewirkt wird[32]:

---

[30] Siehe B. P. Copenhaver: *Astrology and Magic,* in: Ch. B. Schmitt u. a. (edd.): „The Cambridge History of Renaissance Philosophy", Cambridge 1988, S. 264–300, hier insbes. S. 280–285.

[31] Ch. Zika: *Reuchlin und die okkulte Tradition der Renaissance*, Sigmaringen 1998, S. 165.

[32] Tommaso Campanella: *Il senso delle cose e la magia*, Genova 1987, S. 241f.: **„Tutto quello che si fa dalli scienziati imitando la natura o aiutandola con l'arte ignota, non solo alla plebe bassa, ma alla communità degli uomini, si dice opera magica.** Talchè non solo le predette scienze [i.e.: Religione, medicina e Astrologia … e fisica, … arte del demonio [[hck, auf Basis von S. 222 u. 224]]], ma tutte l'altre servono alla magia. Magia fu d'Archita fare una colomba che volasse come l'altre naturali, e a tempo di Ferdinando Imperatore in Germania, fece un tedesco un aquila artificiosa e una mosca volare da se stesse; **ma finchè non s'intende l'arte, sempre dicesi magia: dopo è volgare scienza.** L'Invenzione della polvere

**All das, was die Wissenschaftler tun, indem sie die Natur imitieren, oder ihr mit einer Kunst helfen, die nicht nur dem niederen Volk, sondern der Gemeinschaft der Menschen unbekannt ist, nennt man Magie.** So dass nicht nur die vorgenannten Wissenschaften (Religion, Medizin, Astrologie, Naturphilosophie, Dämonenkunst), sondern auch alle anderen der Magie dienen. Magie war es, dass Architas eine Taube machte, die wie die anderen Natürlichen flog, und dass zur Zeit des Kaisers Ferdinand im Deutscher einen künstlichen Adler und eine Fliege automatisch fliegen ließ; **aber solange man die Kunst nicht versteht, spricht man immer von „Magie", danach ist es gemeine Wissenschaft.** Die Erfindung des Schießpulvers und des Buchdrucks war eine magische Sache, und so auch der Gebrauch des Magneten, aber heute, wo alle diese Kunst verstehen, ist es eine gemeine Sache.[33]

Das erwähnte dritte Buch von Ficinos *De vita*: Vom auf himmlische Weise einzurichtenden Leben (‚De vita cœlitus comparanda‘) war ursprünglich ein Kommentar zum 11. Kapitel des dritten Buchs der Vierten Enneade Plotins.[34] Als Drittes Buch von *De vita* widmet es Ficino (mit Datum 10. Juli 1489) mit Zustimmung seines Patrons Lorenzo de'Medici Matthias Corvinus – den er als König von Ungarn, nicht aber als Herzog von Österreich anspricht. Als besonderen Grund der Widmung nennt er, dass die Sterne, soweit ihm, Ficino, erkennbar, für Matthias ein langes Leben beschlossen hätten, und das Werk zu Gesundheit und Prosperität des Königs beitragen könne und möge.[35] Filippo Valori solle das Werk[36] an Matthias überbringen. Doch schreibt Ficino am 8. August 1489 an Giovanni Pico della Mirandola, er habe erst am 1. August das Werk abgeschlossen. Die Apologie datiert vom 15., der Schlussbrief vom 16. September 1489. Der Erstdruck gibt

---

dell'archibugio e delle stampe fu cosa magica, e cosi l'uso della calamita; ma oggi che tutto sanno L'arte è cosa volgare." (Hervorhebungen hck)

[33] Zum Aspekt der bekannten bzw. unbekannten Kunst und der unbekannten als Magie vergleiche man auch Paracelsus, und insbes. dessen Ausführungen zu *Artes incertæ*.

[34] M. Ficino (edd. & trans. C. V. Kaske & J. R. Clark) (s. Lit. III.), S. 7. Der Plotin-Bezug findet sich auch noch in der Überschrift des ersten Kapitels des Dritten Buches (DV III c. 1, S. 531).

[35] DV III prœm., S. 236–238. Ficinos Verständnis der Sterne und der Nutzen seines Buches für Matthias waren u. U. geringer als Ficino annahm: Matthias Corvinus starb bereits wenige Monate später, am 6. April 1490.

[36] Aufgrund von DV III ad lectorem, S. 238, ist wohl davon auszugehen: Das ganze Werk: alle drei Bücher von *De vita*, nicht nur Buch III.

an, auf die Vorlage des Autors zurückzugehen und im Dezember 1489 abgeschlossen zu sein. Wann und wie das Buch Wien und Matthias Corvinus erreicht hat, ist m.W. unbekannt. Dass es ihn erreicht hat, belegt der Auftrag zur Erstellung einer handschriftlichen Kopie.[37]

Verstörendes[38] findet sich nicht nur im Dritten, Matthias gewidmeten Buch:

Heinrich Kramer hat in seinem berühmten und schon in der Renaissance sehr erfolgreichen *Malleus maleficarum* von 1486/87 unter anderem Folgendes über die Übeltaten der Hexen zu berichten:[39]

> … [Es] ist der Inquisitor von Como zu nennen, der oben erwähnt wurde und uns erzählt hat, er sei aus diesem Grunde von den Einwohnern der Grafschaft *burbie* [i. e. Bormio] gerufen worden, um eine Inquisition durchzuführen, weil jemand, nachdem ihm sein Kind aus der Wiege weggenommen war und dem er nachging, zur Nachtzeit eine Versammlung von Frauen sah und deutlich beobachtete, daß der Knabe getötet und, **nachdem das Blut geschlürft worden war,** verschlungen wurde.

Blutschlürfen gibt es auch bei Ficino: den Ratschlag in *De vita longa*, dem Zweiten Buch seiner *De vita libri tres*: Nach dem Rat; bei zunehmendem Mond die Milch junger Mädchen zu saugen, und dem Hinweis, dass sorgfältige Ärzte gegen *hectica senilis* destilliertes menschliches Blut verwenden, schreibt er:

---

[37] E. Madas & al.: *Manuscripts corviniens „authentiques",* in: J.-F. Maillard u. a. (edd.) (Lit. III.), S. 48–78, hier S. 68.

[38] Für Ficinos Selbstverteidigung siehe seine Apologie und den Schlussbrief: DV S. 394–404/405.

[39] Dt. Übersetzung aus: H. Kramer: *Der Hexenhammer. – Malleus Maleficarum. Neu aus dem Lateinischen übertragen von W. Behringer u. a.,* München 2000, S. 287.
Lat. Text nach H. Kramer: *Malleus Maleficarum. – Nachdruck des Erstdruckes von 1487 mit Bulle und Approbatio, Herausgegeben und eingeleitet … von G. Jerouschek,* Hildesheim 1992, f. 32va: „Est inquisitor cumanus de quo supra mento habita est qui hec nobis retulit quod ea de causa ab incolis comitatus burbie vocatus ad inquisitionem faciendam. eo videlicet quod quidem cum puerum ex cunis amisisset et explorando conventionem mulerum nocturno tempore vidisset et perpendisset infantem occidi et liquorem ebibito devorare."

Was also verbietet es, dass wir auch einen Greis, der schon zu den fast völlig Geschwächten gehört, bisweilen auch mit diesem Trank erquicken? Es gibt eine weit verbreitete und alte Ansicht, dass gewisse weise alte Frauen, die in der Volkssprache auch Hexen genannt werden, das Blut von Kindern saugen, wodurch ihre Kräfte verjüngt werden. Warum saugen nicht unsere Greise, die anscheinend jeder Hilfe beraubt sind, das Blut von Heranwachsenden? Ich spreche von dem eines willigen, gesunden, glücklichen, temperierten Jugendlichen, dessen Blut gewiss bestens, aber vielleicht zu reichlich ist.[40]

Blut war für Ficino bereits im Ersten seiner Drei Bücher über das Leben, *De vita sana* (wo es um die den Gelehrten zuträgliche Lebensweise geht), wichtig; ein Beispiel:[41]

Aber nur die Priester der Musen, allein die Jäger nach dem höchsten Gut und der Wahrheit, sind – zu Unrecht – derart nachlässig und auch unglücklich, dass sie jenes Werkzeug, durch das sie auf gewisse Weise die ganze Welt messen und auf gewisse Weise auch ergreifen können, völlig zu vernachlässigen scheinen. Solches Instrument ist der *spiritus* selbst, der bei den Medizinern als ein gewisser Dunst des reinen Blutes, der fein, warm und klar ist, definiert wird. Und [nachdem] er von der Wärme des Herzens selbst aus dem feineren Teil des Blutes hervorgeschaffen wurde, fliegt er [i. e. der *spiritus*] zum Gehirn; und dort wird er von der Seele selbst zur Ausübung sowohl der Inneren als auch der Äußeren Sinne unablässig gebraucht. Deshalb dient das Blut dem *spiritus*, der *spiritus* den Sinnen, die Sinne dann der Vernunft. [...] Daher ist die Kontemplation in den meisten Fällen so verlässlich,

---

[40] DV II c. 11, S. 196: „Quid ergo prohibet quominus senio iam quasi confectos interdum hoc etiam potu reficiamus? Communis quaedam est et vetus opinio, aniculas quasdam sagas, quae et stri[n]ges vulgari nomine nuncupantur, infantum sugere sanguinem, quo pro viribus iuvenescant. Cur non et nostri senes omni videlicet auxilio destituti sanguinem adolescentis sugant? – volentis, inquam, adolescentis, sani, laeti, temperati, cui sanguis quidem sit optimus, sed forte nimius."

[41] DV II, c. 2, S. 110: „Soli verum Musarum sacerdotes, soli summi boni veritatisque venatores tam geligentes, pro nefas, tamque infortunati sunt, ut instrumentum illud, quo mundum universum metiri quodammodo, et capere possunt, negligere penitus videantur. Instrumentum eiusmodi spritus ipse est, qui apud medicos vapor quidam sanguinis purus, subtilis, calidus et lucidus definitur. Atque ab ipso cordis calore ex subtilori sanguine procreatus volat at cerebrum; ibiquer animus ipso ad sensus tam interiores quam extriores exercendos assidue utitur. Quamobrem sanguis spiritui servit, sprirtus sensibus, sensus denique rationi. [...] Itaque talis plurimum ferme contemplatio est, quale sensus ipsius obsequium; talis autem sensus, qualis et spiritus; spiritus vero talis, qualis et sanguis [...]."

wie es der Gehorsam des Sinnes ist; wie aber der Sinn, so auch der *spiritus*; der *spiritus* aber ist so, wie auch das Blut ist [...].

Groß ist also die Bedeutung des *spiritus,* der Instrument der Seele ist, zwischen Seelischem und Körperlichem vermittelt, für uns Menschen. Und etwas, das von Ficino selbst dem *spiritus* bei uns analog gesetzt wird, findet sich auch im Dritten Buch von Ficinos *De vita*: in *De vita cœlitus comparanda.*

Dieses Buch beginnt mit einer kosmologischen Einleitung: Die Welt hat einen Körper, und sie hat einen Intellekt, die beide zueinander gezogen werden durch die Weltseele, die in der Mitte zwischen beiden steht, die in Verbindung mit allem steht. Im Göttlichen Intellekt sind Ideen, in der Weltseele sind diesen entsprechend *rationes seminales*, durch die sie in der Materie die entsprechenden Species herstellt. Über diese Weltseele und ihre *rationes seminales* ist es möglich, durch richtige Einwirkung auf eine Spezies oder ein Individuum hier unten etwas von der entsprechenden Idee nach hier unten zu gewinnen. In der Weltseele sind auch die *rationes* aller Sterne und Dämonen. Sie hat den Sternen ihre Figuren und Eigenschaften gegeben. Die *species*-Formen der Dinge hier unten bringt sie durch die *rationes* unter Mithilfe der (Fix-)Sterne und Sternbilder hervor, die Gaben der Individuen desgleichen durch *rationes*, aber unter Mithilfe der *Position* der (Fix-)Sterne und Planeten.

Wie unsere eigene Seele durch das Herz Lebenskraft hervorbringt, so auch die Weltseele eine allgemeine Lebenskraft durch die Sonne. Und weiter, und damit zum *spiritus*:[42]

Man erinnere sich aber immer daran, dass so, wie unsere Seele durch den *spiritus* Kraft zu den Organen bringt, auch die Weltseele Kraft durch alles unterhalb der Weltseele verteilt, [und zwar] durch die *Quinta essentia*, die überall wirksam ist, als *spiritus* im Weltkörper, dass sie aber vor allem jenen diese Kraft eingibt, die am meisten von derlei *spiritus* aufgenommen haben.

Zwischen Weltseele und Weltkörper steht dieser kosmische *spiritus*, hat die vier Elemente in seiner Gewalt, ist überall in der Welt,

---

[42]  DV III c. 1, S. 246: „Semper vero memento sicut animae nostrae virtus per spiritum adhibetur membris, sic virtutem animae mundi per quintam essentiam, quae ubique viget, tanquam spiritus intra corpus mundanum, sub anima mundi dilatari per omnis, maxime vero illis virtutem hanc infundi, quae eiusmodi spiritus plurimum hauserunt."

wie der *spiritus* in unserem Körper. Zahlreich sind die weiteren Analogien und ihre Wirkungen (z. B. hilft Jupiter bei der Verdauung). Durch Kenntnis dieser Analogien und Verbindungen,[43] durch Nutzung und Vermittlung des *spiritus* kann man sich die Kräfte des Himmels, der Sterne und Sternbilder nutzbar machen, lassen sich Amulette herstellen und Medikamente: eine Weise von Magie, die streng vom Dämonenkult unterschieden wird, und die von denjenigen ausgeübt wird, die natürliche Gegenstände auf geeignete Weise natürlichen Ursachen unterwerfen, um sie auf erstaunliche Weise zu formen. Diese Naturmagie (über die Ficinos drittes Buch von *De vita* primär geht) gibt es als *magia curiosa* – wie wenn man dadurch einen amselähnlichen Vogel mit Schlangenschwanz erzeugt –, und dann ist sie, da eitel und gesundheitsschädlich, zu fliehen. Und es gibt sie als *magia necessaria* – wenn sie Medizin und Astrologie koppelt, und dann ist sie beizubehalten.

Nicht nur, und nicht primär, eine Koppelung von Magie und Astrologie war es, die in der Wirkungsgeschichte von Ficinos *De vita cœlitus comparanda* gewirkt hat,[44] sondern primär die Naturmagie allgemein und die Theorie ihrer kosmologischen Grundlagen.

---

[43]  Zu den Analogien und insbes. Verbindungen vgl. insbes. auch DV III c. 15, S. 318: „**Confirmatur dictum illud valde Platonicum: hanc mundi machinam ita secumesse connexam, ut et in terris coelestia sint conditione terrena et in coelo vicissim terrestria dignitate coelesti, et in occulta mundi vita menteque regina muniti coelestia insint, vitali tamen intellectualique proprietate simul et excellentia. Per haec insuper confirmant nonnulli etiam illud magicum: per inferiora videlicet superioribus consentanea posse ad homines temporibus opportunis coelestia quodammodo trahi […].**" / „Folgende sehr platonische Aussage wird bestätigt: Die Maschine dieser Welt ist so mit sich selbst verbunden, dass in dem, was irdisch ist, das, was himmlisch ist, auf irdische Weise ist, und im Himmel entsprechnd das, was irdisch ist, mit himmlischer Würde; und im verborgenen Leben der Welt und im Intellekt, der die Herrscherin der Welt ist, ist das, was himmlisch ist, und zwar mit vitaler und intellektueller Eigenschaft und Exzellenz gleichzeitig. Daher bestätigen Einige [Autoren] auch folgende magische Aussage: Nämlich, dass es auf gewisse Weise möglich ist, durch ‚untere' Dinge, die mit ‚oberen' Dingen zusammenstimmen, zu geeigneten Zeiten auf gewisse Weise Himmlisches zu den Menschen zu ziehen …"

[44]  Zu dieser Wirkungsgeschichte vgl. immer noch insbes. D. P. Walker (Lit. III.).

Heinrich Cornelius Agrippa von Nettesheim[45] hat man vorgeworfen, in seinem Werk *De occulta philosophia* kaum über Ficino hinausgegangen zu sein, *a blatantly derivative theory* vorgelegt zu haben. Und sein Kosmos ist dem Ficinos in der Tat in vielem sehr ähnlich. Aber zumindest das Eintreten für eine christlich-heidnische Mysterienreligion, das sich in Kapitel 59 des Dritten Buches findet,[46] ist, soweit ich sehe, ohne Parallele bei Ficino und für das Thema in diesem Abschnitt des vorliegenden Kapitels relevanter: Die Elementenlehre, die Agrippa zur Grundlage der Natürlichen Magie (bzw. der „Okkulten Wissenschaften der Magie und der Natur") erklärt:[47]

> Dies ist die Wurzel und Grundlage aller Körper, Naturen, Kräfte und wunderbaren Werke; wer diese Eigenschaften der Elemente und ihre Mischungen kennt, der wird ohne Schwierigkeit wunderbare und erstaunliche Dinge vollbringen und ein vollendeter Meister der natürlichen Magie sein.

Agrippa kennt nicht nur die vier Elemente Feuer, Erde, Wasser, Luft mit den Paaren der Elementareigenschaften warm/kalt trocken/feucht,[48] sondern unter diesen vieren zwei schwere und passive und zwei leichte und aktive, zudem Schärfe, Dünnheit und Bewegung[49] und Dunkelheit, Dichtheit und Ruhe.[50] Und diese sind

---

[45] Zu Agrippa siehe als Einführung (Ch. Nauert: *Heinrich Cornelius Agrippa von Nettesheim*, in: „Stanford Enyclopedia of Philosophy (SEP)" [Summer 2011 Edition] URL 2011-06-22: http://plato.stanford.edu/archives/sum2011/entries/agrippa-nettesheim/

[46] mit der Notwendigkeit von Opfern (und dem christlichen Abendmal als Ersatzopfer für die heidnischen Tieropfer), mit Anbetung der Sterne und Planetengötter, mit Magiern als Priestern. Vgl. die deutsche Übersetzung von F. Barth: Heinrich Cornelius Agrippa ab Nettesheim: *De occulta philosophie. – Drei Bücher über die Magie*, Nördnlingen 1987, S. 555ff.

[47] Dt. Übersetzung von F. Barth (s. Lit. in Fußnote 43), S. 21. Lat. Text nach Heinrich Cornelius Agrippa ab Nettesheim: *Opera I, With an Introduction by Richard H. Popkin*, Hildesheim 1970, S. 6: „Atque hæc es radix & fundamentum omnium corporum, naturarum. virtutum & operum mirabilium: & qui has elementorum qualitates, & eorundem mixtiones cognoverit, faclille perficiet opera miranda atque stupenda, eritque consummatus in magia naturali."

[48] op.cit: I, 3; das Übliche: das, was seit (spästestens) Aristoteles bekannt ist: Feuer: warm + trocken, Erde: trocken+kalt, Wasser: kalt + feucht, Luft: feucht + warm.

[49] beim Feuer.

[50] bei der Erde, unter Berufung auf Platon.

quantifizierbar: so ist z. B. Feuer doppeltsodünn, dreifachsobe-
weglich und viermalsoscharf wie Luft, etc., wobei sich Proportionen zwischen den Elementen finden: wie Feuer zu Luft, so Luft zu
Wasser, so Wasser zu Erde.

Die Elemente sind dreifach: erstens rein, zweitens vermischt,
und drittens zersetzt, und in diesem Zustand ineinander wandel-
bar und von wunderbarer Wirkung.

Den vier Elementen folgend gibt es vier Gattungen der vollkommenen Naturkörper: Steine, Metalle, Pflanzen und Tiere.

Es gibt vier Elementarkräfte: die primären Eigenschaften: Er-
wärmen, Kühlen, Befeuchten und Trocknen. Über sie hinaus gehen die „sekundären" Qualitäten: die Eigenschaften dessen, was
aus den Elementen zusammengesetzt ist: reifend, verdauend, ver-
härtend, öffnend, zusammenklebend, betäubend: solches und
manches mehr kann Zusammengesetztes aufgrund seiner Zusam-
mensetzung sein. Wenn sie aber in einem bestimmten Organ
wirksam werden und z. B. Urin oder Milch hervorbringen, so
heißen sie tertiäre Qualitäten. Durch Nutzung dieser ersten, zweiten und dritten Eigenschaften der Elemente lassen sich erstaunliche Dinge bewirken, wie Feuer, das durch Öl gelöscht und durch
Wasser entzündet wird. Und über diese drei Ordnungen von
Kräften hinaus gibt es noch die verborgenen, okkulten Kräfte, die
nicht elementar, sondern formal sind. Durch sie kann Gift ausge-
stoßen werden, durch sie kann ein kleiner Fisch ein großes Schiff
aufhalten, etc.[51] Die Beispiele sind altbekannt, die „Metachemie"
Agrippas als Grundlage der Naturmagie geht – zumindest soweit
ich sehe – über das Altbekannte hinaus.

Dass das Erste Buch von Agrippas *De occulta philosophia* zu
den Vorlagen des Ersten Buches von Giovanni Battista Della Portas *Magia naturalis* in der 1558 erschienenen Form gehörte, hat
Laura Balbiani überzeugend anhand ihrer Ausführungen zu den
Inhalten bzw. Inhaltsverzeichnissen beider Bücher gezeigt und
(wenn auch ohne Belege) von „passi somglianti" zwischen beiden
gesprochen.[52]

Die Behandlung der Elementenlehre bei Della Porta ist in der

---

[51]  I, 10. Agrippa dienen die akkulten Eigenschaften dazu, Naturmagie plausibel zu machen; Pomponazzi hingegen dienen sie (in *De incantationibus*)
dazu, um Magie für überflüssig zu erklären …

[52]  L. Balbiani: *La Magia Naturalis di Giovan Battista Della Porta. – Lingua,
cultura e scienza in Europa all'inizio dell'età moderna*, Bern 2001, S. 53–56.

Tat über weite Strecken nicht nur ähnlich, sondern in Reihenfolge und Inhalten quasi parallel zu dem, was sich bei Agrippa findet. Die „Elementaren Qualitäten" erster Ordnung sind auch bei Della Porta die üblichen Paare aus warm/kalt und feucht/trocken, aus diesen hervorgehend als „sekundäre Wirkungen": Wärme/Kälte bewirkend und Feuchtigkeit/Trockenheit leidend. Von diesen wird gesagt, dass sie auf zweite Weise wirkten, und zwar erweichend, reifend, auflösend, erhaltend, öffnend, etc. Und *per accidens* bewirken sie das, was die Mediziner „Qualitäten Dritter Ordnung" nennen, wie Milch, Urin, etc. Und dann folgen die „okkulten Eigenschaften", die nicht aus den elementaren Qualitäten, sondern aus der Form hervorgehen. Die Beispiele der Wirkung gegen Gift und des schiffeaufhaltenden Fisches finden sich auch hier.

Aber: die Zahl der Beispiele geht weit über die bei Agrippa gegebenen hinaus. Hier zeigt sich das auch schon von Balbiani bemerkte: Della Portas Hauptinteresse gilt nicht der Theorie, sondern den Beispielen.[53] Noch stärker als in der Fassung in vier Büchern findet sich das in der Fassung in 20 Büchern[54] von 1589. Sie bietet Experimente zu unterschiedlichsten Gebieten: Erzeugung von Tieren und neuen Pflanzen, Konservierung von Obst,

---

[53]  L. Balbiani (s. Lit. in Fußnote 52), S. 56, gibt eine prägnante und m. E. zutreffende Gegenüberstellung: **„Agrippa è molto più teorico, si concentra sui mechanismi di funzionamento di un fenomeno senza dilungarsi nei dettagli, mentre in Della Porta, dopo una breve enunciazione teorica, gli esempi hanno il sopravento;** in Agrippa è molto forte la componente astrologica e molto frequento sono i riferimenti e gli esempi tratti dall'ambito religioso, due elementi che sono invece quasi totalmente estranei alla *Magia Naturale*."

[54]  1: Ursachen wunderbarer Dinge (stark verändert gegenüber Buch I der 1558er Fassung),  2: Über die Erzeugung von Tieren,  3: Über das Hervorbringen neuer Pflanzen,  4: Über im Haushalt Nützliches, insbesondere über Obst-Konservierung [u. a. durch Luftabschluss, Honig, Salzlake, Öl, Wein),  4: Über die Umwandlung von Metallen ineinander,  6: Über die künstliche Herstellung von Edelsteinen,  7: Über Eigenschaften und Wirkungen von Magneten,  8: Über Medikamente (u. a..: Schlaf hervorrufende, halluzinogene, Mittel gegen Gift),  9: Kosmetika (Haarwuchsmittel, allerdings nur für Frauen und vorzeitigen Haarausfall), 10: Destillation (und andere Weisen, Extrakte zu erzielen),  11: Parfüme, 12: Künstliches Feuer,  13: Stahlherstellung,  14: Kochkunst (und Wein und sein Gebrauch),  15: Fischen und Jagen,  16: Unsichtbare Schrift, 17: Brillen, Lupen, Brenngläser,  18: „statische Experimente" mit Wasser und Wein,  19: Experimente mit Luft und Wasser (u. a. akustische Experimente, Wasser- und Wind-Uhren),  20: „Chaos": u. a., wie man Seewasser trinkbar macht, Wasser aus Luft macht, Flugdrachen.

Metallumwandlung, Stähle, Magneten, Medikamente, Destillation, Optik, Akustik und vieles mehr: aus Literatur und aus Berichten gewonnene Auskünfte über das Bewirken erstaunlicher Wirkungen.[55]

Manches sieht weniger nach Naturphilosophie aus als nach Ratgeberliteratur. Aber: nicht nur als Ratgeberliteratur ist es rezipiert worden. Kein Geringerer als Francis Bacon hat das Werk für seine grundlegende Materialsammlung für eine neue Naturphilosophie, die *Sylva Sylvarum,* intensiv genutzt.[56]

Bacons Kaplan und Herausgeber William Rawley veröffentlichte Bacons *New Atlantis* 1627 aus dem Nachlass am Ende der *Sylva sylvarum,*[57] und schrieb, Bacon habe darin eine „description of a college instituted for the interpreting of nature and the producing of great and marvellous works for the benefit of men" vorlegen wollen. Der Vorstand dieser Einrichtung, der *father of Salomon's house,* berichtet zunächst von den dort zur Verfügung stehenden Laboratorien: was dort erforscht und bewirkt wird, ist in vielem das, was in Della Portas *Magia Naturalis* und in Bacons *Sylva sylvarum* beschrieben wird:[58] die Mirabilia, von denen in diesen

---

[55]  Für Della Portas *theoretische* Interessen an Naturmagie zeugen weniger die Gebrauchanweisungen in der zweiten Fassung seiner *Magia naturalis*, als dass er 1590 Campanella zu *Il senso delle cose e la magia* angeregt hat.

[56]  Robert Leslie Ellis schreibt in seinem *Preface to the Sylva Sylvarum*: „Porta's Natural Magic supplied Bacon with almost all he says of the changes which may be produced in fruits and other vegetable products by peculiar modes of cultivation. In some of the paragraphs taken from Porta he refers to ,one of the ancients', the reason is that almost all [of] Porta's statements are supported by reference to a Greek or Latin author. If we did not know the channel through which his information is derived, we might give him credit for much curious research. Thus in (458) he observes that it is reported by one of the ancients that artichokes will be less prickly if their tops have been grated off upon a stone. The writer referred to is Varro, but the statement is only preserved in the *Geoponica*; it does not occur in any part of his works extant. As the *Geoponica* are certainly not often read or even quoted, it would have been interesting to know that Bacon was acquainted with them. Unfortunately, on looking in the *Natural Magic*, we find that Bacon was in this case simply a transcriber." (J. Spedding & al. (edd.): *The Works of Francis Bacon. – Vol. II*, London 1859, S. 328.)

[57]  Für das Folgende in diesem Absatz s. Francis Bacon: *The Advancement of Learning an New Atlantis. Edited by Arthur Johnston,* Oxford 1980, S. 214ff.

[58]  Z. B.: Gärten in denen – wie bei Della Porta – Pflanzen dazu gebracht werden vor und nach ihrer natürlichen Zeit zu blühen und fruchten (Della

Büchern geschrieben ist, sind hier Mirabilia, die auf einer fernen Insel *gewirkt* werden. Aufgrund der Experimente, die Mitarbeiter von *Salomon's house* sammeln und bewirken, stellen andere dieser Mitarbeiter Tabellen zusammen, und wieder andere versuchen aus den Experimenten Erkenntnisse von Nutzen für die Praxis zu gewinnen. Andere beschäftigen sich mit weiterreichenden Experimenten, „more penetrating into nature than the former". Und zuletzt, als krönender Abschluss des Wissenschaftsprogramms von *Salomon's house*, dann diejenigen, die aufgrund all dieser experimentellen Basis zu allgemeinerer Interpretation der Natur gelangen: eine Gruppe von Leuten,[59] beschäftigt mit gemeinschaftlichen Unternehmungen, durch die sie Einfluss auf den Ablauf der Natur nehmen und erstaunliche, gar wunderbare Dinge bewirken: nicht und Hexer und Hexen,[60] sondern Baconsche Wissenschaftler, in vielem nicht unähnlich modernen Ingenieuren und Naturwissenschaftlern.

Was Ficino bewirken wollte, als er 1489 sein *De vita* und insbesondere das der Magie gewidmete Dritte Buch *De vita cœlitus comparanda* mit der Widmung an Matthias Corvinus diesem nach Wien schickte, wissen wir nicht. Dass Ficino hoffte, den von ihm als langlebig und prosperierend prognostizierten König zu einer Umgestaltung der Universität Wien hin zu einer Lehranstalt für magische Wissenschaft zu bewegen, erscheint unwahrscheinlich –

---

Porta 1589, III,8 und III,9 und *Sylv. sylv.* 501), Teiche, um aus Salzwasser Frischwasser zu gewinnen (*Sylv. sylv.* I, gegen Anfang), Experimente mit Tieren (e.g. *Sylv. sylv.* 697 & 728), Brauereien, Backanlagen, Küchen (*Sylv. sylv.* I, 45; zu speziellen Getränken vgl. auch *Sylv. sylv.* I, 46f.).

[59] Wenn man die Angaben bei F. Bacon (Lit. s. Fußnote 57), S. 245f., zusammenzählt: 36 Personen plus „novices and apprentices, […]; besides a great number of servants and attendants, men and women".

[60] Zu solchen als Gruppe Einfluss auf den Ablauf der Natur Nehmender und erstaunliche, gar wunderbare Dinge Bewirkender vergleiche man z. B. diesen Bericht von 1582/83: „Desgleichen haben si[e][ch] auch xlii. {43} Vnholden zusammen gerottet / und den ix. Brachmonat / zwischen Rottenburg und Tübingen / einen Tanz gehalten / vunnd ein solches jaemmerlichs Wetter gemach / das es die Baeum mit sampt den wurtzeln auß der Erden gerissen / vund vumb vil hundert Gulden an den Weingaerten und Traidfeldern vund anderen Früchten schaden gethan / vund in grundt alles zerschlagen." (Der Bericht bezieht sich auf das Jahr 1582 und stammt aus „Warhaffte Zeitung von 134 Unholden, so umb iren Zauberey halben … verbrennet worden [Straßburg, 1583]", hier zitiert nach: W. Behringer [ed.]: *Hexen und Hexenprozesse in Deutschland*, München 2000, S. 168.)

nicht zuletzt wegen Ficinos geringem Interesse an stärker struktu-rierten gelehrten Institutionen,[61] und weil nicht erkennbar, dass er derlei im Einflussbereich seines Hauptsponsors Lorenzo de'Medici zu erreichen versucht hätte. *Dass* es aber in der Renaissance mög-lich war, in überschaubarer Zeit den Philosophieunterricht an einzelnen Universitäten radikal umzugestalten, dies zeigen die Beispiele von Wittenberg während des Wirkens Melanchthons[62] und von Ferrara während des Wirkens des Antonio Montecatini.[63] In den Jahrzehnten des Lebens, die ihm nach Ficinos Vorhersage noch hätten bleiben sollen, hätte Matthias Corvinus eine entspre-chende Umgestaltung der Universität Wien unternehmen können. Hätte er es getan und wäre er erfolgreich gewesen, so sähen, ver-mute ich, die Geschichte von Philosophie und Naturwissenschaf-ten nicht nur in der Renaissance, sondern auch heutige Philoso-phie und Naturwissenschaft vermutlich anders aus als sie es tut. Ficinos Vorhersage war falsch, Matthias Corvinus starb bereits am 6. April 1490 (und ob er länger lebend an einer solchen Umge-staltung Interesse gehabt hätte, erscheint mindestens zweifelhaft). Aber die Überlegungen dazu, was möglicherweise möglich gewe-sen wäre, lassen erkennbar werden, dass auch in der Philosophie und Geistesgeschichte der Renaissance wichtige Entwicklungen und Veränderungen – wie auch deren Ausbleiben! – kontingent waren. Philosophie und Geschichte sind nicht nur, sondern waren auch damals das Resultat des Handelns und des Nichthandelns einzelner konkreter Menschen, in Raum und Zeit, an Orten und in Jahren.

---

[61] Siehe J. Hankins (1991) (Lit. III.), S. 429–475, und J. Hankins (2011) (Lit. III.), S. 31–46.

[62] Siehe das übernächste Kapitel.

[63] Montecatinis Ferrarenser Reformen sind m.W. bisher weitgehend ununter-sucht. Siehe daher/aber http://www.phil-hum-ren.uni-muenchen.de/ W4RF/YaBB.pl?num=1261486774/0#0 und die Folien meines Vortrags am 17. Dezember 2009: H. C. Kuhn: *Antonii Montecatini(i) Ferrariensis Paelec-tio In Libros De moribus ad Nicomachum (Venetiis: Dominicus de Nicolinis 1561)* unter URL http://www.phil-hum-ren.uni-muenchen.de/SekLit/hck 20091217.pdf (gesehen 2011-04-11).

# Literatur

## I. Universität Wien

Kurt Mühlberger & Meta Niederkorn-Bruck: *Die Universität Wien im Konzert europäischer Bildungszentren*: 14. bis 16. Jahrhundert, Wien 2010.

Kurt Mühlberger: *Das Wiener Studium zur Zeit des Königs Matthias Corvinus*, in: László Szögi & Júlia Varga (edd.). „Universitas Budensis 1392–1995", Budapest 1997, S. 89–116, hier S. 111. Der Artikel steht auch – weitgehend textidentisch – an einer weiteren Stelle zur Verfügung: Kurt Mühlberger: *Das Wiener Studium zur Zeit des Königs Matthias Corvinus*, in: Helmuth Grössing: „Themen der Wissenschaftsgeschichte", Wien 1999, S. 148–173.

Thomas Maisel & Ingrid Matschinegg: *„Wiener Artistenregister" 1471 bis 1497*, Wien 2007, S. 112f., zugänglich unter URL http://www.univie.ac.at/archiv/artreg/AFA3-2%20nr%2016528%20bis%2021914.pdf [gesehen 2011-03-30]

Willy Szaivert & Franz Gall (edd.): *Die Matrikel der Universität Wien: II. Band: 1451-1518/I: Text*, Graz 1967.

## II. Matthias Corvinus

Ferdinand Opll: *Matthias Corvinus und Wien (1485–1490): Kleinausstellung des Wiener Stadt- und Landesarchivs,* Wien 1985.

András Kubinyi: Matthias Corvinus: *Die Regierung eines Königreichs in Ostmitteleuropa 1458–1490,* Herne 1999.

Sándor Csernus: *La Hongrie de Matthias Corvin: ruptures et continuité dans l'histoire hongroise du XV$^e$ siècle*, in: Jean-François Maillard, István Monok, Donatella Nebbiai (edd.): „Matthias Corvin, les bibliothèques princières et la genèse de l'etat moderne", Budapest 2009, S. 13–24 (auch zugänglich unter URL http://mek.niif.hu/07400/07400/07400.pdf [gesehen 2011-03-29])

Marcus Tanner: *The Raven King: Matthias Corvinus and the Fate of his Lost Library*, New Haven 2008 (s. hierzu auch Phillip Haberkern zu: Marcus Tanner: The Raven King: Matthias Corvinus and the Fate of his Lost Library, New Haven 2008, ISBN 978-0-300-12034-9 (H-German [November, 2009]): *Manuscript Cul-*

*ture at the Boundaries of the Renaissance*, URL http://www.h-net.org/reviews/showrev.php?id=25868 (gesehen 2011-04-05, cf. http://www.phil-hum-ren.uni-muenchen.de/W4RF/YaBB.pl? num=1257928187/0#0 [Verweis auf diese Rezension durch mich, 2009-11-11, gesehen 2011-04-05])

Gyula Rászó: *Die Feldzüge des Königs Matthias Corvinus in Niederösterreich 1477–1490,* Wien 1982.

Alessandro Scafi: *Aurum Hungaricum: il re Mathia [!] del Ungheria e il segreto della Alchimia* (Alternativtitel auf der Titelseite der Zeitschrift: *Il re Mattia [!] e la pietra filosofale*), in: „RSU: Rivista di studi ungheresi" 8 (1993), S. 5–16.

Jean-François Maillard, István Monok, Donatella Nebbiai (edd.): *Matthias Corvin, les bibliothèques princières et la genèse de l'etat moderne,* Budapest 2009 (auch zugänglich unter URL http:// mek.niif.hu/07400/07400/07400.pdf [gesehen 2011-03-29])

III. Marsilio Ficino

Marsilio Ficino (edd. & trans. Carol V. Kaske & John R. Clark): *Three Books on Life*, Binghamton 1989.

Marsilio Ficino (ed. & trans. Michaela Boenke): *De vita libri tres / Drei Bücher über das Leben*, München 2012 [erschienen: 2011].

Teodoro Katinis: *Bibliografia Ficiniana: Nota introduttiva,* URL http://www.ficino.it/intro.htm (2010-10-10, gesehen 2011-04-06)

Société Marsile Ficin (red. Teodoro Katinis): *Bibliografia Ficiniana: Studi ed edizioni delle opere Marsilio Ficino dal 1986: Bibliografia,* URL http://www.ficino.it/biblio.htm (2010-03-09 [Textstand: 2000], gesehen 2013-11-29)

*Accademia: Revue de la Société Marsile Ficin,* Paris 1999ff.

Paul Oskar Kristeller: *Marsilio Ficino and His Work after Five Hundred Years,* Firenze 1987.

Paul Oskar Kristeller (trans. Virginia Conant): *The Philosophy of Marsilio Ficino*, New York 1943.

Paul Oskar Kristeller: *Il pensiero filosofico di Marsilio Ficino*, Firenze 1953 (Neuausgabe mit aktualisierter Bibliographie: Firenze 1988).

Paul Oskar Kristeller: *Die Philosophie des Marsilio Ficino*: Frankfurt a. M. 1972.

Paul Oskar Kristeller (ed.): *Supplementum Ficinianum Marsilii*

*Ficini florentini philosophi platonici opuscula inedita et dispersa,* 2 Bände, Firenze 1973.

Eckhard Keßler: *Die Philosophie der Renaissance: das 15. Jahrhundert,* München 2008, S. 101–141 und S. 231–234 (und die dort genannte Literatur).

Michael J. B. Allen: Ausgewählte Werke: Liste unter http://www.english.ucla.edu/resource/rems/170-allen-michael-j [gesehen 2013-11-29]

Tamara Albertini: *Marsilio Ficino (1433–1499): The Asthetic of the One in the Soul,* in: Paul Richard Blum (ed.): „Philosophers of the Renaissance", Washington 2010, S. 82–91.

Christopher S. Celenza: *Marsilio Ficino,* in: „Stanford Encyclopedia of Philosophy (SEP)", URL http://plato.stanford.edu/archives/spr2012/entries/ficino/ (2012-02-14, gesehen 2013-11-29)

James Hankins: *The Myth of the Platonic Academy of Florence,* in: „Renaissance Quarterly" 44.3 (1991), S. 429–475.

James Hankins: *Humanist Academies and the ‚Platonic Academy of Florence',* in: Marianne Pade (ed.): „On Renaissance Academies: Proceedings of the international conference ‚From the Roman Academy to the Danish Academy in Rome | Dall'Accademia Romana all'Accademia di Danimarca a Roma' | The Danish Academy in Rome, 11–13 October 2006", Roma 2011, S. 31–46.

Erwin Panofsky, Fritz Saxl & Raymond Klibansky: *Saturn and melancholie: Studies in the history of natural philosophy, religion and art,* London 1964 – deutsch: *Saturn und Melancholie: Studien zur Geschichte der Naturphilosophie und Medizin, der Religion und der Kunst,* Frankfurt a. M. 1990.

Antonio Costa: *Echi celsiani e spiriti nuovi in un libro quattrocentescho d'igiene dell'età senile (il* De vita producenda sive longa *di Marsilio Ficino),* in: „Archivio ‚De Vecchi' per l'anatomia patologica e la medicina clinica" 62 (1977), S. 223–236.

Heinrich C. Kuhn: *Von den Hexenverfolgungen zu Bacon'scher Wissenschaft: Kontinuitäten der Magie in der Renaissance,* in: Sabrina Ebbersmeyer, Helga Pirner-Pareschi & Thomas Ricklin (edd.): „Sol et homo: Mensch und Natur in der Renaissance: Festschrift zum 70. Geburtstag für Eckhard Keßler", München 2008, S. 447–461.

Daniel Pickering Walker: *Spiritual and demonic magic from Ficino to Campanella,* London 1976.

# Florenz 1519

1519 (oder 1520, oder 1521 – je nach Datierung des Textes, der im Mittelpunkt dieses Kapitels steht),[1] das ist das Jahr, in dem Niccolò Machiavelli[2] (jahrelang Verwaltungsangestellter des Gemein-

---

[1] Es handelt sich um den *Discursus florentinarum rerum post mortem iunioris Laurentii Medices* (s. Lit. I.: J.-J. Marchand [ed.], in: Niccolò Machiavelli (edd. J.-J. Marchand et al.]: L'arte della guerra, S. 621–641) (Edition der Entwurfsfassung: S. 697–710). Die Datierung in der Einführung zu dieser Edition auf 1520 oder 1521 geht davon aus, dass der Text aufgrund einer Anforderung durch Giulio de' Medici entstand, und nicht aufgrund Eigeninitiative Machiavellis. Da weder der Titel des Textes noch sein Eröffnungsabsatz auf einen deratigen Auftrag durch Giulio de' Medici schließen lassen und sich der Text selbst direkt an den (damaligen) Medici-Papst (Leo X.) und nicht an den (damaligen) Kardinal Giulio de' Medici richtet, scheint mir Entstehung aufgrund Eigeninitiative Machiavellis nicht unwahrscheinlich (geschweige denn unmöglich); in solchem Falle wäre März 1520 *terminus ante*; falls Marchand recht hat, so ist der Text zwischen November 1520 und Januar 1521 entstanden. Najemy (siehe folgenden Absatz) datiert auf 1520 (was nach beiden Hypothesen zu den Entstehungsgründen möglich ist).
Für ältere Sekundärliteratur zu diesem Text und seinen Kontexten (und eine immer noch lesenswerte Einführung) s. S. Bertelli (ed.): Niccolò Machiavelli (edd. J.-J. Marchand et al.): L'arte della guerra, S. 247–260. J. M. Najemys Analysen und Kommentare zu diesem Text Machiavellis (s. Lit. II., S. 437–440) ist extrem lesenswert und stimmt in mehrerem mit meinen eigenen Urteilen über Bemerkenswertes im Text Machiavellis überein.
Im Folgenden werde ich den *Discursus florentinarum rerum post mortem iunioris Laurentii Medices* nach der erwähnten Ausgabe Marchands, mit der Abkürzung *DFR* gefolgt jeweils von Satz- bzw. Absatznummer (§) und Seitenzahl(en) zitieren. Der Text steht unter URL http://machiavelli.scarian.net/machiavelli_discursus_florentinarum_rerum.html (gesehen 2011-08-18) auch im Internet zur Verfügung.

[2] Teile dieses Kapitels basieren auf H. C. Kuhns in Lit. II. aufgeführten Veröffentlichungen. Zu den Gründen solcher Wiederverwertung von bereits Veröffentlichtem gilt, was ich auch schon im vorigen Kapitel geschrieben habe: Solches Vorgehen scheint mir erwähnenswert, aber nicht illegitim: Ich sehe keinen Grund, alles, was ich, bevor ich diesen Band hier begonnen habe, geschrieben habe, für thematisch zu irrelevant für die Behandlung in einem Band wie diesem zu erklären; und ich sehe keinen Grund, etwas, das ich an anderem Ort – damals – in mir bestmöglicher Formulierung gesagt habe, hier in schlechterer Formulierung zu sagen, nur um Formulierungsidentität zu vermeiden.
Eine Einführung zu Leben, Werk und Nachleben gibt A. Buck (s. Lit. II.). Über Ausgaben des 16. mit 19. Jahrhunderts informieren S. Bertelli & P.

wesens Florenz, später geschasst, Militärtheoretiker, politischer Reiseschriftsteller, Dramatiker, Literat,[3] noch heute gerühmt ob seines luziden Prosastils[4]) versucht zu tun, was nach seiner eigenen Aussage das ist, was jemanden in höchstem Maße verehrungswürdig und wunderbar macht: er versucht seiner Heimatstadt Florenz[5] eine neue und gute politische Ordnung zu geben.

In *De principatibus*[6] (dem Werk, das im Deutschen heute meist unter dem Titel „Der Fürst" bekannt ist), hatte er geschrieben:

---

Innocenti (s. Lit. II.). Über neuere Literatur zu Machiavelli informieren die *Bibliographie internationale de l'humanisme et de la Renaissance* (ISSN: 0067-7000), sowie die *Iter Bibliography*.

[3] Machiavelli bietet in seinen Werken genug der Widersprüche, Sprunghaftigkeiten, Inkonsistenzen und dunklen Stellen, um bis heute und auch noch in Zukunft schlüssiger Interpretation Widerstände entgegenzusetzen, bietet seinen Leserinnen und Lesern mehr als genug des Außerordentlichen. Die Sekundärliteratur ist – gelinde gesagt – reichhaltig und vielfältig; was an der neueren Sekundärliteratur die wichtigsten Texte seien, darüber besteht keine Einigkeit, und sie ist zu umfangreich, um sie hier zu bibliographieren (siehe zur Sekundärliteratur auch den zweiten Teil der vorigen Fußnote).
Für Inkonsistenzen zwischen einzelnen Werken Machiavellis selbst vergleiche man z. B. die durchaus untereinander abweichenden Aussagen zu Festungen in Lit. I. (ed. G. Inglese, S. 287f.) – zum Gebrauch *dieser* Ausgabe in diesem Beitrag statt der von Martelli und Marcelli im Vergleich zu Discorsi II cap. 24 (Lit. I. [ed. F. Bausi, S. 463ff.]) die unterschiedlichen Einschätzungen der Florentiner politischen Ordnung in der *Provisione della ordinanza / den Provisioni della repubblica di Firenze per istituire il magistrato de' nove ufficiali dell' ordinanza e milizia fiorentina ... Provisione prima* (Lit. I. [ed. J.-J. Marchand et al., S. 477ff.]); im Vergleich zu parallelen Passagen in *La cagione dell'ordinanza dove si trovi e quel che bisogni fare / im Discorso dell' ordinare lo stato di Firenze alle armi* (ebenda, S. 470ff.); die Aussagen zu Francesco Sforza in der *Arte della guerra* I (ebenda, S. 42f.) im Vergleich zu denen in *De principatibus* cap. 7 (Lit. I. [ed. G. Inglese, S. 208]); für innere Widersprüche in den *Discorsi* (und einen Versuch, sie durch Überlegungen zur Chronologie der Entstehung aufzulösen) s. Lit. II. (F. Bausi, 1985) und Lit. I. (ed. F. Bausi, 2001).

[4] S. De Grazia (s. Lit. II., S. 3) nennt ihn Italiens größten Prosaiker („her greatest writer of prose").

[5] Für die politischen Kontexte (und Vorgeschichte) s. J. M. Najemy (Lit. II.), S. 250–306 u. 341–446.

[6] Ich folge, wie erwähnt, der Ausgabe Ingleses (Lit. I.), im Folgenden zitiert als *DP 1994*, und nicht der durch Martelli und Marcelli (Lit. I.), im Folgenden zitiert als DP 2006. Beider Ausgaben Begründungen für ihre textkonstituierenden Entscheidungen sind m. E. nicht ohne Plausibilität, und beider Ausgaben Begründungen zwingen m. E. nicht zur Zustimmung. Beide Ausgaben gehen (m. E. überzeugend) davon aus, dass es nicht einen einzigen festen, unveränderten Archetyp gegeben hat; beide Stemmata verwen-

Und nichts bringt einem Mann, der neu aufsteht,[7] so viel Ehre, als wenn er die neuen Gesetze und die neuen Ordnungen macht, die er erfunden hat: diese Sachen, wenn sie gut fundiert sind und in sich Größe haben, machen ihn verehrungswürdig und erstaunlich.

Im selben Werk steht aber schon vorher[8] zu lesen:

---

den postulierte nicht-erhaltene Handschriften (man vergleiche DP 1994, S. 152f. und DP 2006, S. 424), wobei aber DP 1994 (S. 153–157) offener, tentativer, unendgültiger und nicht zuletzt, soweit ich sehe, dem Phänomen der Kontaminationen verschiedener Handschriften mehr Gewicht beimessend ist. DP 2006 (insbes. S. 347–424) begründet seine Hypothesen zur Textentstehung und Filiation in sehr erheblichem Maße *inhaltlich*. D. h.: diese Ausgabe geht davon aus, aus inhaltlichen Gründen sagen zu können, was dort, wo unterschiedliche Lesarten vorliegen, die richtige Lesart sei; wer so vorgeht, setzt voraus, den Sinn eines Textes verstanden zu haben, bevor dieser Text konstituiert ist: die Reihenfolge ist der Interpretation eines so nicht überlieferten „idealen" Textes durch den oder die Herausgeber zu dem Text, den die Leser/innen der Ausgabe dann zu interpretieren versuchen; ob (und ggf. aus welchen Gründen) es Herausgeberaufgabe sei, so oder zurückhaltender zu edieren, mag dahingestellt sein; Personen ohne Erfahrung in der Auseinandersetzung mit dem Text und seiner Überlieferung (die nicht den geringsten Teil der erhofften Leserinnen und Leser dieser Seiten hier darstellen) werden so jedenfalls mehr als nötig auf eine bestimmte Interpretation des Textes (gleich ob richtig oder falsch!) festgelegt als nötig. DP 1994 ist im Vergleich zu DP 2006 stärker texthistorisch in den Argumentationen, die zu seiner Textkonstitution hinführen. Zudem weicht DP 2006 stärker als DP 1994 von der die vorherige Interpretation leitenden Tradition der Textüberlieferung ab (was nur dann ohne Gewicht wäre, wenn der Text von DP 2006 *zwingend* überzeugender, oder zumindest weitaus plausibler wäre als der von DP 1994 – was er zumindest für mich nicht ist). Hinzu kommt, dass DP 1994 einen Text mit kräftiger Florentinischem (statt „nur" Toskanischem) Akzent bietet, was dazu führt, dass es beim Lesen schwerer ist, die *Verortung* des Textes zu übersehen, zu übergehen, zu vergessen – ein „autodidaktischer" Grund, DP 1994 zu bevorzugen. Dies sind meine Gründe, weiterhin DP 1994 zu verwenden. Wer auch immer sich mit *De principatibus* beschäftigt und Italienisch liest, wird – selbst dann, wenn der Text von DP 1994 vorgezogen wird – gut daran tun, DP 2006 mindestens wegen der Kommentare zum Text (in den Fußnoten zum Text) ebenfalls zu konsultieren. – DP 1994 (c. 26), S. 309: E veruna cosa fa tanto onore a uno uomo che di nuovo surga, quanto fa le nuove legge e li nuovi ordini trovati da lui: queste cose, quando sono bene fondate et abbino in loro grandezza, lo fanno reverendo e mirabile.

[7] i.e.: einem „Neuen Fürsten", einem Herrscher, der sein Amt nicht ererbt hat.

[8] Vgl. auch (im selben Kapitel wie das im Folgenden zitierte [und dort etwas später]): „Lasciando adunque adrieto le cose circa uno principe immaginate, e discorrendo quelle che sono vere, dico ..." (DP 1994 [c. 15], S. 254): „Da ich daher die Sachen die man sich in bezug auf einen Fürsten vorge-

Aber nachdem es meine Absicht ist, etwas zu schreiben, das dem, der es versteht, nützlich ist, schien es mir konvenienter, direkt zur wirklichen Wahrheit der Sache zu gehen als zu einem Vorstellungsbild von dieser. Und viele haben sich Republiken und Fürstentümer ausgedacht, die in wahrer Existenz nie gesehen oder gekannt wurden. Denn es gibt einen so großen Abstand zwischen dem, wie man lebt, und dem, wie man leben müsste, dass derjenige, der das, was man tut, aufgibt für das, was man tun müsste, viel eher seinen Untergang lernt als seinen Erhalt.

Erdachte Gemeinwesen, Idealstaaten: das gehört für Machiavelli zu literarischer Vergangenheit,[9] ihm geht es um die faktische Gegenwart.[10] 1513 (als *De principatibus* entstand) war Thomas Morus' *Utopia*[11] noch nicht veröffentlicht. Dafür, dass er sie 1519 (als sein *Discursus* entstand, der „Leittext" dieses Kapitels ist) gekannt hätte, ist mir kein Beleg bekannt – obwohl Morus' Werk auch in Florenz gerade im Jahr 1519 (als Anhang einer Lukian-Ausgabe)[12] gedruckt wurde.[13]

Eine scharfe Scheidung zwischen Texten über ausgedachte Gemeinwesen und Texten für die reale politische Wirklichkeit und Wirksamkeit scheint nach Machiavelli möglich. Doch *mir* scheint sie oft schwierig. Selbst Morus' *Utopia* enthält Auseinandersetzungen mit ungeschehener[14] wie mit teilweise existierender Englischer

---

stellt hat hinter mir lasse, und über die Sachen handle, die wahr sind, sage ich …" DP 1994 (c. 15), S. 253: Ma sendo l'intenzione mia [stata] (ich verzichte mit Inleses α und β auf das „stata") scrivere cosa che sia utile a chi la intende, mi è parso più conveniente andare drieto alla verità effettuale della cosa che alla immaginazione di essa. E molti si sono immaginate republiche e principati che non si sono mai visti né conosciuti in vero essere. Perché gli è tanto discosto da come si vive a come si dovrebbe vivere, che colui che lascia quello che si fa, per quello che si dovrebbe fare, impara più presto la ruina che la preservazione sua: …

9   und ist ihm als Handlungsvorlage für politisch tätige Menschen gefährlich.

10   durchaus unter Nutzung von Geschichtsschreibung, die von Machiavelli aber – soweit ich sehe – nie als literarisches Produkt diskutiert wird, wohl aber, wo er selbst als Geschichtsschreiber tätig wird, von den Quellen abweichend gestaltet (exemplarisch in seiner Biographie des Castruccio Castracani).

11   Thomas Morus: *Utopia* = E. Surtz & J. H. Hexter (edd.): *The Complete Works of St. Thomas More; Volume 4,* New Haven.

12   Bibliographische Beschreibung: http://gateway-bayern.de/BV021253720

13   Zu den frühen Ausgaben der *Utopia* s. Surtz, a.a.O. (s. Fußnote 11), S. CLXXXIII–CXC.

14   Vgl. Hexters Ausführungen zu Strafrechtlichem in E. Surtz & J. H. Hexter (edd.), a.a.O. (s. Fußnote 15), S. CXVIII.

Gesetzgebung,[15] und war (zusammen mit anderem) maßgebliche Vorlage für die von Vasco de Quiroga erdachten, geordneten und gegründeten – und bemerkenswert dauerhaften – mexikanischen Gemeinwesen.[16] Und auf der anderen Seite ist der Grad geschehener Realitätsumsetzung selbst bei Machiavellis Texten[17] und Harringtons *Oceana*[18] gelinde gesagt gering.[19]

Aber Machiavelli gibt sich Mühe. Florenz steht unter faktischer Oberherrschaft des Medici-Papstes Leo X. Giuliano, der Bruder des Papstes, war 1516 gestorben, Lorenzo, der Neffe des Papstes (und Widmungsempfänger von *De principatibus*) und faktischer Statthalter Leos in Florenz, stirbt im März 1519. Seine Funktion übernimmt vorübergehend Leos Neffe Giulio, Kardinal und späterer Papst (Clemens VII.).[20] Es scheint nach dem Tode Lorenzos, des letzten „weltlichen" männlichen Angehörigen der Blutsfamilie Leos, keine Möglichkeit mehr zu geben, die Herrschaft über Florenz dauerhaft den Medici zu erhalten.

Dies ist die Situation, in der Machiavelli versucht, den Papst zu beraten, in der er seinen an Leo gerichteten *Discursus florentinarum rerum post mortem iunioris Laurentii Medices* schreibt.

Er hatte schon zu Beginn der neuen Medici-Herrschaft, im November 1512[21], in *Ai Palleschi*[22] geschickt den Rat gegeben,

---

[15]  Vgl. E. Surtz & J. H. Hexter (edd.), a.a.O. (s. Fußnote 19), S. 325ff.

[16]  Siehe Lit. II. (H. C. Kuhn, 2009, S. 9–27, hier S. 12 und 15, und die dort angegebene Literatur: insbes. Vasco de Quiroga: [*Opera*] (= Paz Serrano Gassent [ed.]: Vasco de Quiroga: La Utopía en América, Madrid 1992), S. 229, 245f. und 265–286; Fintan B. Warren: *Vasco de Quiroga and his Pueblo Hospitals of Santa Fe*, Washington 1963, insbes. S. 29f., 34, 114f. und 119f. Für Kontexte extrem aufschlussreich ist Bernardino Verástique: *Michoacán and Eden: Vasco de Quiroga and the Evangelization of Western Mexico*, Austin 2000.

[17]  Zum *Discursus* von 1519 siehe weiter unten.

[18]  James Harrington (ed. John G. A. Pocock): *The Commonwealth of Oceana and A System of Politics*, Cambridge 1992.

[19]  Wo in den Texten des 14. mit 17. Jahrhunderts zu (relativ oder absolut) „besten Gemeinwesen" (in der Formulierung Morus': „De optimo statu reipublicae"), wo in diesen Texten (abgesehen vom eben erwähnten Beispiel Quirogas und dem oben im Kapitel **Prag 1356** angesprochenen *Defensor pacis* des Marsilius von Padua) die größte „Realitätsnähe" zu finden wäre, weiß ich nicht zu sagen; ein guter Kandidat könnte Christine de Pizans *Le livre du corps de policie*, Paris 1998, sein.

[20]  Siehe Lit. II. (J. M. Najemy, S. 426–432).

[21]  Ich halte die Herausgeber-Datierung in Niccolò Machiavelli (edd. J.-J. Marchand et al. (s. Lit. I.), S. 581 für überzeugend.

nicht die Unterschiedlichkeit der Interessen der Gegner des vorigen Regimes unter Piero Soderini zu übersehen, und Angriffe auf Soderini persönlich zu unterlassen – ein Rat von Nutzen für die Medici und ihre Anhänger, und ein Rat von Nutzen für Machiavelli im Falle einer Rückkehr Soderinis. Soderini kehrte nicht zurück, Machiavelli wurde nicht nur nicht zum Berater der neuen Elite, sondern wurde für ein Jahr aus der Stadt Florenz ins Umland verbannt.[23] Auch der 1515er Versuch, durch indirekte Beratung wieder als Militärexperte wahrgenommen zu werden[24], blieb vergeblich.[25] Auch die Widmung von *De principatibus* an Lorenzo de' Medici hatte keine erkennbare halbwegs unmittelbare Wirkung zu Machiavellis Gunsten.[26]

Und nun ein weiterer Versuch, eben der *Discursus florentinarum rerum post mortem iunioris Laurentii Medices.*[27]

Historische Instabilität der Herrschaftsformen und Angabe der Gründe dafür sind Machiavellis Ausgangspunkt:[28]

> Der Grund, warum Florenz immer häufig seine Regierungen[29] gewechselt hat, ist gewesen, dass es in dieser [Stadt Florenz] nie eine Republik noch ein Fürstentum gegeben hat mit den hierfür notwendigen Eigenschaften; denn man kann jenes Fürstentum nicht beständig nennen, wo sich die Sachen machen gemäß dem, wie **einer** sie will, und

---

[22] In: a.a.O. (s. Fußnote 21), S. 582–584; deutsche Übersetzung nach einer anderen Ausgabe (s. Lit. I., ed. S. Bertelli, S. 225–227) und mit dem Titel *Erinnerung an die Anhänger der Medici* zugänglich unter URL http://www.phil-hum-ren.uni-muenchen.de/Versiones/MachiavelliPalleschi.htm

[23] Vgl. Lit. I. (edd. J.-J. Marchand et al., S. 581).

[24] Es handelt sich um die *Ghiribizzi d'ordinanza*: s. Lit. I., a.a.O. (Fußnote 23), S. 585–587 (Einführung Marchands) und S. 588–593 (Text).

[25] Siehe Lit. I., a.a.O. (Fußnote 23), S. 587.

[26] Siehe oben Fußnote 17 und den Haupttext dazu.

[27] „Abhandlung über Florentiner Angelegenheiten nach dem Tode des Lorenzo de' Medici junior", in: Lit. I., a.a.O. (Fußnote 23), S. 624–641 (Einführung: S. 621–624).

[28] DFR § 1f., S. 624f.: La cagione perché Firenze ha sempre variato spesso ne' suoi governi è stata perché in quella non è stato mai né republica né principato che abbi avuto le debite qualità sua; perché non si può chiamare quel principato stabile, dove le cose si fanno secondo che vuole uno e si delibe-||rano con il consenso di molti. Né si può credere quella republica essere per durare, dove non si satisfa a quelli umori, a' quali non si satisfacendo le republiche rovinano.

[29] bzw. „Regierungsformen", „Verfassungen".

114

sich mit der Übereinstimmung von vielen beraten.[30] Noch kann diejenige Republik dasein, um zu dauern, in der nicht jenen Säften genüge getan wird, in Bezug auf welche Republiken, die ihnen nicht genügen, zugrunde gehen.[31]

Nach dieser Forderung nach humoralphysiologischer Ausgeglichenheit für Republiken sagt Machiavelli, dass es die Visconti-Kriege waren, die die florentiner Republik des späten 14. und frühen 15. Jahrhunderts überhaupt die 40 Jahre dauern ließen, die sie dauerte,[32] führt unter den Defekten Anfälligkeit für Fälschungen und zu langfristige Festlegung auf bestimmtes (potentielles) Führungspersonal an,[33] desgleichen die Möglichkeit, für Mächtige Parteien zu bilden (Parteien, die, so Machiavelli, „der Untergang eines Gemeinwesens" [„la rovina d'uno stato"] sind),[34] zu geringe Reputation (riputazione) und zu große Macht (autorità) der *Signoria* (Stadtregierung).[35] Der folgende *stato di Cosimo* habe als Gründe seiner (relativen) Dauer die Weisheit (prudenza) seiner Regenten (Cosimo und Lorenzo [il Magnifico]) und das Wohlwollen des Volkes gehabt, sei aber aufgrund von Beratungen durch viele Personen mehrfach gefährdet gewesen, und dann durch äußeren Zufall (den Durchzug des französischen Königs Karl VIII.) verlorengegangen.[36] Der Hauptfehler der folgenden Republik[37] sei die Fehlkonstruktion des Amtes des Stadtoberhauptes (des *Gonfaloniere*) gewesen.[38]

Über die Ereignisse seit der Rückkehr der Medici (1512) sei

---

[30]   Man beachte, dass sich Machiavllli hier *gegen* eine Mischverfassung aus Monarchie und Republik ausspricht, mit der (behaupteten, nicht belegten) Begründung, eine solche Verfassung sei notwendig instabil. Ebenso DFR § 43, S. 631: Nur echte Fürstentümer/Monarchien oder echte Republiken können stabil sein.

[31]   Die Übersetzung ist durch mich und versucht Machiavellis Satzbau und sonstiger Sprache so eng zu folgen, wie im Deutschen möglich, auch auf Kosten von Eleganz im Deutschen. In meinen Lehrveranstaltungen verwende ich normalerweise eine elegantere Übersetzung (auf Basis der älteren Ausgabe *Bertellis*) durch Helga Pirner-Pareschi, die auf Wunsch zur Verfügung gestellt werden kann.

[32]   DFR §2, S. 625.

[33]   DFR §2, S. 625.

[34]   DFR §3, S. 625.

[35]   DFR §4, S. 625f. Dies wird im Folgenden ausgeführt (bis inkl. §9, S. 626).

[36]   DFR § 9f., S. 626f.

[37]   derjenigen, der auch Machiavelli gedient hatte – ohne dass das in DFR Erwähnung fände.

[38]   DFR §§ 11–14, S. 627.

nicht zu handeln, da diese hinreichend aktuell seien und jedermann bekannt,[39] aber diese Phase sei ohnehin durch den Tod des jüngeren Lorenzo de' Medici beendet.[40]

Eine Rückkehr zu einem Gemeinwesen wie dem, das Cosimo einrichtete, sei keine brauchbare Option, es war schon damals schwach, und wäre heute, zum Zeitpunkt, da Machiavelli seinen Text schreibt, wegen vielfach geänderter Umstände[41] durchaus untauglich.[42]

Außenpolitische Risiken seien zu beachten,[43] Kompromisse bei der Verfassung unsinnig: stabil seien nur echte Republiken/Freistaaten und echte Fürstentümer/Monarchien, Gemeinwesen, die gemäß ihrer Verfassung dazwischenstehen („Gli stati di mezzo"), könnten sich sowohl zu echten, reinen Republiken als auch zu echten, reinen Fürstentümern wandeln (während es für die reinen Formen jeweils nur eine mögliche Richtung des Wandels gebe), weshalb vermischte Gemeinwesen instabiler seien als diese.[44]

> Es kann daher nicht Euer Heiligkeit, wenn sie beabsichtigt, in Florenz einen stabilen Zustand[45] herzustellen, für ihren Ruhm und für das Heil seiner Freunde anderes einrichten als ein echtes Fürstentum oder eine echte Republik, die ihre Teile hat. Alle anderen Sachen sind eitel und von sehr kurzem Leben.[46]

Für ein Fürstentum ist das Werkzeug[47] (der Fürst, der verstorbene Lorenzo de' Medici) abhanden gekommen, und überdies ist in Gemeinwesen – wie Florenz –, wo große Gleichheit der Bürger herrscht, nur sehr schwer ein Fürstentum einzurichten, wie auch

---

[39] DFR § 15f., S. 627.
[40] DFR § 17, S. 627f.: „sendo venuta la cosa in termine" (S. 628).
[41] „disformità de' tempi e d'uomini" (DFR § 30, S. 629).
[42] DFR §§ 18–33, S. 628–630.
[43] DFR §§ 34–40, S. 630.
[44] DFR §§ 41–45, S. 630f.
[45] Auch hier gibt es m. E. keinen guten Grund, „stato" bei Machiavelli mit „Staat" statt mit „Zustand" oder „status" oder „Stand" zu übersetzen; am nächsten zu „Staat" sind wohl „die Häupter des Gemeinwesens", „i capi dello stato" in DFR § 72, S. 636.
[46] Lateinischer Text: Non può, pertanto, la Santità Vostra, se la desidera fare in Firenze uno stato stabile per la gloria sua e per salute degli amici suoi, ordinare altro che uno principato vero, o una vera republica che abbi le parti sue. Tutte le altre cose sono vane e di brevissima vita (DFR §§ 46f., S. 631).
[47] „essere mancato lo instrumento".

in Gemeinwesen, wo große Ungleichheit der Bürger herrscht, nur sehr schwer eine Republik.[48] „Eine schwierige Sache, und weil schwierig, unmenschlich und unwürdig für wen auch immer, der für fromm und gut gehalten werden will",[49] daher im Folgenden zu der für Florenz geeigneten Form des Gemeinwesens: der Republik, zu der, so höre man, auch der Papst in höchstem Maße geneigt[50] sei, und zwar gehe es darum, eine Ordnung zu finden, in der die Autorität des Papstes in Florenz groß bleibe und seine Freunde dort sicher leben könnten.[51]

Wer eine Republik ordnet, muss dreierlei Sorten von Menschen, die es in jeder Republik gibt, ihren Ort geben: Den Großen, den Mittleren, und den Kleinen („primi, mezzani e ultimi").[52] Zur Zufriedenstellung der ersten beiden Gruppen werden Ämter geschaffen, bei denen die Repräsentanten der Großen und der Kleinen Zünfte vertreten sind, mit einem deutlichen Übergewicht der Vertreter der Großen Zünfte; all diese Vertreter werden vom Papst gewählt,[53] wodurch die Autorität des Papstes und seiner Freunde gestärkt werde, „die Waffen und die Strafjustiz in der Hand, die Gesetze in der Brust, die Häupter des Gemeinwesens alle die seinen".[54]

> Bleibt dem dritten und geringsten Grad der Menschen genüge zu tun, der die ganze Gesamtheit der Bürger[55] ist: denen man nie genüge tut – und wer da anderes glaubt, ist nicht weise – wenn man ihnen nicht ihre gehörige[56] Autorität gibt oder verspricht.[57]

---

[48] DFR §§ 48–52, S. 631f.

[49] DFR § 53, S. 632: „cosa difficile, e per essere difficile, inumana e indegna di qualunque desidera essere tenuto piatoso [!] e buono".

[50] „s'intende la Santità Vostra esserci dispostisima" (DFR § 53, S. 632).

[51] DFR § 53f., S. 632f.

[52] DFR § 57, S. 633. (In § 55f. [S. 633] hatte Machiavelli den Papst gebeten, den Text erst zu beurteilen, nachdem er ihn vollständig gelesen habe, und keinen Anstoß an Veränderungen der Ämter zu nehmen.)

[53] DFR §§ 57–72, S. 633–635.

[54] „avendo l'armi e la giustizia criminale in mano, le leg-||gi in petto, e i capi dello stato tutti sua" (DFR § 72, S. 635f.).

[55] d. h., der die weit überwiegende Anzahl der Bürger umfasst, der die mit großem Abstand größte Gruppe darstellt.

[56] „ihre gehörige": Übersetzungsversuch für das „la loro" im letzten Satzteil.

[57] Lateinischer Text: Resta ora satisfare al terzo e ultimo grado degli uomini, il quale è tutta l'universalià dei cittadini: a'quali non si satifarà mai – e chi crede altro non è savio – se non si rende loro o promette di rendere la loro autorità (DFR § 73, S. 636).

Eine vollständige Übergabe dieser Autorität sei ausgeschlossen, da dies den Erhalt der Autorität des Papstes unmöglich machen würde, weshalb die Autorität teils an jene dritte Gruppe so zu übergeben ist, teils ihr so zu versprechen ist, dass dort völlige Sicherheit besteht sie zu haben oder zurückzuerhalten.[58] Hierfür ist ein Großer Rat einzurichten, der alle Ämter außer denen, die den beiden „oberen" Gruppen vorbehalten sind, zu verteilen hat. Die Mitglieder dieses Rates werden zu Lebzeiten Papst Leos von diesem ernannt, die Verteilung der Ämter erfolgt mithilfe einer Manipulation der Wahllisten[59] und Losurnen.[60] Dies sei die einzige Möglichkeit für den Papst, den eigenen Ruin und den seiner Freunde zu vermeiden.[61]

Wenn die Zustände[62] so geordnet sind wie beschrieben, dann wäre nichts weiteres zu tun – wenn Papst Leo und Kardinal Giulio de' Medici denn unsterblich wären; da sie dies aber nicht sind, ist weiteres anzuordnen, damit Florenz auch nach ihrem Tod eine perfekte Republik bleibt:[63] Es seien 16 *Gonfalonieri delle Companie del Popolo*[64] zu ernennen,[65] von denen jeweils 4 in die Vertretungen der obersten Stände zu entsenden sind, und ohne die Mitwirkung von 2 von diesen können diese Vertretungen nichts beraten oder entscheiden, es sei denn der Große Rat (die Vertretung der untersten und größten Bürgergruppe) beschlösse dies mit Zweidrittelmehrheit.[66] Aus verschiedenen Gründen sei dies eine gute und stabile Lösung.[67] Und man möge eine Berufungsinstanz – zu Lebzeiten der beiden Medici unter deren strikter Kontrolle – einrichten.[68]

---

[58]  Enge Paraphrase von DFR § 74, S. 636.
[59]  A.a.O., S. 636, Fußn. 78.
[60]  DFR §§ 75–77, S. 636.
[61]  DFR §§ 78–80, S. 636.
[62]  „lo stato".
[63]  DFR § 81, S. 637.
[64]  Wohl Stadtviertelvertreter: vgl. a.a.O., S. 637, Fußn. 82.
[65]  Vom Papst oder vom (wenn Najemys Interpretation richtig ist [was ich vermute]: Großen) Rat. Siehe hierzu und für eine Interpretation, die Machiavellis Lösung näher an Antiken Stadtrömischen Modellen sieht, als es m. E. notwendig ist: John M. Najemy: A history of Florence 1200–1575, Chichester 2008, S. 439.
[66]  DFR §§ 82–86, S. 637f.
[67]  DFR §§ 87–90, S. 638.
[68]  DFR §§ 91–93, S. 638f.

Der Struktur nach sei das Beschriebene eine Republik, doch zu Lebzeiten des Papstes und des Kardinals eine Monarchie.[69]

Es folgen einige Bemerkungen und Ratschläge,[70] und dann dies:[71]

Ich glaube, dass die größte Ehre, die die Menschen haben können, diejenige ist, die ihnen freiwillig von ihrem Vaterland gegeben worden ist. Ich glaube, dass das größte Gute, das man tut, und dasjenige, das Gott am gefälligsten ist, das ist, das man seinem Vaterland tut. **Über dieses hinaus wird kein Mensch für irgendeine Tätigkeit so gepriesen wie diejenigen, die durch Gesetze und Einrichtungen die Republik und die Reiche reformiert haben: es sind diese, die nach denen, die Götter gewesen sind, als erste gelobt werden. Und weil es wenige gegeben hat, die Gelegenheit hatten, solches zu tun, und sehr wenige, die es zu tun gewusst haben, ist die Zahl derer, die es getan haben, gering.** Und diese Ehre ist von den Menschen, die nach etwas anderem gestrebt haben als nach Ehre, so hoch geschätzt worden, dass sie, da sie in der Wirklichkeit keine Republik machen konnten, sie in Schriften gemacht haben, wie Aristoteles, Platon und viele andere: welche der Welt zeigen wollten, dass wenn sie nicht wie Solon und Lykurg in der Lage waren ein bürgerliches Zusammenleben zu begründen, dies nicht daran lag, dass ihnen die Intelligenz gefehlt hätte, sondern sie unfähig waren, es in Wirklichkeit umzusetzen. **Es gibt daher der Himmel keine größere Gabe einem Menschen, noch kann er ihm einen ruhmreicheren Weg zeigen als diesen.** Und unter vielem Glücklichem, das Gott Eurem Haus und Euer Heiligkeit gege-

---

[69] DFR § 96f., S. 639.

[70] DFR §§ 98–99, S. 639f.

[71] Io credo che il maggiore onore che possono avere gli uomini sia quello che volontariamente è loro dato da la loro patria. Credo ch'il maggiore bene che si faccia, e il più grato a Dio, sia quello che si fa alla sua patria. Oltra di questo, non è esaltato alcuno uomo tanto in alcuna sua azione, quanto sono quelli che hanno con leggi e con instituti reformato la republica e i regni: questi sono, dopo quelli che sono stati Iddii, i primi laudati. E perch'e' sono stati pochi che abbino avuto occasione di farlo, e pochissimi quelli che lo abbino saputo fare, sono piccolo numero quelli che lo abbino fatto. E è stata stimata tanto questa gloria dagli uomini che non hanno mai atteso ad altro ch'a gloria, che non avendo possuto fare una republica in atto, l'hanno fatta in scritto, come Aristotile, Platone e molt'altri: e' quali hanno voluto mostrare al mondo che se, come Solone e Ligurgo, non hanno potuto fundare un vivere civile, non è mancato dalla ignoranza loro, ma dalla impotenza di metterlo in atto. Non dà adunque il cielo maggiore dono ad uno uomo, né gli può mostrare piú gloriosa via di questa. E infra tante felicità che ha dato Dio alla casa vostra e alla persona di Vostra Santità è questa la maggiore: di darle potenza e subietto da farsi immortale e superare di lunga per questa via la paterna e la avita gloria (DFR §§ 100–106, S. 640).

ben hat, ist dieses das größte: Euch die Macht und den Gegenstand zu geben, sich unsterblich zu machen, und auf diesem Wege bei weitem den Ruhm des Vaters und der Vorfahren zu übertreffen.[72]

Anders als so wie vorgeschlagen gehe es nicht; Kardinal Giulio werde Papst Leo auch Machiavellis Bericht zu den Florentiner Zuständen bestätigen; funktionsfähige Alternativen zu Machiavellis Vorschlägen gebe es nicht.[73] Alles andere sei mühselig und/oder gefährlich.[74]

Machiavelli schließt:[75]

> Es gibt keinen anderen Weg, um diesen Übeln[76] zu entfliehen, als es so zu tun, dass die Ordnungen der Stadt durch sich selbst fest stehen können; und sie werden immer fest stehen, wenn jeder die Hände darauf haben wird, und wenn jeder wissen wird, was er zu tun hat, und wem er zu vertrauen hat, und wenn kein Grad der Bürger – sei's aus Furcht um sich selbst oder aus Ambition – eine Neuerung zu wünschen hat.

Perfekt: einzige mögliche Lösung, eine Verfassung für den Übergang, eine Verfassung, die ohne formale Veränderung den Übergang von einer Medici-Monarchie in eine Republik ermöglicht, Abwehr von Gefahren, Sicherheit, größter Ruhm für den Medici-Papst (und ohne dass das gesagt würde: wohl auch für Machiavelli).

---

[72] Hätte Machiavelli mit seinem Vorschlägen für eine politische Neuordnung Florenz' Gehör gefunden, Erfolg gehabt, so wären solcher Ruhm und solche Unsterblichkeit wohl auch ihm zugekommen: nicht als Umsetzer und Ausführer, aber als Autor und Anreger solcher Reform: eine Verbindung zwischen dem Schreiben über Ideale Verfassungen und dem Einrichten Idealer Verfassungen (was mehr ist als was ich selbst am Ende von H. C. Kuhn [s. Lit. II., 2010, S. 116–123] und dessen deutschsprachiger Vorgängerversion [s. Lit. II., 2001, S. 337–343; 1999, S. 104–110] zu sehen glaubte).

[73] DFR §§ 107–109, S. 640f.

[74] DFR §§ 110–112, S. 641.

[75] Né ci è altra via da fuggire questi mali, che fare in modo che gli ordini della città per loro medesimi possino stare fermi; e staranno sempre fermi quando ciascheduno vi averà sopra le mani e quando ciuascuno saperrà quello che gli abbia a fare, e in chi abbi a confidare, e che nessuno grado di cittadino, o per paura di sé o per ambizione, abbi a desiderare innovazione (DFR §113, S. 641).

[76] U. a.: viele Tote, viele ins Exil Getriebene, viele Erpressungen („estorsioni") (DFR §112, S. 641).

Der Text hat auch durchaus Interesse gefunden: wir wissen von 7 überlebenden Handschriften.[77]

Doch die Medici folgen (nach einem durch Aufstand verursachten republikanischen Interludium) nicht Machiavellis Rat, sondern dem Goro Gheris (der, ebenso wie Machiavelli nach dem Tod des jüngeren Lorenzo de' Medici schreibend, dynastische Medici-Nachfolge unter Rückgriff auf uneheliche Abkommen empfohlen hatte).[78] Florenz wird Erbmonarchie – ohne dass dafür die formale Verfassung von Florenz in mehr als einem Punkt verändert werden musste.[79]

Schriften zur Verfassung bester Gemeinwesen sind in der Renaissance durchaus häufig,[80] Einfluss auf Ordnung, Institutionen und Prozesse realer Gemeinwesen aber scheint – mit Ausnahme der Texte und Gründungen Quirogas[81] – nicht belegt. Für „utopische" Texte mit offensichtlicher späterer Umsetzung in Realität muss man wohl bis ins 20. Jahrhundert (mit Lenins *Was tun* und Khomeinis *Wilāyat Faqih*) warten. Und auch erst im 20. Jahrhundert haben die Schriften zur Verfassung bester Gemeinwesen aus der Renaissance breite sekundärliterarische Behandlung gefunden.[82] Die Verbindung der Form des Reiseberichts bei nicht wenigen dieser Texte mit dem Wissen über Entdeckungsreisen jener Zeit mag für ihre Anziehungskraft nicht unerheblich sein.

---

[77] A.a.O., S. 621f. Zum Vergleich: 19 Handschriften für *De principatibus* (ohne die vom Druck abhängigen): DP 1994, S. IXf. u. S. 37–56.

[78] Siehe Lit. II. (J. M. Najemy, S. 442 für diesen Rat, und S. 441–468 für weitere Ratschläge und vor allem die weiteren Geschehnisse.

[79] A.a.O. (Fußnote 78), S. 468f.

[80] Siehe z. B. Denis Brukmans & Laurent Portes: *La littérature utopique: bibliographie séléctive*, URL http://expositions.bnf.fr/utopie/cabinets/rep/ind biblio.htm (2004-07-07, gesehen 2011-08-19) und die in Heinrich C. Kuhn & Diana Stanciu (edd.): „Ideal Constitutions in the Renaissance", Frankfurt a.M. 2009 diskutierten Texte. Eine sehr nützliche Basis-Bibliographie für extrauniversitäre und extraadministrative Texte ab 1516 ist: Richard Serjeantson & Clare Jackson: *Utopian Writing, 1516–1798: Bibliography*, URL: http://www.trin.cam.ac.uk/rws1001/utopia/bibliog.htm (2009-06-09, gesehen 2011-08-29).

[81] s. o. Fußnote 16.

[82] Siehe z. B. zusätzlich zum bereits erwähnten: Bibliothèque Nationale de France (ed.): *Bibliographie générale*, URL: http://expositions.bnf.fr/utopie/cabinets/rep/indbiblio.htm (2004-07-07, gesehen 2011-08-19).

Dass in vielen dieser erdachten Gemeinwesen Gelehrte herrschen,[83] mag manchen der über sie Sekundärliteratur schreibenden Gelehrten nicht unwillkommen sein.[84]
Vor allem aber dokumentieren die Primärtexte (gleich, ob universitär oder extrauniversitär, gleich, ob innerhalb oder außerhalb von Verwaltungskontexten entstanden), dass zu jener Zeit politische Verhältnisse für veränderbar gehalten wurden, und das Schreiben über Alternativen für sinnvoll, und die Alternativen vielgestaltig, und situationsbezogen.[85]

## Literatur

I. Machiavelli: Ausgaben

Niccolò Machiavelli (edd. Jean-Jacques Marchand, Denis Fachard & Giorgio Masi): *L'arte della guerra: Scritti politici minori,* Roma 2001.

Niccolò Machiavelli (ed. Giorgio Inglese): *De principatibus,* Roma 1994.

Niccolò Machiavelli (edd. Mario Martelli & Nicoletta Marcelli): *Il Principe,* Roma 2006.

---

[83] Siehe z. B. H. C. Kuhn (Lit. II., 2009, S. 9–27, hier S. 20f.).

[84] Obwohl einigen von denen, die Erfahrung mit Gremien akademischer Selbstverwaltung haben, Zweifel daran gekommen sein mögen, dass Gelehrtenherrschaft optimale Herschafft ist.

[85] H. C. Kuhn, a.a.O. (s. Fußnote 83), S. 9–27, hier S. 23f.: „... the results have confirmed, that the text in question is a response to a specific situation, a text not only about but also for a specific commonwealth: and advocates not *the* ‚ideal constitution‘ nor even an ‚ideal constitution‘ but *this particular* ‚ideal constitution‘. ℂ The texts differ greatly, yet they belong together because of their common set of basic reference texts, because of their interrelations and, last but not least, because they have in common the quest for the best || possible constitution for a specific commonwealth – in spite of the differences between these commonwealths. And perhaps this is what is most fascinating. These authors propose answers to the question of what the best constitution might be in a continuum extending from empires to villages and abbeys, from Europe to America to Utopia, from hegemony to subsistence. In their radically dissimilar contexts, and with radically differing results, they seem to be occupied not so much with the question of how best to construct and run a state, but with the question of what constitutes a ‚good‘ community."

Niccolò Machiavelli (ed. Francesco Bausi): *Discorsi sopra la prima deca di Tito Livio,* Roma 2001.
Niccolò Machiavelli (ed. Sergio Bertelli): *Arte della guerra e scritti politici minori* (= Machiavelli, N.: Opere II), Milano 1961.


II. Machiavelli: Sekundärliteratur

August Buck: *Machiavelli,* Darmstadt 1985.
Sergio Bertelli & Piero Innocenti: *Bibliografia Machiavelliana,* Verona 1979.
Francesco Bausi: *I ‚Discorsi' di Niccolò Machiavelli: Genesi e strutture,* Firenze 1985.
Sebastian De Grazia: *Machiavelli in hell,* New York 1994.
John M. Najemy: *A history of Florence 1200–1575,* Chichester 2008, S. 437–440.
Heinrich C. Kuhn: *Niccolò Machiavelli (1469–1527): A Good State for Bad People,* in: Paul Richard Blum (ed.): „Philosophers of the Renaissance", Washington 2010, S. 116–123; deutsche Vorgängerversion: *Niccolò Machiavelli (1469–1527): Guter Staat für schlechte Menschen",* in: Andreas Graeser (ed.): „Große Philosophen", Darmstadt 2001, S. 337–343 = *Niccolò Machiavelli. Guter Staat für schlechte Menchen,* in: Paul Richard Blum (ed.): „Philosophen der Renaissance: Eine Einführung", Darmstadt 1999, S. 104–110.
Heinrich C. Kuhn: *Ideal Constitutions in the Renaissance: Sizes, structures, dynamics, (dis)continuities,* in: Heinrich C. Kuhn & Diana Stanciu (edd.): „Ideal Constitutions in the Renaissance", Frankfurt a. M. 2009, S. 9–27.

# Wittenberg 1560

Wittenberg, das ist der Ort, 1560, das ist das Jahr, in dem Philipp Melanchthon stirbt – und damit seine Werke nicht mehr überarbeiten kann. Wittenberg: das ist hier zuvörderst die Universität, 1502 gegründet, von Melanchthon vom 25. August 1518 an – 42 Jahre lang – geprägt.[1]

Melanchthon starb am 19. April 1560. Noch im selben Jahr legen Wittenberger Professorenkollegen einen Bericht zu seinen letzten Tagen vor, auf Latein und auf Deutsch, in durchaus nicht identischen Fassungen.[2] Die lateinische Fassung ist die ältere, die deutsche wird als deren Kurzversion vorgestellt, enthält aber auch Aussagen, die sich in der lateinischen Fassung nicht finden.

Man bedauert und entschuldigt die Verzögerung des Berichtes:

> Es werden uns aber alle verstendige hertzlich gern entschuldigt nemen. Denn wir haben damals in unser grossen betrübnis als guthertzige/ getrewe/ und redliche leuht **erstlich darauff müssen bedacht sein / Wie mann die *Lectiones* widerumb bestellen/ austheilen und verwalten müste/ damit die jugend nicht verseumet** / und aus dieser vetterlichen fürsorg unnd fleis hoffnung gewinnen köndte/ wes sie sich zu denen/ die Got gnedicklichen nach gelassen/ ver- || sehen und vertrösten/ auch was für fruchte sie ihnen bey den selben zu schaffen getrawen möchten [BNdt].

Die erste Sorge gilt also der Kontinuität und dem Bestand bzw. der Wiedererrichtung des akademischen Unterrichts: die universitäre Lehre hat erste Priorität.

Vor Melanchthons Ankunft hatte die Grundausstattung der Universität Wittenberg aus 2 Theologieprofessuren, 4 Kirchenrechtsprofessuren, 1 Professur für weltliches Recht, 6 Philosophieprofessuren, 0 medizinische Professur bestanden.[3]

In der Philosophie lag der Schwerpunkt auf der Logik in skotis-

---

[1]   s. Lit. II.1 (H. Scheible 1997, 2010; G. Wartenberg & M. Hein 1999; W. Hammer 1967, 1968, 1981). II.2 (H. Scheible 1996, 2010). I.3 (G. Frank 1995).

[2]   s. Lit. I.1 (Professores Academiae Wittebergensis: Brevis Narratio Exponens, 1560 [BNlat]); Professores Academiae Wittebergensis: Kurtzer Bericht, 1560 [BNdt]).

[3]   Zum Folgenden s. Lit. II.2 (H. Scheible 2010).

tischer und thomistischer Version. An Naturphilosophie wurden (ebenfalls *in via Scoti* und *in via Thomae*) nur *De anima* und die *Parva naturalia* angeboten, zudem Kosmologie, Elementenlehre und Umwandlungen, und vielleicht auch philosophische Meteorologie. D.h.: Grundlagen der Naturphilosophie, Zoologie (und Botanik) fehlten, während mit den *Parva naturalia* der hinsichtlich der Prinzipien wohl vielseitigste und flexibelste Teil von Aristoteles' Naturphilosophie vertreten war; zudem Ethik (anscheinend ohne Differenzierung nach *viae*) und (undifferenziert) Metaphysik. Hinzu kommt Unterricht zu (vornehmlich lateinischer) Grammatik und Mathematik.

1518, als Melanchthon an die Universität Wittenberg kommt, tritt Zoologie („De animalibus") hinzu, zu unterrichten durch einen der Logik-Professoren, der nun auch Rhetorik (nach Quintilian) zu unterrichten hat. Ab oder nach Februar 1519 werden die Vorlesungen zu Logik und Naturphilosophie *in via Thomae* eingestellt.

Nachdem die Studierenden geneigt waren, ohne Philosophiestudium direkt Theologie zu hören und die Universität ungeprüft zu verlassen, um Prediger zu werden, unternimmt Melanchthon (1523/1524 auch Rektor) ab 1523 einen Reformversuch; eine Pflichtbetreuung der Studierenden durch Tutoren scheitert an „der Hochnäsigkeit der Studenten und der Faulheit der Dozenten"; Übungsvorträge (2 pro Monat) ersetzen logische Disputationen; Disputationen zu Naturphilosophie und Mathematik (ebenfalls 2 pro Monat) werden eingeführt. 1525 wird die Metaphysik-Vorlesung abgeschafft. Spätestens 1526 verlieren die Texte des Aristoteles (alle?) Bedeutung als Studieninhalte. Doch schon 1527 kündigt Melanchthon selbst an, über die Nikomachische Ethik zu lesen.

Dass er 1547 die Aufhebung der Universität als durch Kriegsfolgeumstände unnötig geworden verhinderte, war möglicherweise nicht unabhängig von seiner Sorge um ein weiteres seiner philosophischen Werke: die Dialektik.

Die Universität Wittenberg genießt hohe Popularität, doch Melanchthons Lehre scheint nicht der ausschlaggebende Grund für diese Popularität gewesen zu sein, steigen doch die Immatrikulationszahlen nach seinem Tod noch weiter.

Die deutsche Fassung des erwähnten Berichts von 1560 durch Melanchthons Wittenberger Professorenkollegen schildert Melanchthons Bildungsgang vor seiner Ankunft in Wittenberg als exemplarisch: Wunsch des Vaters, die Kinder zum Schulbesuch anzuhalten; Unterstützung durch den Schwager des Vaters „der selbst gestudiert/ unnd die Kinder sehr lieb hatte"; Privatunterricht, als die Schule wegen einer Syphilisepidemie geschlossen wird, dabei besonderer Lerneifer des Schülers, was die lateinische Grammatik betrifft, Unterstützung durch den Großvater, der dem Enkel ein Lateinisches Messbuch kauft; ebenfalls auf großväterliche Initiative frühe Disputationserfahrung; reichliche Versorgung mit Büchern. Dann Besuch einer auserwählt guten neuen Schule zu Pforzheim; dort Kontakt mit Reuchlin, der positiv von ihm beeindruckt ist und seine Studien anspornt und fördert, nicht zuletzt durch das Geschenk einer griechischen Grammatik zur Unterstützung des Privatunterrichts in dieser Sprache. Anschließend Baccalaureus zu Heidelberg und Magister zu Tübingen, dann zwei Jahre Arbeit als Buchdrucker, während dieser Zeit entstehendes Interesse an Theologie und Erlernen der hebräischen Sprache – erneut mit Unterstützung Reuchlins. Auf Empfehlung Reuchlins dann der Ruf auf die Griechischprofessur zu Wittenberg.

Im eigenen Bildungsgang gefördert, bemüht sich Melanchthon selbst die Bildung anderer zu befördern.[4] Der Bericht zu Melanchthons Ableben setzt mit Melanchthons Äußerungen zur Erwartung seines baldigen Todes ein (in der deutschsprachigen Fassung ohne Verweis auf die in der lateinischen prominente Charakterisierung des dreiundsechzigsten Lebensjahres als klimakterischkritisch – so dass sich in der gelehrtensprachlichen Version eine Einbindung des Todes in allgemeinere Naturzusammenhänge findet, die in der volkssprachlichen Version als unnötig und/oder gar die Leserschaft irritierend unterblieb – ebenso wie Melanchthons Hinweis darauf, dass sein von Johann Wirdung gestelltes Horoskop keine Einträge jenseits seines [Melanchthons] dreiundsechzigsten Lebensjahres enthalte).[5] Obwohl so geschwächt, dass ihm

---

[4]   s. Lit. II.4, darin: H.-W. Wollersheim: *Philipp Melanchthons Einfluss auf das sächsische Schulwesen,* S. 83–97, insbes. S. 94–96.

[5]   Zur volkssprachlichen Rezeption von Werken Melanchthons selbst s. Lit. II.4, darin: A. Sieber: *Die Rezeption von Philipp Melanchthons Rhetorik und Dialektik in volkssprachlichen Quellen des 16. Jahrhunderts,* S. 133–146. Dort auch S. 146 die wichtige Beobachtung: „Die Auffassungen des Wittenbergers sind freilich nicht statisch gewesen. Das hat sich auch auf die einzelnen Fassungen seiner Werke ausgewirkt – und damit auch auf den Charakter der volkssprachlichen Rhetoriken und Dialektiken, die aus ihnen

(selbst) das Briefeschreiben zu jener Zeit schon schwerfiel, habe er in seinem letzten Lebensjahr immer noch „[…] wol alle seine Lectiones auffs fleyssigste gelesen / Das darinnen kein schwachheyt zu spüren gewest". Eine Reise nach Leipzig zur Prüfung (potentieller) Stipendienempfänger bringt eine Erkrankung mit sich. Schlaflosigkeit, Fieber, Atembeschwerden folgen.

> Und wiewol er so schwach ward/ das er kaum zwey oder drey zeylen schreiben kundt/ da er sich nicht einmal auff die Sidel hette niederlegen und ruhen müssen/ So wolt er gleichwohl seine arbeit und **Lectiones nicht unterlassen** / Sondern schriebe/ wie gesagt/ und las/ und kunt ihn davon hiervon niemand abhalten [BNdt].

So es Gotte Wille sei, dass er stürbe, so habe Melanchthon gesagt, so stürbe er gerne. Er schreibt Briefe, rät der Universität sich wegen drohender Teuerung rechtzeitig mit Korn einzudecken. Trotz aller Bitten seiner Freunde besteht Melanchthon darauf, seine Dialektik-Vorlesung zu halten, und tut dies auch. An einer weiteren Prüfung von (potentiellen) Stipendiaten in Meißen kann er nicht mehr teilnehmen. In seiner nächsten Vorlesung legt er Gregor von Nazianz aus, dann badet er, schläft einige Stunden, schreibt etwas. Es geht auf und ab. Matt, und auf den bevorstehenden eigenen Tod Bezug nehmend, hält er seine nächste Vorlesung („wie er sonst die Feiertage pflegete zu lesen") über das Gebet Jesu im 19. Kapitel des Johannesevangeliums. An Karfreitag wieder (anscheinend die normale) Vorlesung, gegen freundlich besorgten Rat. Letzte Vorlesung (über Jesaja 53), Vorbereitung eines Textes für die Ostertage, Berichte über eigenartige Wolken am Himmel, von Melanchthon als Zeichen gelesen: die eigenen würden von Gott mit Teuerung bestraft, die Gegner aber mit Härterem. Am nächsten Tage weitere Vorbereitung des Osteranschlagstextes, Kirchgang, Beichte, Abendmahl, erneut zur Druckerei, um schleunigen Druck des Anschlagstextes zu bewirken, danach nie mehr lebend aus dem Haus. Besuch von Freunden, zu große Schwäche, an der Universität das Evangelium zu kommentieren (die Vorlesung wäre ohnehin, wie berichtet wird, wegen eines Anschlags, sie werde ausfallen, hörerlos gewesen. Anhalten und Fortschritt

hervorgegangen sind. Autoren wie Fuchsperger und Bütner haben Unterschiedliches in den verschiedenene Fassungen von Melanchthons Werken gesucht und gefunden, und sie haben ihre Schwerpunkte entsprechend gesetzt."

der Krankheit, Besuche, Briefe, Gespräche, Gebete, Ankunft theologischer Streitschriften, Versand von Briefen, von Büchern an Freunde, Bekenntnis, lieber zu sterben als zum Konzil zu ziehen, Jesus habe den Tod mehr gefürchtet als wir, Fieber („Betet unnd sprach: HERR machs zum ende / Unnd sagte / Erasmus hett in seiner grossen Krankheit/ diese Wort auch gebraucht" [BNdt]). ... Melanchthon verfertigt sein Testament, spricht darüber, was an universitären Vorlesungen nach seinem Tode zu halten sei, und wer sein Nachfolger werden solle. ... Gebete und Fortschritt der Krankheit. Die um sein Bett versammelten Professoren lassen ihre Vorlesungen ausfallen und bitten die Studenten für Melanchthon zu beten. Melanchthon stirbt, die Lippen (wie im) Gebet bewegend. „Sein Leichnam hat die Universitet inn diss Grab geleget" [BNdt]

Hier wird uns das Sterben eines frommen Universitätsgelehrten eindrucksvoll vor Augen geführt – nicht im Widerspruch zu der oft zu lesenden Ansicht, Melanchthon sei primär Lutheraner, sekundär spezifisch lutheranischer Philosoph gewesen.[6] Es soll hier nicht das Gegenteil behauptet werden. Die letzte reguläre Vorlesung Melanchthons war eine zur Dialektik. Ein dialektischer Blick auf seine philosophischen Werke ist aufschlussreich.

Begonnen sei mit Melanchthons Rede über die Philosophie, *De philosophia*,[7] gehalten von ihm 1536 anlässlich einer Magistergradverleihung. Er beginnt mit einem Verweis auf seinen hoffentlich allen Zuhöreren soweit bekannten guten Lebenswandel, bekannt genug, um Gewähr zu tragen, dass er sich „diese Redethemen weder aus Unverschämtheit noch aus Vertrauen auf meine Begabung oder aus irgendeiner Vielgeschäftigkeit erneut gewählt habe". So präsentiert Melanchthon das Thema als eines, dessen Behandlung als bedenklich erschiene – erfolgte sie durch jemanden, dessen Lebenswandel weniger als guter Lebenswandel wohlbekannt wäre. Die *captatio benevolentiae* wird fortgeführt (mit Verweis auf Auftrag, Demutsbekundung, Freundschaft, erneutem Verweis auf seinen Lebenswandel); dann folgt ein Menander-Fragment: „Des Redners Wandel überzeugt, nicht seine Rede" – was erneut erwarten lässt, dass das nun Folgende etwas sei, das nicht jeder überzeugend vortragen könnte.

---

[6] s. Lit. II.3 (S. Kusukawa 1995).
[7] s. Lit. I.1 (C. Martinus, ed. 1600; G. Bretschneider, ed. 1831). I.2 (G. Frank, Übers., in: M. Beyer, S. Rhein & G. Wartenberg 1997 [DPdt]).

Die Kirche („Ecclesia") benötige „freie Bildung" (liberalis eruditio), unter anderem Philosophie. Vollkommene Gelehrsamkeit zum Nutzen für Gemeinwesen und Kirche sei anzustreben. Missachtung der betreffenden *artes* führt zu „Zersplitterung der Kirchen". Was er, Melanchthon, vortrage, sei dem Gemeinwesen notwendig und den Zuhörern ersprießlich. Wer die freie Bildung (liberalis eruditio) für die Kirche für nicht notwendig halte, den solle man nicht nur fliehen, sondern verfluchen. Eine ungelehrte Theologie („inerudita Theologia") sei sehr von Übel, Verworrenheit, Ungeordnetheit, Unwissenheit über Anfangsgründe, Ableitungen und Ende, Irrtum, Streit, schwankende Gewissen gezeichnet; Zweifel seien die Folge. Daraus folge dann Ablehnung der Religion und „weltliche und epikureische Gesinnungen": Theologie ohne freie Künste, insbesondere ohne Philosophie, führe zu Atheismus. Daher brauche die Kirche „viele große Wissenschaften".

> Denn zum Auslegen schwieriger und dunkler Dinge reicht es nicht aus, die gewöhnlichen Regeln der Grammatik und Dialektik zu kennen, sondern eine vielfältige Lehre ist nötig. Vieles nämlich muß aus den Physiken genommen und vieles aus der Moralphilosophie muß auf die christliche Lehre bezogen werden [DPdt].

Um Grammatik und um eine vielfältige Philosophie geht es also, bezogen auf die christliche Lehre.

> Des weiteren gibt es zwei Dinge, zu deren Erwerb es einer großen und vielseitigen Lehre und einer langen Übung in vielen Wissenschaften bedarf, nämlich die Methode und die Redeform. Denn niemand kann ein Meister der Methode werden, der nicht gehörig mit der Philosophie vertraut ist, zumindest mit jener Art von Philosophie, die nichts mit Sophistik zu tun hat, sondern die Wahrheit in einer geordneten und richtigen Weise aufsucht und offenlegt [DPdt].

Wer methodisch wohlgeschult ist, hat in Religionsgesprächen („in disputationibus religionis") Vorteile. Ohne Kenntnisse der Philosophie ist auch keine gute Redeform möglich. Rosinenpicken für die Theologie geht nicht: Auch Theologen brauchen Kenntnisse der ganzen Naturphilosophie, auch Dialektik ohne Naturphilosophie ist nicht möglich, die Kirche braucht den ganzen *orbis quidam artium*, die ganze Philosophie. In der Moralphilosophie gibt es vieles, was christlicher Lehre ähnlich ist, und die Untersuchung des Unähnlichen ist instruktiv. Moralphilosophie aber kann nur in

Kenntnis der Naturphilosophie gut getrieben werden. Philosophie ist notwendige Hilfswissenschaft guter Theologie. – Was für eine Philosophie aber?

> Ich strebe nach einer gebildeten Philosophie, nicht nach jenen Spitzfindigkeiten, denen keine Inhalte zugrundeliegen. Deshalb sage ich, daß man eine ganz bestimmte Art von Philosophie wählen muss eine solche, **die am wenigsten sophistisch ist und die Angemessenheit der Methoden berücksichtigt: von dieser Art ist die aristotelische Lehre** [DPdt].

Zu ergänzen sei dies durch den „Teilbereich der Philosophie, der über die Himmelsbewegungen". Zu verstehen hier wohl: Astronomie/Astrologie auf der Basis von Texten, die nach der Zeit des Aristoteles entstanden (schon Paulus Venetus hatte in seiner *Summa philosophie naturalis* ja für die Astronomie Nicht-aristotelisches zugrundegelegt). Stoiker übertreiben und erfinden Schädliches, Epikur hat Unrecht, die Akademie ist als unmethodisch und umstürzlerisch zu fliehen.

> Indessen kann auch jemand, der besonders Aristoteles als Führer folgt und eine einfache und keineswegs sophistische Lehre anstrebt, von anderen Autoren einiges übernehmen [DPdt].

Ablehnung der nicht-aristotelischen Schulen, Ergänzung durch nicht-aristotelische Texte, aber zuvörderst: Aristoteles als Leitphilosoph, doch nicht mit der Begründung, er habe inhaltlich recht (oder sei unter den Philosophen christlicher Lehre am nächsten – wofür ohnehin nicht leicht zu argumentieren gewesen wäre [und ist]), sondern weil er wenigstens „sophistisch" und hinsichtlich der Methoden überlegen sei: Dies ist keine Wahl des Leitphilosophen aus Gründen spezifisch christlicher/evangelisch-/lutheranisch-/theologiegeleiteter Philosophie. Und mit der Wahl des Aristoteles als Leitphilosoph, nicht mit der Begründung, er habe inhaltlich recht, sondern er sei in Bezug auf die Methode am besten: damit steht Melanchthon durchaus nicht allein: Es findet sich auch bei Augustinus Niphus, in dessen *In libris de Anima Collectanea atque Commentaria Præfatio*[8] – ob vor oder nach Melanchthons Text entstanden, ob Melanchthon bekannt, ob Melanchthon rezipierend: wir wissen es nicht. Immerhin ist es ein weiterer Beleg für

---

[8]   s. Lit. I.1 (A. Niphus 1544).

das bisweilen sehr lockere Verhältnis zwischen Streben nach Wahrheit(en) und rinascimentaler Universitätsphilosophie.

Gepriesen wird auch in Bezug auf die *mores*, die Lebensführung: eine Philosophie, die Streit meidet, nach Wahrheit sucht, nichts vertritt, wofür es keine Beweisführungen gibt. Auch der Kirche sei die zügelnde Wirkung solcher Philosophie von Nutzen. „Et abeunt studia in mores"/„die Studien wirken sich auf den Lebenswandel aus": sie führen zu Bescheidenheit und Vermeidung von „Waghalsigkeit im Bunde mit Nachlässigkeit". Tugend als Wirkung philosophischer Spekulation: dies hatte schon Averroes in Prolog zu seinem Großen Physik-Kommentar vertreten.[9]

Das Studium der Philosophie dient Gemeinwesen und Kirche.

> Ich spreche nicht über Belohnungen, denn es geziemt sich, daß ‖ wir durch die Tugend selbst bewegt werden [DPdt].

Dann wird auf göttliche Belohnung Bezug genommen, dann auf etwas, das mir durchaus konsistent erscheint mit den Aussagen des Averroes im bereits angeführten Proömium zum Großen Physik-Kommentar: dass die Bezeichnung „Mensch" in Bezug auf Philosophen und auf Nicht-Philosophen so äquivok verwendet wird, wie es in bezug auf einen lebenden Menschen und in bezug auf einen toten und in bezug auf einen rationalen Menschen und das steinerne Bildnis eines Menschen verwendet wird – dass also Philosophen und Nicht-Philosophen nicht mehr gemein haben als lebende Menschen und Leichen, lebende Menschen und Skulpturen:

> Ja, ihr sollt sogar wissen, daß um unsertwillen und nicht wegen der Tyrannen oder derer, die fromme Studien hassen, diese ganze Welt von Gott bewahrt wird, die Sonne aufgeht und der Wechsel der Jahreszeiten bewirkt wird, auf daß die Äcker fruchtbar werden. **Hier haben die Stoiker recht: Alles gehört Gott; die Philosophen aber sind Freunde Gottes; deshalb gehört alles den Philosophen** [DPdt].

Nach dieser Aussage, die nicht unähnlich ist dem, was sich in Pomponazzis *De incantationibus* findet[10] – wobei Melanchthon Pomponazzi an Radikalität, an Herausstellung zentraler Zielnatur der Philosophen noch übertrifft –, folgender Abschluss der Rede:

---

[9]   s. Lit. I.1 (Averroes 1562).
[10]  s. Lit. I.1 (P. Pomponazzi 1567).

So laßt uns mit großem Eifer diese Studien der Wissenschaften verteidigen wie auch einsehen, daß uns an diesem Orte göttliche Fügung versammelt hat. Laßt uns unseren Dienst aus diesem Grunde und in größerer Sorgfalt tun und die Belohnungen für unsere Mühen von Gott erwarten [DPdt].

Als konsistent ist diese Rede in ihrer Mischung von radikaler Philosophie und Frömmigkeit nur schwer oder gar nicht zu lesen. Und doch transportiert sie die Aussage, dass radikale Philosophie mit Frömmigkeit vereinbar sei – von den auf den Redner selbst bezüglichen Aussagen am Beginn bis zum Ende mit aus Tugend handelnden Philosophen, denen die Welt gehört und die Belohnung von Gott erwarten. Niphus hatte Aristoteles ob der Konsistenz seiner Schriften gerühmt und diese als einen der Gründe angeführt, die Aristoteles in besonderem Maße geeignet für akademischen Unterricht machten; bei Melanchthon fehlt dieser Auswahlgrund.

Von Melanchthons Argumentations**weise** zu seiner Argumentations**lehre**: zu seiner **Dialektik**.[11] Sie liegt in mindestens fünf Versionen[12] vor: ab 1520 die *Compendiaria Dialectices Ratio*[13], ab 1527 die *De Dialectica libri IV*[14], ab 1541/42 die *Dialecticae praeceptiones*[15], vorgetragen vom 8. Oktober 1544 bis zum 8. Juni 1545 die nur handschriftlich *Rapsodiae in Dialecticam*[16], und ab 1547 die *Erotemata dialectices*[17].

Die *Compendiaria Dialectices Ratio* ist ein kurzgefasster Einführungstext, die *De Dialectica libri IV* übertreffen sie an Umfang nicht unbeträchtlich, die späteren Versionen sind nochmals deutlich ausführlicher als diese. Abgesehen von den *Rapsodiae,* die in Vorlesungen (*Lectiones*) gegliedert sind, bestehen die hier behandelten Versionen von Melanchthons Dialektik aus jeweils vier Büchern. **Buch I** behandelt Grundsätzliches (beginnend damit, was „Dialectica" sei) und Inhalte der Kategorienschrift des *Corpus aristotelicum*, **Buch II** handelt über Aussagen, **Buch III** über Argu-

---

[11]  s. Lit. II.1 (Ch.H. Lohr 1988).
[12]  s. Lit. II.3 (N. Kuropka 2002).
[13]  s. Lit. I.1.
[14]  s. Lit. I.1.
[15]  s. Lit. I.1.
[16]  s. Lit. I.1.
[17]  s. Lit. I.1 und II.3 (V. Wels 2008).

mentationslehre (inklusive Syllogistik), **Buch IV** handelt von *Loci*: Quellen für Argumente.

Vergleicht man den relativen Umfang der einzelnen Bücher in den gedruckten Versionen, so ergibt sich folgendes Bild[18]:

| Buch | CDR1520 | Div1538 | DP1541 | ED1548 |
|------|---------|---------|--------|--------|
| I    | 25,00   | 36,84   | 34,75  | 27,49  |
| II   | 9,38    | 6,22    | 6,18   | 7,11   |
| III  | 34,38   | 23,44   | 24,32  | 20,38  |
| IV   | 31,25   | 33,49   | 34,75  | 45,02  |

Wechselndes Gewicht auf Buch I, durchweg geringes Gewicht auf Buch II, abnehmendes Gewicht von Buch III, zunehmendes Gewicht von Buch IV, dabei vergleichsweise geringe Unterschiede zwischen **Div1538** und **DP1541**.[19]

Melanchthons Dialektik steht weit weniger in der Tradition prärinascimetaler Logiktexte oder auch der *Logica parva* des Paulus Venetus,[20] als in der Tradition von Rudolphus Agricolas Rhetorik und Logische Topik verschmelzendem Werk *De inventione dialectica* – auf das Melanchthon selbst in seiner Dialektik als auf ein exemplarisches und weiterführendes Werk zum Thema verweist.

Der Kontrast wird deutlich, betrachtet man die Behandlung dessen, was für uns zum Lügner-Paradox, zu logischen Schwierigkeiten vom Kreter-Typ[21] gehört. Paulus Venetus hatte dies unter Zugrundelegung von Situationen mit behauptenden und urteilenden Menschen analysiert – und war so auch (direkt oder indirekt) von Cervantes rezipiert worden.[22]

In der *Compendiaria dialectices ratio* werden weder Fehlschlüsse noch Paradoxien verhandelt. In den *De Dialectica libri IV* wer-

---

[18] Die Zahlen sind Prozentangaben. Sie sind *nicht* als *absolut exakt* zu sehen, da der Text der einzelnen Bücher nicht jeweils alle Seiten füllt, auf denen er steht, und ich nicht zeilengenau, sondern seitengenau bzw. blattgenau gezählt habe, geringe Zählfehler meinerseits nicht auszuschließen sind. Abk.en CDR, Div, DP, ED: s. Lit. I.1.

[19] s. Lit. II.1 (Ch.H. Lohr 1988).

[20] s. Kapitel **Padua 1408.**

[21] Z.B.: „Der folgende Satz ist falsch. Der diesem Satz, den Sie gerade lesen, vorangehende Satz ist wahr."

[22] s. Kapitel **Padua 1408.**

den mehrere Paradoxien behandelt, doch nicht als Paradoxien, sondern als Fehlschlüsse, z.B.[23]:

> „Die Kreter sind Lügner", dies sagte der Kreter Epimenides. Also hat auch dieser [mit diesem Satz] gelogen. Also sind die Kreter wahrhaftig, und Epimenides hat wiederum wahr gesprochen. … Hier liegt der Fehler in der fehlerhaften Schlussfolgerung. Es folgt nicht, dass alle Kreter Lügner sind; noch folgt „Sie sind Lügner, also lügen sie in allem".

So auch in den *Dialecticae praeceptiones*. Dann 1545 in den *Rapsodiae in Dialecticam*[24]:

> Hierher [d.h. zu den Fehlschlüssen] gehören auch die Insolubilia.[25] Wie „Träumen ist nicht zu glauben / Du hast geträumt dass Träumen nicht zu glauben sei / Also ist Träumen zu glauben." *Was ist das für ein seltsames Argument.*[26] Sie nennen es „insolubile",[27] d.h. es handelt sich um gewisse alberne Vermischungen. Die Griechen nennen es „Pseudomenos" wo etwas für seine eigene Falschheit[28] argumentiert, und selbiges sich selbst über den Haufen wirft, was man gemeinhin in dialektischen Werken „Insolubile" genannt hat. Etwas anderes nennen

---

[23]  Zunächst der lateinische Text (**Div1538**, S. 205): **Cretenses sunt mendaces, Id dixit Cretensis Epimenides, Ergo mentitus est is quoque. Sunt igitur veraces Cretenses, Rursus igitur verum dixit Epimenides. … Vitium oritur hic ex mala consequentia. Non sequitur omnes Cretenses esse mendaces. Nec sequitur: Mendaces sint, Igitur omnia mentiuntur.**

[24]  Wieder zunächst der lateinische Text (**RD1544**: Clm 26081, S. 1130s): **Huc referunt et insolubilia. Ut | SOMNIis non est credendum | TU SOMniasti somniis non esse credendum | Ergo somniis est credendum. | Was ist das für seltzam argiment. | Vocant insolubile, id est, quædam fa|tuæ connexiones sunt. Græci vo|cant ψευδόμενος, Ubi aliquis se ip|sum falsitas arguit, et ipsum sese | evertit. Quod vulgo Insolubile vocarunt in Dialecticis. Alias vocant |** ἀσυστατον **græci, im ge…ih..,\* Est | longus labyrinthus, non possum ex- || tricare. Ut si aliquis dicat Ta|ceo, Imo quomodo taces, cumiam loquaris. | Cretenses sunt mendaces | ID DIxit Cetensis Epimenides | ERGO mentius est is quoque. Sunt | igitur veraces Cretenses. Et per con|sequens Verax est Epimenides. | COELUM tegit omnia | ERGO se quoquoe tegit. | In hunc locum possunt conferri omnes cavillationes, quae non accomodari possunt superioribus generibus fallatiarum, | Iam in Dialectica adhuc restat | doctrina distinctionum, quaew es admodum utilis, et erudita, de qua | Volo proxime dicere, Deo dante. [\* Der Schrift in Handschrift nach: deutschsprachig.].**

[25]  Paradoxien.

[26]  Das *Kursive* ist in der Handschrift deutschprachig.

[27]  Wörtlich: „nicht löslich" / „nicht lösbar" / „unauflöslich".

[28]  Im Sinne von „Unwahrheit"/„den Wahrheitswert .FALSCH. habend".

die Griechen „Asystaton"[29], *im ge…h…*.[30] Das ist ein langer Irrgarten, ich kann's nicht ent||wirren. Wie wenn jemand sagt „Ich schweige" „Wie aber willst Du schweigen da Du ja schon sprichst?". [§] „Die Kreter sind Lügner" Dies sagte der Kreter Epimenides. Also hat auch dieser gelogen. Also sind die Kreter wahrhaftig. Und folglich: „Wahrhaftig ist Epimenides". [§] „Der Himmel ist über allem.[31] Also bedeckt er auch sich selbst." [§] Zu diesem Topos kann man alle sophistischen Scherze zusammenbringen, die man nicht unter den weiter oben behandelten Gattungen der Fehlschlüsse unterbringen kann. [§§] In der Dialektik bleibt noch die Lehre von den Unterscheidungen zu behandeln, die völlig nützlich und gelehrt ist, und von der ich demnächst handeln will, so Gott es gibt.[32]

Die Paradoxien werden nun also als Paradoxien wahrgenommen und präsentiert („wo etwas für seine eigene Falschheit[33] argumentiert, und selbiges sich selbst über den Haufen wirft"), und nicht als Fehlschlüsse, bei denen die Gründe der Fehlerhaftigkeit leicht aufzuzeigen wären, doch werden sie weder als Paradoxien näher untersucht, noch werden Vorschläge dazu gemacht, wie sie aufzulösen wären; sie bleiben als „Insolubilia"[34] unaufgelöst stehen, werden als etwas behandelt, für dessen eingehendere Behandlung im Rahmen der Dialektik kein Anlass besteht: Melanchthons Dialektik ist nicht primär Theorie der Sätze, Aussagen, Schlussfolgerungen, sondern primär eine Argumentationslehre für Situationen des realen Alltagslebens.[35]

Die Behandlung der Paradoxien in den *Erotemata dialectices* wiederum ist in einigem wieder ähnlicher der Behandlung in den vor den *Rapsodiae* entstandenen Versionen der Dialektik Melanchthons: Das Problem mit dem alles, und damit auch sich selbst bedeckenden Himmel wird durch Einschränkung dessen, worauf sich „alles" bezieht, gelöst. Der „Kreter" wird als Folge von nichts

---

[29] In der Rechtssprache/juristischen Rhetorik: Etwas was nicht zur Verhandlung zuzulassen ist.

[30] Dieses Wort kann ich leider nicht entziffern.

[31] Wörtlicher: „bedeckt alles".

[32] Der Text der Vorlesungen der *Rapsodiae* endet hier. (In der Handschrift folgt ein Index.)

[33] Im Sinne von „Unwahrheit"/„den Wahrheitswert .FALSCH. habend".

[34] Wörtlich: etwas das „nicht löslich"/„nicht lösbar"/„unauflöslich" ist.

[35] Vgl. Lit. II.3 (V. Wels 2008), S. 149: „Where people make use of language, they must always make use not only of grammar but also of dialectic and rhetoric. Unlike medieval logicians, wo sonsidered logic as an academic object of speculation, Melanchthon is interested in detecting the dialectical and rhetorical forms in the language of everyday life."

beweisenden Aussagen über einen oder einige, als etwas ohne Allaussagen, und daher ohne Beweiskraft behandelt, die Aussage, wer sage, er schweige, sei unproblematisch, wenn man den jeweiligen Bezug beachte etc. Die Paradoxie mit dem Traum, in dem geträumt wird, man solle Träumen keinen Glauben schenken, aus den *Rapsodiae* (die sich ja mit den in den *Erotemata* verwendeten Auflösungsmitteln nicht auflösen lässt) wird in den *Erotemata dialectices* nicht behandelt. Ob Melanchthon in seinen Vorlesungen anders und/oder anderes gelehrt hat als in seinen gedruckten Lehrbüchern, wäre einer eigenen Untersuchung wert.

Ob und wie weit Melanchthons Philosophie spezifisch christliche/protestantische/lutheranische Philosophie sei,[36] ist eine Frage, die auch im Blick auf seine Werke zur Dialektik differenzierend zu betrachten ist: Die *Compendiaria dialectices ratio* ist nicht völlig Theologie-frei – so werden etwa Pelagius und Augustinus für ein Beispiel erwähnt[37] – doch derjenige Text, der am häufigsten für Beispiele verwendet wird, ist Ciceros *Pro Milone*, gefolgt von anderen Texten Ciceros und Quintilians. In den *De Dialectica libri IV* findet sich (unter Verweis auf den so definierenden Cicero) die Unterscheidung zwischen der Ehefrau, die in die Gesellschaft der Guten kommt, und der Konkubine, die nicht in die Gesellschaft der Guten kommt – was den Status der Ehefrau von sozialer Stellung, nicht aber von gespendetem Sakrament abhängig macht. In den *Dialecticae praeceptiones* finden sich die Sakramente unter die freiwilligen und heiligen Handlungen eingeordnet und definiert, dass Christus uns durch die Sakramente etwas gibt. Unter den Fehlschlüssen findet sich als Beispiel derjenige, dass Freie nicht dienten, Christen frei seien, Christen daher nicht dienen müssten (weitere Fehlschlussbeispiele auch zum Verhältnis von Kirche und Evangelium). Die Einträge betreffend Biblisches und/oder Theologisches im Index der *Rapsodiae* sind zahlreich. Der *Index* der hier verwendeten Ausgabe der *Erotemata dialectices* gibt eine große Fülle an Verweisen auf Stellen, wo Bibelstellen und/oder theologische Aussagen in den *Erotemata dialectices* diskutiert werden. Im Laufe der Zeit, im Fortschritt der Versionen, nimmt der „theologische" Gehalt von Melanchthons Dialektik zu.

---

[36]  Vgl. Lit. II.3 (S. Kusukawa 1995; G. Frank 1995). II.1 (H. Scheible 2010).
[37]  s. Lit. II.3 (N. Kuropka 2002).

Melanchthons Naturphilosophie zum Gegenstand von Untersuchung oder Bericht zu machen, würde den Rahmen des vorliegenden Kapitels und Bandes sprengen.[38] Gleiches gilt für seine Moralphilosophie[39], in der bezüglich der Ethik in ihren unterschiedlichen Versionen[40] ebenfalls der theologische Gehalt im zeitlichen Fortschritt der Versionen an Gewicht zu gewinnen scheint. Um die Alternativen „Erwartungen der Studierenden"[41] und „Erwartungen des Buchmarktes und/oder von Dozenten und Studenten außerhalb von Wittenberg" zu untersuchen, wäre ein Vergleich von Melanchthons handschriftlich vorliegenden Vorlesungen mit den gedruckten Versionen nützlich. Die spätere katholische Konkurrenz scheint jedenfalls auf solche Veränderungen und Unterschiede nicht eingegangen zu sein.[42]

## I. Primärliteratur

### 1 Primärliteratur original (inkl. Editionen)

Professores Academiae Wittebergensis: *Brevis Narratio Exponens, Quo Fine Vitam In Terris Suam Clauserit Reverendus Vir D. Philippus Melanchthon*, Vittebergae: Petrus Seitz 1560 (Exemplar der BSB München mit Signatur Res/4 Biogr. 175, elektronisch zugänglich unter URL http://daten.digitale-sammlungen. de/~db/0002/bsb00024791/images/?nav=1&viewmode=1 bzw. http://nbn-resolving.de/urn:nbn:de:bvb:12-bsb00024791-8 [gesehen 2012-02-16]) (**BN1560lat**).

Professores Academiae Wittebergensis: *Kurtzer Bericht, wie der ehrwirdig unser lieber Vater und Preceptor, Philippus Melan-*

---

[38] Zu Melanchthons Naturphilosophie s. insbes. Lit. II.3 (S. Kusukawa 1995). I.2 (Übers. W. Ludwig 2008).

[39] Eine Auswahl (ohne jeden Anspruch auf Vollständigkeit) an im Internet frei zugänglichen Versionen von Texten Melanchthons zur Moralphilosophie findet sich unter URL http://www.phil-hum-ren.uni-muenchen. de/W4RF/YaBB.pl?num=1213963068 (gesehen 2012-03-21). Zu Melanchthons Moralphilosophie bis 1532 s. auch Lit. II.3 (N. Kuropka, insbes. S. 176–183.275–283.287).

[40] Zu deren Versionen s. Lit. II.1 (Ch.H. Lohr 1988). I.2 (ed. & übers. G. Frank und M. Beyer 2008).

[41] s. Lit. II.3 (N. Kuropka 2002).

[42] s. Kapitel **Ingolstadt 1577**.

*chthon sein Leben hie auff Erden geendet, und gantz christlich beschlossen hat. mit kurtzer erzelunge, was sich etliche tage zuvor, mit jhm inn seiner Schwachheit zu getragen hat*, Nürnberg: Neuber 1560 (Exemplar der Herzog August Bibliothek Wolfenbüttel mit Signatur A: 386.7 Theol. (22), elektronisch zugänglich unter URL http://diglib.hab.de/wdb.php?dir=drucke/386-7-theol-22s bzw. http://diglib.hab.de/drucke/386-7-theol-22s/start.htm [gesehen 2012-02-16]) (**BN1560dt**).

Philipp **Melanchthon**: Schriften zur Dialektik:

– *Compendiaria Dialectices Ratio*, Wittebergae [apud Melchiorem Lottherum Iuniorem] 1520 (VD16 M 2798, Exemplar UBM 0001/4 Melan. 48#1), zugänglich unter URL http://epub.ub.uni-muenchen.de/10899/ (gesehen: 2012-03-09) (**CDR1520**).

– *De Dialectica libri IV*, Argentorati [Mylius] 1538 (VD16 M 3010, Exemplar UBM 0001/8 Philos. 356#2), zugänglich unter URL http://epub.ub.uni-muenchen.de/11167/ (gesehen: 2012-03-09) (**Div1538**).

– *Dialecticae praeceptiones*. Ich zitiere sie hier nach der Ausgabe Vitebergae [per Iosephum Klug] 1541/1542 (VD16 M 3013, Exemplar BSB Rar. 4176), zugänglich unter URL http://daten. digitale-sammlungen.de/~db/0003/bsb00033751/images/?nav= 1&viewmode=1 bzw. http://nbn-resolving.de/urn:nbn:de:bvb: 12-bsb00033751-2 (gesehen: 2012-03-13) (**DP1541**).

– *Rapsodiae in Dialecticam*, BSB München: Clm 26081, zugänglich unter URL http://daten.digitale-sammlungen.de/~db/0003/bsb 00031772/images/ (gesehen 2012-03-13) (**RD1544**).

– *Erotemata dialectices*, Vitebergae [Ex officina Iohannis Lufft] 1548 (VD16 M 3244, Exemplar BSB Ph.sp. 558, zugänglich unter URL http://daten.digitale-sammlungen.de/~db/0003/ bsb00 032838/images/?nav=1&viewmode=1 bzw. http://nbn-resolving. de/urn:nbn:de:bvb:12-bsb00032838-9 (gesehen 2012-03-13) (**ED1548**).

Cornelius Martinus (ed.): Philipp Melanchthon: *Oratio De Philosophia studioso Theologiae necessaria, seorsim edita, procurante Cornelio Martino*, Helmstedt [Lucius] 1600, URL http:// diglib.hab.de/drucke/li-6110/start.htm [gesehen 2012-02-29].

Gottlieb Bretschneider (ed.): (Philippi Melanchtonis Opera quae supersunt omnia: Volumen XI): *Philippi Melanchthonis Epistolae, Praefationes, Consilia, Iudiciae, Schedae Ac ademicae: Volumen XI. III. Declamationes Philippi Melanchthonis Usque Ad An. 1552*, Hallis Saxonum [apud C.A. Schwetschke et filium] 1831, cll. 278-284 (elektronisch zugänglich unter http://reader. digitale-sammlungen.de/de/fs1/object/display/bsb10360373_001 51.html [gesehen 2012-03-01]) (**CR11**).

Augustinus Niphus: *Expositio Subtilissima collectanea commentariaque in libros Aristotelis de Anima nuper accuratissima dilligentia recognita*, Venedig [apud Iuntas] 1544 {BSB: 2 A. gr. b. 290}, f.†††2ra-f.†††3rb; deutsche Rohübersetzung zugänglich unter URL http://www.phil-hum-ren.uni-muenchen.de/Versiones/NiphusPraefDeAnima.htm (gesehen 2012-03-02).

Averroes: *Aristotelis De Physico Auditu Libri Octo: Cum Averois Variis In Eodem Commentariis*, Venetiis [Apud Iunctas] 1562 (Reprint: Frankfurt am Main [Minerva] 1962).

Pietro Pomponazzi: *De naturalium effectuum causis sive de incantationibus*, Hildesheim [Georg Olms] 1970 (Reprint aus: Pomponazzi, Pietro: Opera, Basel [Officina Henricpetrina] 1567.

## 2 Primärliteratur übersetzt (inkl. zweisprachigen Ausgaben)

Philipp Melanchthon: *De philosophia*. Übersetzt durch Günter Frank, zugänglich in: Michael Beyer, Stefan Rhein & Günther Wartenberg: *Melanchthon deutsch; Band 1: Schule und Universität | Philosophie, Geschichte und Politik,* Leipzig 1997, S. 126–135 („**DPdt**").

Philipp Melanchthon (trans. Walter Ludwig): *Initae Doctrinae Physicae, Dictata in Academia Vuitebergensi. Die Anfänge der pysikalischen Lehre, vorgetragen an der Universität Wittenberg,* Rahden 2008.

Philipp Melanchthon (ed. & trans. teuton. Günter Frank & Michael Beyer): *Ethicae Doctrinae Elementa et Ennarratio Libri quinti Ethicorum*, Stuttgart-Bad Cannstatt 2008.

## II. Sekundärliteratur

### 1 Melanchthon biographisch (inkl. Basisbibliographie)

Heinz Scheible: *Melanchthon. Eine Biographie*, München 1997.
Heinz Scheible: „Aufsätze zu Melanchthon", Tübingen 2010.
Wilhelm Hammer: Die Melanchthonforschung im Wandel der Jahrhunderte: Ein beschreibendes Verzeichnis (4 Bände: *Band I | 1519-1799,* Gütersloh 1967; *Band II | 1800-1965,* Gütersloh 1968;

*Band III* | Nachträge und Berichtigungen 1519-1970, Gütersloh 1981; Manfred Blankenfeld & Michael Reichert (redd.): *Band IV* | *Register*, Gütersloh 1996.

Günther Wartenberg: *Melanchthonbiographien vom 16. bis zum 19. Jahrhundert,* in: Günther Wartenberg & Markus Hein: „Werk und Rezeption Philipp Melanchthons in Universität und Schule bis ins 18. Jahrhundert. Tagung anläßlich seines 500. Geburtstages an der Universität Leipzig", Leipzig 1999, S. 179–194.

Charles Henry Lohr: *Latin Aristotle Commentaries. II: Renaissance Authors*, Firenze 1988, cl. 254a–258a.

Charles Henry Lohr: Latin Aristotle Commentaries. V: Bibliography of Secondary Literature, Firenze 2005.


## 2 Universitätshistorie Wittenberg

Heinz Scheible: „Aufsätze zu Melanchthon", Tübingen 2010. Darin insbesondere: Heinz Scheible: *Die Philosophische Fakultät der Universität Wittenberg von der Gründung bis zur Vertreibung der Philippisten,* S. 91–124.

Heinz Scheible (edd. Gerhard May & Rolf Decot): „Melanchthon und die Reformation", Mainz 1996.


## 3 Melanchthon als Philosoph

Günter Frank: *Die theologische Philosophie Philipp Melanchthons (1497–1560),* Leipzig 1995.

Sachiko Kusukawa: *The Transformation of Natural Philosophy: The case of Philip Melanchthon,* Cambridge 1995.

Nicole Kuropka: *Philipp Melanchthon: Wissenschaft und Gesellschaft. Ein Gelehrter im Dienst der Kirche (1526–1532),* Tübingen 2002.

Volkhard Wels: *Melanchthon's Textbooks on Dialectic and Rhetoric as complementary Parts of a Theory of Argumentation,* in: Emidio Campi, Simone De Angelis, Anja-Silvia Goeing & Anthony T. Grafton (edd.): „Scholarly Knowledge: Textbooks in early modern Europe", Genève 2008, S. 139–156.

Günther Wartenberg & Markus Hein: *Werk und Rezeption Philipp Melanchthons in Universität und Schule bis ins 18. Jahrhundert: Tagung anläßlich seines 500. Geburtstages an der Universität Leipzig,* Leipzig 1999.

# Ingolstadt 1577

1577, das ist das Jahr, Ingolstadt, das ist der Ort, in dem Antonius Balduinus[1] als *Decanus pro tempore* der philosophischen[2] Fakultät der dortigen Universität[3] genannt wird. Der Aufenthalt Balduinus' in Ingolstadt war vergleichsweise kurz: Vermutlich von 1570[4] bis 1576 hatte er in Dillingen unterrichtet,[5] spätestens ab August 1576 ist er Mitglied der Universität Ingolstadt, noch im Laufe des Jahres 1577 kehrt er nach Dillingen zurück.[6]

Balduins philosophische Tätigkeit in Dillingen ist dank Ulrich G. Leinsles monumentaler Studie zur dortigen Philosophie[7] recht gut bekannt: Bereits im Jahr seiner Ankunft in Dillingen (1570) wendet er sich an den Ordensgeneral der Jesuiten um gegen Versuche des Dillinger Rektors, die Lehrfreiheit der Professores zu

---

[1] Zu Antonius Balduinus s. H. C. Kuhn: *Balduin, Anton,* in: L. Boehm et al. (edd.) (s. Lit. II., 1988), cl. 30a–30b und die dort angegebene Literatur.

[2] Zu Philosophie in Ingolstadt zwischen 16. und 17. Jahrhundert s. J. S. Freedman: *Philosophy Instruction, the Philosophy Concept, and Philosophy Disputations Published at the University of Ingolstadt, c. 1550 – c. 1650,* in: R. V. Sdzuj et al. (edd.) (s. Lit. II., 2012), S. 316–362.
Freedmans Arbeit ist immens nützlich. Einigen der Aussagen, die sich dort zu Entwickungen der dortigen Philosophie finden, kann ich allerdings nicht zustimmen. Dies liegt wohl an unterschiedlicher Datenbasis. Ich selbst benutze eine Datenbank zu Ingolstädter Drucken vor 1800 mit (u. a.) 32 441 Datensätzen zu Drucken und 57 482 Datensätzen zu Exemplaren. Die Datenbank ist zu umfangreich, um ihre Inhalte in aufbereiteter Form als PDF-Dokument (o. dgl.) im Web zur Verfügung zu stellen. Ich bin aber jederzeit bereit, die Datenbank für beliebige Zwecke in unterschiedlichen Formaten (Microsoft Access 2000 bis Microsoft Access 2007, XML, …) zur Verfügung zu stellen. Bei Interesse kontaktiere man mich ( hck@lrz.uni-muenchen.de ) unter Angabe der Formatpräferenzen.

[3] Zur Universität Ingolstadt in jener Zeit s. L. Boehm et al. (edd.) (s. Lit. II., 1998) und die dort angegebene Literatur und M. Mulsow: *I. Die Vorgeschichte: Philosophie in Ingolstadt von 1472 bis zur Aufhebung des Jesuitenordens 1773,* in: H. O. Seitschek (ed.) (s. Lit. II., 2010), S. 17–30, insbes. S. 17–24, und die dort angegebene Literatur.

[4] Zu seinem Wechsel im Jahre 1570 vom *Collegium Romanum,* der zentralen Ausbildungsstätte seines Ordens – der Jesuiten – in Rom nach Dillingen siehe U. F. Leinsle (s. Lit. III.2., 2006), S. 19 und 50f. Leinsles Werk sei allen, die sich für Themen wie die in diesem Kapitel verhandelten interessieren, nachdrücklichst empfohlen!

[5] H. C. Kuhn, a. a. O. (Fußnote 1), cl. 30a–30b, hier cl. 30b.

[6] A. a. O.

[7] U. F. Leinsle (s. Lit. III.2., 2006), Im Folgenden zitiert als „Leinsle 2006".

beschränken, zu protestieren;[8] im selben Jahr vertritt er im Anschluss an Augustinus Niphus, dass die Schlussfolgerung nicht Teil, sondern nur Wirkung eines Syllogismus sei (dass dessen wesentliche Teile also Obersatz und Untersatz seien), und vertritt die Möglichkeit von Glauben und Wissen in ein und demselben Menschen über ein und dieselbe Sache; 1571 (hier zurückhaltend/vorsichtig Positionen zur Gestirnslehre vertretend, aber okkulte, über Licht [und Wärme] und Bewegung hinausgehende Wirkungen der Gestirne nicht zugestehend, einen eigenen tätigen Sinn [*sensus agens*] ablehnend,[9] die Sinne in Bezug auf ihr jeweiliges eigenes Objekt – aber auch nur in *diesem* Bezug – für irrtums-

---

[8]   Leinsle 2006, S. 51. Das Bemühen des Jesuitenordens, zu brauchbaren und allgemeingültigen Regeln für den Unterricht nicht zuletzt der Philosophie an jesuitischen Lehreinrichtungen zu kommen, zieht sich über Jahrzehnte hin, bis es seinen Niederschlag in der *Ratio atque institutio studiorum Societatis Iesu* von 1599 findet – die auch ihrerseits an keinem mir bekannten Ort je ein sklavisch blind exactissime umgesetztes Gerüst vorgab. Man täuscht sich, Unterschiede zwischen Orten, Zeiten, Personen, Unterschiede zwischen dem Text von Vorgaben und deren Umsetzung zu unterschätzen: Der Orden und seine Regeln setzen Kontexte für Texte seiner Mitglieder, doch determinieren sie nicht die Inhalte dieser Texte. Nicht zuletzt am Beispiel einiger Texte des Antonius Balduinus lässt sich zur Verfügung stehende und nutzbare Freiheit erkennen – was einer der Gründe war, seine zur Zeit seines Wirkens zu Ingolstadt entstandenen Texte ins Zentrum des hier vorgelegten Kapitels zu stellen.
(Dass es *Ingolstadt* und *nicht* Dillingen ist, das den titelgebenden Ort dieses Kapitels gibt, liegt daran, dass ich ins Gedächtnis zurückrufen wollte, dass auch wir heute als Lesende wie als Schreibende in Traditionen und institutionellen Kontexten stehen, die unser Lesen und Schreiben bestimmen, und dies dadurch, dass ich mindestens ein Kapitel des hier vorgelegten Werkes der Institution widme, an der ich es schreibe und seine Themen wiederholt in Lehrveranstaltungen verwendet habe und verwende: der 1472 mit Sitz Ingolstadt gegründeten Ludwig-Maximilians-Universität (LMU).)
Zum Streit um die Lehrfreiheit jesuitischer Professores, Nutzen, Nachteil, Grenzen des *delectus opinionum* zwischen ca. 1565 und 1645 s. Leinsle 2006, S. 48–59 und die dort angegebene Literatur; zudem, sowohl was Studie als auch was Editionen betrifft, unbedingt auch: L. Lukács (ed.): *Ratio atque intitutio studiorum Societatis Iesu (1586, 1591, 1599)*, Romae 1986. Zu Lehrfreiheit und ihren Grenzen in Dillingen vgl. auch Leinsle 2006, S. 553. Leinsle 2006, S. 559: „In der jesuitischen Frühzeit tritt deutlich Antonius Balduinus (Phil. 1570–1576) als durch die Zensur gemäßigter Vertreter averroistischer Thesen hervor."

[9]   Leinsle 2006, S. 385. Diese Position ist auch im Blick auf Balduinus' weiter unten angesprochene Positionen zum menschlichen Intellekt von Interesse.

frei erklärend und so radikalen Skeptizismus abwehrend), 1572[10] steht er zusammen mit einem Kollegen Disputationen zu Logik[11] und Physik vor,[12] 1573 allein der Disputation von 110 Thesen zur gesamten Naturphilosophie.[13] Zwischen 1571 und 1573 ist er einflussreich in Dillinger Diskussionen über den Fortbestand elementarer Formen. Interesse für moralphilosophische Themen hingegen ist bei ihm für jene Jahre nicht nachweisbar – abgesehen von einer einzigen, nur handschriftlich dokumentierten Disputation von 1571. Für Balduinus spätere Dillinger Jahre 1574–1576 und 1577–(ca.?)1582 (als er als Studienpräfekt und Professor für Moraltheologie wirkte)[14] hingegen sind[15] keine philosophischen Stellungnahmen Balduinus' bekannt.

[10] Zu seiner Auffassung der Logik als „instrumenteller Habitus" siehe Leinsle 2006, S. 99; zu seiner Auffassung der Kategorien als etwas von „begrifflich-logische[r] Natur" Leinsle 2006, S. 121. Für Naturphilosophisches vgl. Leinsle 2006, S. 299.

[11] Zu Balduinus als Nominalist (*Universalia* als Ergebnisse von Vergleichen): Leinsle 2006, S. 155; für Ablehnung von *species sensibiles* in Anlehnung an Occam bereits 1571 siehe Leinsle 2006, S. 388. Zur bei Balduinus zugrundeliegenden oder begleitenden psychologischen Theorie sinnlicher Erkenntnis siehe Leinsle 2006, S. 434; s. auch Leinsle 2006, S. 440 zur *memoria intellectiva* und Leinsle 2006, S. 547 (zur Zweifelhaftigkeit des Behaltens erworbenen Wissens nach der Trennung zwischen Leib und Intellekt im Tod). Vgl. auch Leinsle 2006, S. 156: im Blick auf die Logik „Angesichts der Schulgebundenheit und Zensur der Thesen": „Deutlich eigenständige Züge vor allem bei Antonius Balduinus […]" (außer Balduinus werden noch sieben weitere genannt, dabei Christoph Haunold als „die wohl glänzendste philosophische Begabung […], die Dillingen in dieser Zeit aufzuweisen hatte" bezeichnet.

[12] Leinsle 2006, S. 31; S. 366f. (Herz statt Hirn als Zentralorgan des menschlichen Körpers); vgl. auch seine Position von 1571 zum *Semen* als Wirkung von Herz und Hirn (Leinsle 2006, S. 370).

[13] Leinsle 2006, S. 31 und 41. Leinsle 2006, S. 392 zum Ort des Sehens als mathematischem – nicht anatomischem – Punkt; S. 399 zu eingeborener Luft (im Ohr); S. 403 zum Riechorgan; S. 405 zu Hirn und Nerven als primäres Tastorgan (und Fleisch nur als Medium der Tastempfindung); S. 407 zur *virtus aestimativa* bei Tieren als analog zur *virtus cogitativa* bei Menschen; S. 396 zur Wirkung des Lichts auf das Medium; S. 171 zur Annahme von Dimensionen durch Balduinus; S. 219 zur Definition des „natürlichen Ortes" von Körpern. Vgl. auch Leinsle 2006, S. 260: „Lediglich Balduin wagt es, 1572 eine Promotionsdisputation von der problematisierten *anima caeli* bis zur *anima vegetans* vorzulegen".

[14] H. C. Kuhn, a. a. O. (Fußnote 1), 30a–30b, hier cl. 30b.

[15] mir und Leinsle 2006.

Anders sieht es für die (obzwar kurze) Zeit seines Wirkens in Ingolstadt aus – wozu, weiter unten.

Balduinus war Jesuit.[16] Als solcher kam er (zumindest wenn die Regeln[17] auch in seinem Fall respektiert wurden)[18] bereits mit dem Eintritt in das Römische Collegium (in dem er 1562 sein Noviziat antrat)[19] diese absolvierend in Kontakt mit den *Exercitia spiritualia* des Ordensgründers Ignatius von Loyola.[20] Jenseits der Förderung persönlicher Frömmigkeit enthalten diese – philosophisch interessanter – klare Anweisungen zur Entscheidungsfindung.[21]

Schon die Hinleitung ist bemerkenswert: Zunächst vergewissere man sich der übergreifenden Ziele der eigenen Person[22] – Ignatius nennt Lob Gottes und Rettung der eigenen Seele.[23] Nicht das Ziel ist auf die Mittel hinzuordnen, sondern die Mittel sind auf das Ziel hinzuordnen.[24]

---

[16] Die Literatur (selbst die einführende) zum Jesuitenorden ist unüberschaubar reichhaltig, und auch im 21. Jahrhundert selten (falls überhaupt) neutral. Zwei m. E. brauchbare neuere Einführungen in die Geschichte des Jesuitenordens bzw. der Jesuiten sind: (bebildert) Rita Haub: *Die Geschichte der Jesuiten*, Darmstadt 2007, und (unbebildert) Peter C. Hartmann: *Die Jesuiten*, München 2008.

[17] Die *Constitutiones Societatis Iesu: cum earum declarationibus* sind in der Ausgabe Rom 1605 im Internet zugänglich unter: s. Lit. III.1.

[18] A. a. O. (s. Fußnote 17), S. 23 § 9, S. 26 § 18.

[19] H. C. Kuhn, a. a. O. (Fußnote 1), cl. 30a.

[20] Der spanische Originaltext *Ejercicios espirituales* ist zugänglich unter: s. Lit. III.1. Dem einführenden Charakter des vorliegenden Bandes entsprechend werde ich im Folgenden eine deutsche Übersetzung verwenden: Ignacio de Loyola: *Geistliche Übungen* (s. Lit. III.1.), im Folgenden zitiert als EEdt.

[21] Zweite Woche, nach Tag 5: EEdt, S. 81–87.

[22] EEdt, S. 81.

[23] EEdt, S. 81. *Nota bene:* Im Folgenden werde ich im Bericht die theologischen und/oder frommen und/oder christlichen Aspekte von Ignatius' Ratschlägen weitestgehend ausblenden – um die philosophischen und/oder lebenspraktischen Aspekte stärker in den Vordergrund treten zu lassen. Die (christlich-)theologischen Aspekte sind vorhanden und wichtig; doch eine meiner Erfahrungen mit der Verwendung des Textes in philosophischen bzw. philosophiehistorischen Seminaren war, dass die (christlich-)theologischen Aspekte im Vordergrund lassend die ungefilterte Erstbegegnung mit dem Text oft dazu führt, dass er als bloß frommes Dokument gesehen, als solches für nicht-fromme (und/oder nicht-christliche) Leser/innen, die sich nicht für Frömmigkeitsgeschichte interessieren, für uninteressant gehalten, seine wesentlichen (und mindestens teilweise im Hintergrund liegenden) philosophischen und lebenspraktischen Inhalte übersehen werden.

[24] EEdt, S. 81.

Ausgewählt werden kann nur, was indifferent oder in sich gut ist. Manche Entscheidungen sind endgültig: das Gewählte kann nicht mehr aufgegeben oder aufgehoben werden; andere Entscheidungen sind revidierbar: man kann sich des Gewählten wieder entäußern. Stellt sich eine endgültige Entscheidung als falsch heraus, so bleibt nichts als zu bereuen und zu versuchen, das Beste daraus zu machen. Auch un-endgültige Entscheidungen soll man nicht ohne guten Grund umstoßen.[25]

Drei Entscheidungssituationen gibt es: Zum ersten, wenn es ohne jeden Zweifel und ohne jede Möglichkeit des Zweifels für die sich entscheidende Person feststeht, was die richtige Entscheidung ist.[26] Zum zweiten, wenn man aufgrund bisheriger Erfahrungen hinreichende Grundlage für eine klare Entscheidung hat.[27] Bleibt zum dritten: man hat Zweifel oder kann Zweifel haben, was die richtige Entscheidung sei, und bisherige Erfahrungen geben keine hinreichende Entscheidungsgrundlage. Man entscheide dann ruhig und im Blick auf das höchste Ziel.[28]

Drei Weisen gibt es hier vorzugehen. Zum ersten: Man stelle die Sache, in Bezug auf die eine Entscheidung getroffen werden soll, vor sich. Man versetze sich in Bezug auf diese Sache in einen Zustand der Indifferenz, um das Hauptziel, zu dem die Entscheidung beitragen soll, wirksam werden zu lassen. Dann bete man und denke nach. Man erwäge die Vorteile und Nachteile beider Entscheidungsalternativen. Man treffe *die* Entscheidung, zu der die Vernunft rät. Nun ist die Entscheidung getroffen; man bete.[29]

Zum zweiten:[30] Man erforsche seine Gefühle und prüfe, was die Quelle etwaiger Präferenzen für eine Entscheidung in die eine oder andere Richtung in Bezug auf die betreffende Sache ist. Man ent-

---

[25] EEdt, S. 82f.
[26] EEdt, S. 83f. Es versteht sich, dass in diesem Falle die Entscheidung entsprechend getroffen wird. Ignatius' Beispiele sind das Folgen des Paulus und des Matthäus bei ihrer Berufung durch Jesus.
[27] EEdt, S. 84. Auch hier versteht es sich, dass in auch diesem Falle die Entscheidung entsprechend getroffen wird.
[28] EEdt, S. 84. (Höchstes Ziel hier wie an anderen Stellen: das Lob Gottes und die Rettung der eigenen Seele.)
[29] EEdt, S. 84f.
[30] Wenn ich's richtig verstehe: Man möge den zweiten Weg der Entscheidungsfindung gehen, falls der erste – im vorigen Absatz beschriebene – nicht zum Erfolg, zu keiner klar guten Entscheidung geführt hat, man unentschieden geblieben ist.

äußere sich dabei eigener Interessen.[31] Dann stelle man sich einen unbekannten Menschen vor, für den man Allerbestes wünscht, und erwäge, was man diesem Menschen raten würde, müsste er entscheiden.[32] Dann[33] überlege man, wie man selbst, sich in als in unmittelbarer Todesnähe vorstellend,[34] wünschen würde entschieden zu haben.[35] Dann[36] analog für das Jüngste Gericht: wie man dann wünschen würde entschieden zu haben.

So kein Raum oder nur geringer Wille, eine Entscheidung zu treffen, vorhanden sind, versuche man das eigene Leben und die eigene Situation soweit möglich zu verbessern und zu reformieren.[37]

Stets mit Blick auf das höchste Ziel Entscheidungen als Mittel zu dessen Erreichen betrachtend, unbezweifelbare Intuition als beste/sicherste Quelle für Entscheidungen, Erfahrung vorrangig vor Vernunft, abgesehen von der eigenen Person und eigenen Interessen, Innerweltliches (die eigene Todesstunde) als imaginierter Entscheidungskontext vor Überweltlichem (dem Jüngsten Gericht); und dies, bemerkenswerterweise, ohne Rückgriff auf autoritative Texte, Vorbilder, Rücksprache mit Vorgesetzten, Beratung mit anderen; aber mit Rat für Situationen fehlenden Entscheidungsspielraums oder fehlender Entscheidungsfreude: so durch die *Exerzitien* des Ignatius trainiert, findet sich Balduinus in Ingolstadt.

Er findet sich nicht als einziger Jesuit, aber, im Unterschied zur Situation in Dillingen, auch nicht an einer Universität, die nur Jesuiten als Lehrpersonal hatte.

1472 landesherrlich privilegiert gegründet,[38] ab der Mitte des

---

[31] EEdt, S. 85.

[32] EEdt, S. 86.

[33] Wenn ich's richtig verstehe: falls das Bisherige nicht zu einer klaren Entscheidung geführt haben sollte.

[34] Lit. III.1. (*Ejercicios espirituales*): „como si estuviese en el artículo de la muerte". Wenn ich's richtig verstehe: Man stelle sich vor, man träfe Entscheidung A (oder B) im Wissen, dass das eigene Leben allerbaldigst enden werde.

[35] EEdt, S. 86.

[36] Wieder: Wenn ich's richtig verstehe: falls das Bisherige nicht zu einer klaren Entscheidung geführt haben sollte.

[37] EEdt, S. 86f.

[38] Arno Seifert: *Statuten- und Verfassungsgeschichte der Universität Ingolstadt*, Berlin 1971, S. 15–39. (Seiferts Buch wird im Folgenden zitiert als Seifert:

16. Jahrhunderts zunehmender staatlicher Einflussnahme ausgesetzt,[39] erhält die Universität Ingolstadt im Jahre 1550 mit Petrus Canisius zum ersten (und letzten) Mal einen Jesuiten als Rektor.[40] 1555 konkretisieren sich die Pläne für die Gründung eines Jesuitenkollegs in Ingolstadt.[41] 1561 bittet der Herzog die Ingolstädter Jesuiten um Vorschläge, dem Niedergang der Universität zu wehren.[42] Theoretisch ist das Niveau dort nicht niedrig: 1569 wird beschlossen, von den Baccalaurii nicht nur (wie bisher) Kenntnisse in Grammatik (d. i. lateinischer Sprache), sondern nun auch in griechischer Sprache zu fordern, und für die höheren akademischen Grade in Ethik, Naturphilosophie, Mathematik und höhere Kenntnisse in Dialektik;[43] anderseits bleibt eine Dialektik-Dozentur für Studierende, die keinen Magisterabschluss anstreben, erhalten.[44] Seit 1570 wirkt Martin Eisengrein als herzoglicher Kommissar in der Universität Ingolstadt:[45] die Kontrolle wird dichter. Seit den 1560er Jahren hatten Jesuiten Zugang zu Professuren und Gremien der Artistenfakultät gefunden, ab 1571 stellen sie dort die Mehrheit.[46] Bei nicht-jesuitischen Mitgliedern des Lehrkörpers gibt es erhebliches Missfallen.[47] U. a. wird im Februar 1572 den

---

Statuten, gefolgt jeweils von der Angabe der Seite[n], auf die verwiesen wird.)

[39] Seifert: Statuten, S. 110–137, voranständig zusammenfassend S. 110: „In bisher unbekanntem Maße tritt von jetzt an der Staat in der für ihn stiftungs- und statutenmäßig von Anfang an reservierten Aufsichtsfunktion in Erscheinung; in dem sich augenfällig verdichtenden Schriftverkehr ist er die aktive, treibende und fordernde, die Universität aber die gezwungen und lustlos folgende Seite." Für einen allgemeineren Überblick vgl. auch Seifert: Statuten, S. 407–447. Für finanzielle Aspekte und Grundlagen landesherrlicher Einflussnahme siehe Hubertus von Schrottenberg: Wissenschaftsfinanzierung (Professorenbesoldung) und das Problem der Vermögensselbstverwaltung an der Universität Ingolstadt (1472–1676), München 1978/2005 (s. Lit. II.).

[40] Seifert: Statuten, S. 114f.

[41] A. a. O., S. 117f.

[42] A. a. O., S. 125.

[43] Arno Seifert (ed.): *Die Universität Ingolstadt im 15. und 16. Jahrhundert: Texte und Regesten*, Berlin 1973 (im Folgenden: Seifert: Texte), Dokument Nr. 70, S. 238f., hier S. 239.

[44] Mit Zustimmung der staatlichen Seite: Seifert: Texte, Dokument 73 (S. 244–249), hier S. 247.

[45] Als Inspektor und Vizekanzler: Seifert: Statuten, S. 129.

[46] Seifert: Statuten, S. 129. Vgl. auch Seifert: Texte, Dokument 73 (S. 244–249) und Seifert: Texte: Dokument 74 (S. 249–251).

[47] Seifert: Statuten, S. 129.

Jesuiten vorgeworfen, sie vergäben Baccalaureus-Titel an Studierende, die nachweislich „noch nit vier oder fünf zeil latein khönnen schreiben, dass es proprie nedum eleganter geschrieben wer",[48] man fordert „das man nit gestatte, das ex libra universitate ein iesuiticum collegium werde, sonder das man disen herrn Iesuiten sich yetzund allzuvil erzaigenden cancro, die affectatam iurisdictionem, einziehung der artisten facultet und anders mer belangendt, steure unnd die löblich schuel bej iren allten herkhommen und freyhaitten erhalten".[49] Herzog Albrecht ist unerfreut, fordert aber den Provinzial der Jesuiten auf, „die Ingolstädter Jesuiten zu größerer Bescheidenheit anzuhalten"[50], und fordert auf, dafür Sorge zu tragen, dass „die patres ruehwig seien und zu mererm unwillen nit ursach geben, auch mit denen von der universitet dermassen freuntlich und verträglich leben, das die vorsteende sachen one verbitterung khünde abgehandelt […] werden".[51]

Eine lange Liste von Vorwürfen wird (wohl von weltlich-universitärer Seite) gegen den Philosophie-Unterricht der Jesuiten vorgetragen:[52] Willkürliche Entscheidungen darüber, wer zum Studium in höheren Fakultäten geeignet sei,[53] Unzuverlässigkeit, was die Mitwirkung in der Gesamtuniversität betrifft,[54] das Dillinger Beispiel sei abschreckend,[55] zu Unrecht bestünden die Jesuiten darauf, ohne hinreichende Kenntnisse in Logik und Lateinischer

---

48 Seifert: Texte, Dokument 82 (S. 293–299), hier S. 296. Vgl. hierzu auch Seifert: Texte, Dokument 104 (S. 355): Beschlüsse der Artistenfakultät von 1578: Zulassung zum Baccalaureat erhält nur, wer in der Lage ist, *ex tempore* lateinische Briefe zu schreiben.
49 Seifert: Texte, Dokument 82 (S. 293–299), hier S. 299.
50 Seiferts Regest zu Dokument 87 in Seifert: Texte, S. 307.
51 Seifert: Texte, Dokument 87 (S. 307): Ein Zeugnis dafür, dass auch aus herzoglicher Sicht die Jesuiten (noch) nicht wirklich in die Universität integriert sind, sondern es eine Situation von „hie die Patras, da ‚die von der Universität‘" gibt.
52 Seifert: Texte, Dokument 89 (S. 309–311). Seifert datiert auf Frühjahr 1572.
53 Mehrere der Punkte in Seifert: Texte, Dokument 89: am schärfsten vielleicht in Punkt 5: „Et sic paedagogicum jesuiticum erit quasi tyrannis et servitus tam respectu auditorum, quam etiam professorum aliarum facultatum" (S. 309).
54 Seifert: Texte, Dokument 89: „avolant et revolant suo libito" (Punkt 3, S. 309).
55 Seifert: Texte, Dokument 89, Punkt 8 (S. 309).

Sprache sei niemand zum Studium der Rechte geeignet,[56] eine vollkommene Universität anzustreben sei unsinnig,[57] kaum aus dem Unterricht der Jesuiten entlassen, schlügen deren ehemalige Schüler über die Stränge,[58] wenn die Jesuiten ihre Ziele erreichten, so würden alle nicht erzkatholischen Studierenden („semicatholici studiosi") an lutherische oder häretische (gemeint wohl: calvinistische) Lehranstalten ausweichen und religiös Schiffbruch erleiden („ubi religionis naufragium faciunt").[59] Bemerkeswert dabei (u. a.) ist, dass keinerlei Vorwürfe gegen die *Inhalte* noch die Didaktik des Unterrichts der Jesuiten vorgetragen werden.

1573 verlassen die Jesuiten die Universität; diese versucht (vergeblich) durch vermehrten Einsatz eigenen Personals und Anwerbung von der Universität Löwen die entstandenen Lücken zu füllen.[60] 1576 werden die Jesuiten an die Universität zurückgerufen, insbesondere um dort Philosophie zu unterrichten.[61]

1578 stirbt Eisengrein, sein Nachfolger wird Albert Hunger (der den Positionen der Universität gegenüber aufgeschlossener ist); 1579 folgt Herzog Wilhelm V. auf Albrecht V.[62]

Aus dem Jahre 1571 haben wir ein Vorlesungsprogramm der Universität Ingolstadt.[63] Wie weit es Realzuständen von 1571 oder gar

---

[56]  Seifert: Texte, Dokument 89, Punkt 13 (S. 310); bemerkenswert u. U. auch der Hinweis in Punkt 11, Rhetorik solle von weltlichen Gelehrten unterrichtet werden, unter Verweis auf Bonamicus, Robortellus, Sigonius (S. 310).

[57]  Seifert: Texte, Dokument 89, Punkt 17: „Scholam ita institui, ut omnes probi doctique inde fiant, est ideam [!] plactonicae reipublicae vel utopiam Mori imaginari" (S. 310).

[58]  Seifert: Texte, Dokument 89, Punkt 22: „enormiter luxuriant et debachantur" (S. 310), vgl. hierzu auch Punkte 20 und 21 zu Verhaltensweisen der Studierenden und dem Umgang damit.

[59]  Seifert: Texte, Dokument 89, S. 311. Das Domukent schließt mit diesen Worten.

[60]  Seifert: Texte, Dokumente 95 (S. 322–326) und Dokumente 96 (S. 326–332) (jeweils mehrere Dokumente pro Nummer).

[61]  Seifert: Texte, Dokument 98 (S. 339–344, insbes. S. 342f.) und Dokument 99 (S. 344–347).

[62]  Seifert: Statuten, S. 130 in Verbindung mit http://de.wikipedia.org/w/index.php?title=Martin_Eisengrein&oldid=93378264 [gesehen 2012-07-25]. Zu Wilhelms (zumindest anfänglichem) Eingehen auf Wünsche der Universität vgl. auch Seifert: Statuten, S. 373f. Vgl. auch Seifert: Statuten, S. 130–137 für Weiteres (insbes. die Reformen von 1585/1586).

[63]  Seifert: Texte, Dokument 78 (S. 259–269). Die Signatur ist: 4 Bavar. 2216-1571/1826 und/oder 4 Bavar. 2216–1571/117989; eine elektronische Ver-

des Jahres 1577 entspricht, lässt sich auf Basis der mir bekannten Dokumente nicht sagen, zur Vorstellung des Soll-Rahmens ist es m. E. durchaus tauglich.

Vier Fakultäten hat die Universität.[64] Zunächst *Theologie*: die erste Dozentur (lectio) hat als Gegenstand die Auslegung des Alten Testaments,[65] die zweite die des Neuen Testaments, die erste Dozentur der Scholastischen Theologie ist der Auslegung des Ersten Teils der *Summa Theologiae* des Thomas von Aquin gewidmet,[66] die zweite Dozentur dem Dritten Buch der Sentenzen des Petrus Lombardus,[67] die dritte Dozentur der *Prima Secundae* der *Summa Theologiae* (vertreten 1571 durch den bereits erwähnten Albert Hunger).[68] Dann *Jurisprudenz*: Vorbild sind italienische Universitäten.[69] Die erste Dozentur ist dem Kirchenrecht gewidmet,[70] eine vermischtem weltlichen Straf- und vor allem Zivilrecht,[71] gleich vier weitere dem Römischen Recht.[72] Nächste Fakultät: *Medizin*: Drei Dozenten sollen dafür sorgen, dass diejenigen, die sich in Philosophie mittelmäßig gebildet haben („in Philosophia mediocriter excitati"), binnen drei oder vier Jahren hinreichende Kenntnisse in Theorie und Praxis erlangen.[73] Hinzu kommen anatomische Übungen an Menschen- und Tierleichen.[74]

Dann: die *philosophische* Fakultät: Philosophie bereite für das ganze Leben und für das Studium der Theologie und anderer Lehrbereiche vor.[75] *Mathematik* und *Astronomie* sind Gegenstand der ersten Professur.[76] Die zweite widmet sich der *Moralphiloso-*

---

sion des Textes ist zugänglich unter: s. Lit. II., im Folgenden zitiert als Ordo 1571.

[64] Ordo 1571, Titelblatt.
[65] Ordo 1571, f. [A3v].
[66] Ordo 1571, f. [A4r].
[67] Ordo 1571, f. [A4rs].
[68] Ordo 1571, f. [A4v].
[69] Ordo 1571, f. B[1r]: „sic institutae ac divisae sunt, ut ordini legendi, qui in Italicis Gymnasiis servatur, per omnia, vel quam maxime fieri potest, respondeant."
[70] Ordo 1571, f. B[1rs].
[71] Ordo 1571, f. [B1vs].
[72] Ordo 1571, f. B2r–B3r.
[73] Ordo 1571, f. [B4v].
[74] Ordo 1571, f. [C3vs].
[75] Ordo 1571, f. D[1r]: „Philosophiae cognitio cum ad monem vitae partem instituendam, tum ad Theologiae praeclarum sane ac Divinum studium, caeterasque doctrinas percipiendas apprime sit necessaria …"
[76] Ordo 1571, f. D[1r].

*phie:* der Nikomachischen Ethik, den *Oeconomica* und der Politikschrift des Aristoteles und Sonstigem.[77] Zwei Professoren für *Naturphilosophie* gibt es: der erste liest über das Zweite Buch von
Aristoteles' *De anima* und über die Metaphysik des Aristoteles, der
andere übe *De caelo, De generatione et corruptione, De anima,*
Metaphysik.[78]

Dann aber wird eine andere Ordnung vorgeschlagen: 3 Professuren, eine für Logik, eine für Naturphilosophie, eine für Metaphysik; zuerst haben die Studenten Logik zu lernen, dann im
zweiten Jahr Naturphilosophie (*Physica, De coelo, Meteora I–IV*),
und im dritten erneut Naturphilosophie (*De generatione et corruptione, De anima I–III*) und Metaphysik, begleitet von Mathematik und Moralphilosophie.[79] Um die Studierenden nicht zu
verwirren, seien bei der Interpretation der Schriften des Aristoteles
nicht alle, sondern nur wenige, die besten griechischen und lateinischen Kommentatoren heranzuziehen.[80]

Der nächste Abschnitt ist dem Unterricht in *Hebräischer, Griechischer und Lateinischer Sprache und Literatur* gewidmet:[81] Je eine
Dozentur für Griechisch und Hebräisch, zwei für Lateinische Literatur. Eine kommentierte Liste der für Logik und Lateinunterricht
verwendeten Werke schließt sich an.[82]

Das Philosophiestudium war 1571 (zumindest planweise) in
Wandlung, das Schwergewicht jedoch nach diesem eindeutig auf
kommentierender Behandlung der Werke des Aristoteles. Was
jenseits der programmatischen Schrift von 1571 in jenen Jahren in
den Philosophievorlesungen genau behandelt wurde, wissen wir
nur in Sonderfällen. Einen Blick auf Schwerpunkte Ingolstädter
philosophischen Interesses aber bieten die gedruckten Disputationen (und anderen philosophischen Werke) und ihre Gegenstände.

---

[77]  Ordo 1571, f. [D1v]. Die (pseudo-)aristotelischen Oeconomica werden
ohne jede Schwächung Aristoteles zugeschrieben: „eisudem Aristotelis
Oeconomica & Politica, caetereaque ad hanc Philosophiae partem spectan-
tia".

[78]  Ordo 1571, f. [D1v].

[79]  Ordo 1571, f. D2r.

[80]  Ordo 1571, f. [D2v]. Ob Averroes hier unter die Lateinischen Kommentatoren gerechnet oder vergessen oder bewusst nicht erwähnt wird, vermag ich
nicht zu sagen.

[81]  Ordo 1571, f. D3rs.

[82]  Ordo 1571, f. [D3v]–[E1v].

Datenbasis der folgenden Ausführungen ist eine Datenbank mit Informationen zu Ingolstädter Drucken vor 1801, die auf Wunsch gerne zur Verfügung gestellt werden kann.[83]

Betrachtet man die reine Zahl philosophischer Drucke mit Druckort Ingolstadt vor Beginn des 19. Jahrhunderts, so zeigt sich ein Anstieg ab den 1560er Jahren, ein Höhepunkt Ende des 16. / Anfang des 17. Jahrhunderts, ein Abfallen mit Beginn des Dreißigjährigen Krieges und nach 1631 ein Einbruch, nachdem die Ende des 16. / Anfang des 17. Jahrhunderts erreichten Zahlen in der ganzen Zeit vor Ende des 18. Jahrhunderts nie mehr dauerhaft erreicht werden.

Betrachtet man die drei Jahrzehnte 1560 bis 1590 näher, so zeigt sich 1577 als überdurchschnittlich, aber nicht extremst druckreichhaltiges Jahr.

Wirft man einen groben Blick auf die Bereiche der Philosophie, die bis 1650 in diesen Ingolstädter Drucken behandelt werden, so ergeben sich, soweit ich sehe, weder Trends noch dauerhafte Hauptschwerpunkte.

Auch wenn man nur die Zeit 1560–1590 betrachtet, ergeben sich keine dauerhaften Schwerpunkte, aber immerhin ein Bedeutungsverlust der Rhetorik ab Ende der 1560er Jahre, desgleichen zunehmende Bedeutung der Metaphysik.

Das Bild, das sich beim Blick auf die *Logik* ergibt, spricht dafür, dass wechselnde Themenschwerpunkte durch Interessen einzelner Dozenten, Studenten, Gruppen bedingt sind, nicht durch Auf- und Abbau von Traditionen.

In der *Naturphilosophie* scheint im Laufe der Zeit das Interesse an philosophischer Kosmologie (*De coelo*) nachgelassen zu haben.

Interesse an „einfacherer" Umwandlungstheorie (*De generatione et corruptione*) scheint zu Lasten „komplizierterer" (*Meteora IV*) und philosophischer Meteorologie (*Meteora I–III*) tendenziell zuzunehmen.

Was philosophische Psychologie betrifft, scheint es zu keinen Veränderungen zu kommen.

---

[83]  Es handelt sich um eine aufbereitete Version der für H. C. Kuhn: *Titel, Themen, Sprachen, Bücher: Latein und Deutsch in Ingolstädter Veröffentlichungen des 15. mit 18. Jahrhunderts* verwendeten Daten. Siehe Lit. II. (München 2003, S. 621–653). Siehe Lit. II. (München 2003, S. 621–653).
In der ausführlicheren elektronischen Version (s. oben S. 4) finden sich mehrere Grafiken zu diesem Abschnitt.

Wie auch beim die Philosophie betreffenden Teil des Vorlesungsprogramms von 1571,[84] so sind auch, was die Themen der Drucke philosophischen Inhalts betrifft, die Schriften des Aristoteles der definierende Rahmen.

Damit zu Balduinus' Werken seiner Ingolstädter Zeit: Der eine der beiden Drucke diente für eine Disputation am 25. und 26. Juni, der andere für eine am 13. Juli 1577.[85] Auf beider Drucke[86] Titelblatt steht zu lesen: „Praeside R. P. Antonio Balduino Societatis Iesu": „unter dem Vorsitz des Verehrungswürdigen Vaters Anton Balduin, Angehöriger der Gesellschaft Jesu [i.e. des Jesuitenordens]", dann folgt im einen Fall[87] „Metaphysicae Professore" („Professor der Metaphysik"), und im anderen Fall[88] „Philosophiae Professore Ordinario" („Ordentlicher Professor der Philosophie"), dann in beiden „& Facultatis Artium[89] pro tempore Decano": „und derzeitiger Dekan der Artes-Fakultät".

Die der Naturphilosophie gewidmete Disputation[90] hat laut Titelblatt als Gegenstand nicht die Naturphilosophie des Aristoteles, sondern 440 Aussagen zur Naturphilosophie älterer wie neuerer Philosophen.[91] Die vier Respondenten widmen das Buch Ferdinand, dem Sohn Herzog Albrechts V.[92]

---

[84]  Ordo 1571, f. D[1r]–[D2v].
[85]  Antonius Balduinus (praes.), Ioachimus Geilerus, David Clostermair, Georgius Fasoldus, Valetinus Prochius (resp.): *In Naturalem Philosophiam Veterum Ac Recentiorum Phiolosophorum Theoremata quadringenta quadraginta* … (s. Lit. I.), im Folgenden zitiert als Balduinus: Prima.
[86]  Balduinus: Naturalis & Balduinus: Prima.
[87]  Balduinus: Prima.
[88]  Balduinus: Naturalis.
[89]  Schreibweise nach Balduinus: Naturalis. Balduinus: Prima hat „artium".
[90]  Balduinus: Naturalis.
[91]  Hier ist es wie auch schon bei Paulus Venetus und Melanchthon gesehen: Eine Alleinherrschaft des Aristoteles gibt es hier nicht. Cremoninis Padua (vgl. H. C. Kuhn: *Venetischer Aristotelismus im Ende der aristotelischen Welt: Aspekte der Welt und des Denkens des Cesare Cremonini*, Frankfurt a.M. 1996) war diesbezüglich ein Sonderfall. Ursprünglich sollte meine Darstellung ein Kapitel „Padua 1627" haben, in dem es um das Untauglichwerden von auf den Schriften des Aristoteles basierender Philosophie für andere Wissenschaften (da: Medizin) gegangen wäre; doch Paulus Venetus, Melanchthon, Balduinus sind hinreichende Beispiele dafür, dass auf den Schriften des Aristoteles basierende Philosophie nicht *nur* auf den Schriften des Aristoteles basierende Philosophie sein muss, sondern Philosophie von beträchtlicher Anpassungsfähigkeit sein kann.
[92]  Balduinus: Naturalis, f. A2rs.

Theoretische Philosophie ist in höherem Maße Philosophie als Praktische Philosophie.[93] Gemäß der Ordnung der Natur kommt innerhalb der Theoretischen Philosophie zuerst die Metaphysik, dann die Mathematik, dann die Naturphilosophie; die Ordnung der Erkenntnis hingegen ist: Mathematik, Naturphilosophie, Metaphysik.[94] D. h.: Balduinus vertritt nicht, dass die Ordnung der Natur und die Ordnung der Erkenntnis einfach je umgekehrt seien (wie man es oft für Ordnungen des Erkennens und Ordnungen des Unterrichtens (ordo doctrinae) findet, sondern geht für jede der beiden Ordnungen von einer dieser Ordnung intrinsischen Reihenfolge aus. Naturphilosophie ist zwar an Würde unter den Spekulativen Wissenschaften die geringste, doch evidenter als Metaphysik und nützlicher als Mathematik.[95] Seiner rationalen Seele wegen ist der Mensch weit vornehmer als himmlische Körper.[96] Naturphilosophie ist eine perfekte Wissenschaft, doch die Naturphilosophie des *Aristoteles* ist es nicht.[97] Die Naturphilosophie beweist mit allen vier Ursachen der Physik des Aristoteles, die Mathematik im eigentlichen Sinne mit keiner, die Metaphysik mit jenen dreien[98], die nicht Materialursache sind.[99] Aristoteles kannte keine Schöpfung aus dem Nichts – obwohl sich eine solche durch das *naturalis lumen* (Verstandesgebrauch ohne Zugriff auf Offenbarungstatsachen) erkennen lässt.[100] Balduinus kennt eine doppelte Finalursache: das Ziel des Handelnden und das Ziel der

---

[93] Balduinus: Naturalis, Theorema/Conclusio 3: f. A3r (= S. 1): „Nomen & rationem Philosophiae, speculativae potius, quod prior & praestantior sit, quam practicae parti, attribuendam putamus." Ich bezeichne hier die einzelnen Nummern des Textes (im Bewusstsein der Bezeichnung als „Conclusio" [e. g. „Conclusio 299" S. 34]) entsprechend dem Titelblatt als „Theoremata", da mir die wenigsten von ihnen eine Form haben, die sie als Schlusssatz („Conclusio") eines Syllogismus möglich erscheinen lässt.

[94] Balduinus: Naturalis, Theorema 4: S. 1.

[95] Balduinus: Naturalis, Theorema 5, S. 1.

[96] Balduinus: Naturalis, Theorema 8, S. 2.

[97] Balduinus: Naturalis, Theoremata 9 & 10, S. 2.

[98] i. e.: *finalis, formalis, efficiens.*

[99] Balduinus: Naturalis, Theorema 15, S. 2.

[100] Balduinus: Naturalis, Theoremata 23–25, S. 3. Vgl. auch Theorema 126: S. 14: Die von Aristoteles vertretene Ewigkeit der Welt widerspreche der wahren Philosophie „& naturae lumine et fide Christiana edocemur" („die wir aus dem näturlichen Licht [Verstand] und dem Christlichen Glauben hervorbringen").

Handlung.[101] Obwohl in Naturdingen alles notwendig geschieht, gibt es dort Kontingenz, sowohl was die Ursachen als auch was die Wirkungen betrifft, Kontingenz, die sich stets auf Gott als Erstursache zurückführen lässt, und deren Partikularursachen die Materie und ihre gegensätzlichen Qualitäten sind, und bei freien Handlungen ungeordnete Affekte, Defekte der Sinnesorgane oder des Verstandes: intern sind kontingente Wirkungen kontingent, nach außen hin und hypothetisch kann man sie widerspruchsfrei („non incongrue") als notwendig betrachten.[102]

Die Ansicht derjenigen, die vertreten, die Astronomie sei eine Naturwissenschaft und keine mathematische Wissenschaft, ist wahrscheinlicher[103] – was wohl als ein Eintreten für eine „realistische" Interpretation astronomischer Aussagen, ein höheres Ziel als die korrekte Vorhersage von Phänomenen für astronomische Aussagen anstrebend zu lesen ist. Die Existenz von Excentern und Epizyklen könne zwar zu Recht bezweifelt werden, doch man glaube wegen ihrer Erklärungskraft, dass ihnen etwas (Reales) in den Himmeln entspreche.[104] Die Wirkung der Gestirne auf die sublunare Welt erfolgt ausschließlich durch das Licht, das durch die Sphärengeister[105] auf unterschiedliche Weise gelenkt wird: so lenken jene oberen diese untere Welt.[106] Das Licht, das wir von den Gestirnen sehen, ist teils deren schwaches Eigenlicht, teils Sonnenlicht.[107]

Obwohl er zugesteht, dass es zweifelhaft sei, vertritt Balduinus doch die These, dass es eine feine und geringe („exigua") Materie gäbe, die vom Anfang des Lebens eines Lebewesens bis zu dessen

---

[101] Balduinus: Naturalis, Theorema 76, S. 8f. Balduinus gibt hier keine Beispiele, so dass ich nicht zu sagen wage, wie weit das hier Vertretene dem, was sich bei Aristoteles in *De generatione animalium* und bei den Kommentatoren und in der Rezeption/Tradition zu *finis quo* und *finis gratia cuius* findet, entspricht. (Balduinus verwendet beide Termini – zumindest hier – nicht – auch dies u. U. ein Anhaltspunkt für Distanz zu Aristoteles und der stärker als Balduinus auf dessen Werken fußenden Tradition.)

[102] Balduinus: Naturalis, Theoremata 80–84, S. 9. Vgl. auch Balduinus: Naturalis, Thoremata 85–92: S. 10.

[103] Balduinus: Naturalis, Theorema 133, S. 14.

[104] Balduinus: Naturalis, Theorema 151, S. 16.

[105] Die Intelligenzen, auf die die einzelnen Himmelskörper hingeordnet sind.

[106] Balduinus: Naturalis, Theorema 160, S. 17. Man vergleiche hierzu auch Theoremata 152–159, S. 16f.

[107] Balduinus: Naturalis, Theoremata 169 & 170, S. 18.

Tod erhalten werde.[108] Die Lebenswärme („calor vitalis") unterscheidet sich nicht der Art nach von elementarer Wärme.[109] Wie schon in Dillingen, so vertritt Balduinus auch in Ingolstadt, dass es keinen *sensus agens* gebe der *species sensibiles* oder sinnliche Wahrnehmung produziere – obschon sinnliche Wahrnehmung nicht rein passiv sei, sondern auch Urteile über Sinnesobjekte und Unterscheidungen von Sinnesobjekten umfasse.[110] Als Sitz des Sehens ist gegen Avicenna und mit Aristoteles und Galen nicht die Verbindung der „Optischen Nerven" („Nervorum Opticorum coniunctione") anzunehmen, sondern die Pupille[111] – physikalischer Optik wird der Vorzug vor medizinischer Physiologie bei der Erklärung der Sinneswahrnehmung gegeben. Ebenfalls gegen Avicenna wird angenommen, dass Farbe nicht Licht sei, das auf einer Oberfläche aufgenommen sei, da sonst gelten würde, dass in völliger Finsternis keine farbigen Objekte existieren.[112] Mit Ausnahme der Knochen verfügen alle Teile des Körpers eines Lebewesens über Tastsinn.[113] Die übliche Aufteilung der Inneren Sinne in *sensus communis*, Vorstellungskraft, Beurteilungskraft und Gedächtnis sei durchaus begründbar, aber wer vertrete, dass es für all dieses nur eine einzige Kraft (*potentia*) gebe, der vertrete zwar etwas Neues, nicht aber, so scheine es, etwas Absurdes.[114]

Abgesehen von jenen Fähigkeiten, die sie mit den Tieren ge-

---

[108] Balduinus: Naturalis, Theorema 205, S. 22. Eine ausführlichere (und/oder die Termini nennende) Diskussion zu *calidum innatum* und *humidum radicale* unterbleibt. (Siehe oben, Fußnote 101, zu *finis gratia cuius* etc.) Vgl. aber zu *complexiones* Theoremata 228 (S. 25) & 237 (S. 26f.), wo Balduinus m. E. noch näher an einer solchen Diskussion steht – ohne sie zu führen.

[109] Balduinus, Naturalis: Theorema 238, S. 37f. Hier wird immerhin gesagt, dass die Vitale Wärme jene sei, die von der Seele des Lebewesens zu verschiedenen Tätigkeiten gelenkt werde, doch auch hier fehlen nähere Ausführungen. Ursache langen Lebens sind Proportion der Qualitäten und Körperteile zum Herzen; alles andere lasse sich auf Moderation in den Tätigkeiten zurückführen (Theorema 330, S. 38, vgl. auch Th. 32 ibid.); *humidum radicale* bleibt auch hier (Ausführungen zu *De anima*) unerwähnt.

[110] Balduinus: Naturalis, Theorema 348, S. 40.

[111] Balduinus: Naturalis, Theorema 360, S. 42.

[112] Balduinus: Naturalis, Theorema 368, S. 42.

[113] Balduinus: Naturalis, Theorema 388, S. 45.

[114] Balduinus: Naturalis, Theoremata 381–398, S. 45f. Balduinus weist dabei (u. a.) auf mangelnde Differenzierung zu solchen inneren Sinnen bei Aristoteles hin (Theoremata 395 & 395, S. 46).

meinsam hat, verfügt die Rationale Seele (der Menschen)[115] über Intellekt und Willen, die weder unter sich selbst noch von der Seele *realiter* unterschieden sind.[116] Auch eine reale Unterscheidung von Tätigem und Möglichem Intellekt gibt es nicht:[117] eine Aussage, die gleich dadurch relativiert wird, dass in der nächsten These auch der Gegenposition Begründbarkeit (*probabilitas*) zugestanden wird,[118] dann aber wieder dadurch bekräftigt wird, dass zu lesen steht: „die Ansicht des Theophrast und anderer aber, die dagegen[119] steht, scheint mit der Wahrheit und Aristoteles nicht weniger übereinzustimmen."[120] Es schließen sich Aussagen zur Willensfreiheit gemäß Theologie und Philosophie an, die in ihrer Dialektik ebenso wie in Mischung und Trennung von Theologischem und Philosophischem durchaus bemerkenswert sind, deren Erörterung aber den Rahmen dieses Kapitels vermutlich sprengen würde.[121] Ausführliche Erörterungen hingegen dazu, wie denn die von Balduinus vertretene persönliche menschliche Unsterblichkeit[122] möglich sei, fehlen.

---

[115] Und jeder von ihnen hat eine eigene, nicht mit der Materie des Körpers vergängliche (Balduinus: Naturalis, Theoremata 402 & 401, S. 46).

[116] Balduinus: Naturalis, Theorema 405, S. 47.

[117] Balduinus: Naturalis, Theorema 406, S. 47. Durandus a Sancto Portiano, auf den diese These von der Nicht-Existenz eines vom *intellectus possibilis* unterschiedenen eigenen *intellectus agens* zurückgeht, wird nicht erwähnt. (Siehe hierzu unten zu Theorema 407.) Zur Nichtvertretenheit dieser These in *Dillingen* siehe Leinsle 2006, S. 425f.

[118] Balduinus: Naturalis, Theorema 407, S. 47.

[119] D. h. gegen die übliche Ansicht von den zwei Intellekten, von Balduinus „communis sententia" genannt.

[120] Balduinus: Naturalis, Theorema 407, S. 47: „Theophrasti tamen et aliorum opposita sententia, veritati, & Aristoteli, non minus consentanea videtur." Die Berufung auf Theophrast einerseits (als direkter Aristoteles-Schüler und Nachfolger alte und taugliche Autorität) und unbenamte „Andere" (was klarmacht, dass es sich nicht nur um die Ansicht des Theophrast und des Balduinus handelt – ohne dabei Durandus [der als scotistische Positionen vertretender Dominikaner schon zu Lebzeiten in Schwierigkeiten kam] mit Namen zu erwähnen) scheint durchaus geschickt. (Eine Geschichte der Durandus-Renaissance im 16. Jahrhundert wäre durchaus wert geschrieben zu werden, wäre aber nicht geeigneter Teil dieses Grundkurs-Bandes, und hätte neben Philosophie auch Theologie zu untersuchen.)

[121] Durandus: Naturalis, Theoremata 428–444, S. 50f. So dies – was ich nicht erwarte – gewünscht werden sollte, bin ich gerne bereit, eine solche Erörterung in einer etwaigen Neuauflage dieses Bandes nachzuliefern.

[122] Vgl. oben, Fußnote 115: Balduinus: Naturalis, Theoremata 402 & 401, S. 46.

Die der Metaphysik gewidmete Disputation[123] hat nur einen einzigen Respondenten, Achatius Stiglerus aus München, Stipendiat des herzöglichen *Collegium Albertinum*;[124] in seinem Widmungsbrief an Herzog Albert schreibt er, er hoffe die Statements zur Metaphysik[125] seien dem Herzog desto willkommener, desto seltener sie bislang aus dem Ingolstädter Peripatetischen Spiele hervorgegangen seien.[126] Die Thesen seien von seinem Lehrer[127] aufgestellt, er, Stigler, habe es unternommen sie zu verteidigen und drucken zu lassen.[128]

Die Aussage, dass alle Menschen von Natur aus wissen wollen, erstreckt sich nicht nur auf das, was durch den eingeborenen Verstand erkannt werden kann, sondern auch auf das, was nur durch Höheres Licht erkannt werden kann.[129] Abgesehen von der Belehrung durch andere, kommen wir auf folgende Weise zu Wissen (*Scientia*): Aus wiederholter Sinneserfahrung entsteht Erinnerung, aus mehreren Erinnerungen Erfahrung, aus mehreren Erfahrungen Künste und Wissenschaften.[130] Kunst und Erfahrung gehen beide auf Einzeldinge, unterscheiden sich aber dadurch, dass die Kunst Kenntnis der allgemeinen Ursachen hat, während die Erfahrung die Gründe ihres Handelns nicht kennt, und lehrt allein aus

---

[123]  Balduinus: Prima.

[124]  Balduinus: Prima, Titelblatt.

[125]  Nach Balduinus: Prima, S. 1, erstreckt sich die Disputatio auf 12 Bücher der Metaphysik, und diese werden auch behandelt, doch in recht unterschiedlicher Inetnsität: I mit 11 conclusiones, II mit 21 conclusiones, II mit 1 conclusio, IV mit 16 conclusiones, V mit 1 conclusio, VI mit 10 conclusiones, VII mit 36 conclusiones (und nicht nur umfangsmäßig liegt hier ein Schwerpunkt der Disputatio), VIII mit 1 conclusio, IX mit 22 conclusiones, X mit 27 conclusiones, XI mit 1 conclusio, XII mit 26 conclusiones.

[126]  Balduinus: Prima, f. A3r: „… istos tanto fore gratiores Amplitudinae tuae, quanto rariores eiusdem argumentum Assertiones, ex ludo nostro Peripatetico hactenus prodierunt." Dafür hieraus zu schließen, die Disputatio gehöre dem *serio-curiosa*-Genre an, die Thesen seien nicht als ernsthaft vertreten zu sehen, sehe ich keinen Anlass; weder was die Inhalte noch was die Gestalt betrifft, scheint es um Paradoxes zu gehen. Das Peripatetische Spiel ist, soweit ich sehe, die Disputatio im Kontext des *Corpus Aristotelicum*. Die Aussage, dass das bei Aristoteles zu Findende „wahr" sei, ist damit aber natürlich auch nicht gemacht – eine Aussage, die ja auch bei Paulus Venetus (siehe Kapitel **Padua 1408**) und Niphus und Melanchthon (siehe Kapitel **Wittenberg 1560**) deutlich *nicht* zu finden ist.

[127]  i.e.: Balduinus.

[128]  Balduinus: Prima, f. A3v.

[129]  Balduinus: Prima, conclusio 3, S. 1.

[130]  Balduinus, Prima: conclusio 6, S. 2.

Praxis und Gewohnheit vorzugehen.[131] Erkenntnis der Wahrheit ist schwierig, nicht aber unmöglich, wenn auch wegen Einschränkungen unseres Erkenntnisvermögens nicht mit Vollkommenheit.[132] Am schwersten ist Erkenntnis für diejenigen, die nicht wagen, über wahrscheinliche Gründe (*probabiles rationes*: Gründe für die man Gründe, aber keine Beweise angeben kann) hinauszugehen,[133] die die Wahrheit nicht in sich selbst finden wollen, sondern auf die Autorität anderer zurückgreifen wollen, nicht aus den Sachen selbst, sondern aus der Erkenntnis des Dozenten die Wahrheit bestimmen wollen.[134] Derlei ist aber nur in Bezug auf Sachen sinnvoll, die die Schärfe des menschlichen Verstandes übersteigen, wo das, was zu glauben ist, die Kirche Gottes vorträgt.[135] Wer aber in Schwierigem menschlicher Autorität (von der es feststeht, dass sie nicht frei von Irrtum ist) in allem folgen will, der stößt auf das größte Hindernis der Erforschung der Wahrheit – und der Autor davon ist Aristoteles.[136]

Aristoteles habe gesagt, die Platoniker hätten nicht die richtigen Ansichten zu den Wesen (*quidditates*)[137], von denen sie behaupteten, sie existierten getrennt von den Sachen, und die sie *Species* oder Ideen nannten. Ob aber Aristoteles die Ideen Platons zu Recht verurteilte, werde er gleich bestimmen.[138] In der Tat finden sich mit nur einer *conclusio* Abstand zahlreiche *conclusiones* zur Ideenlehre Platons.

Die Abhandlung solle nicht über alle Ideen gehen, sondern nur über die göttlichen.[139] Doch gibt es auch menschliche Ideen, die

---

[131] Balduinus, Prima: conclusio 7, S. 2. Balduinus schreibt von **Künsten, Erfahrungen**.

[132] Balduinus: Prima, conclusiones 13–19, S. 3.

[133] Balduinus; Prima, conclusio 29, S. 4f.

[134] Balduinus: Prima, conclusio 30, S. 5.

[135] Balduinus: Prima, conclusio 31, S. 5.

[136] Balduinus: Prima, conclusio 32, S. 5. Andererseits wird Aristoteles von Balduinus durchaus „Philosophus" genannt: Balduinus: Prima, conclusio 41, S. 6.

[137] Balduinus entscheidet sich hier (in clonclusio 74, und auch schon vorher) für skotistische Terminologie. Auf skotistische Anklänge hatte ich auch schon oben, betreffend seine Anlehnung an die Intellektlehre des Durandus, verwiesen.

[138] Balduinus: Prima, conclusio 74, S. 10: „colligit, Platonicos non recte statuisse quidditates rerum, separatim a rebus subsistentes, quas species seu Ideas appellarunt; verum an Aristoteles Ideas Platonis recte condemnaverit, iam mox definiemus."

[139] Balduinus: Prima, conclusio 76, S. 10.

gewissermaßen kleine Schatten („quaedam umbreculae") der göttlichen sind, und durch die wir erkennen und handeln.[140] Nur im Geist Gottes bestehen (subsistieren) die Ideen laut Platon durch sich selbst.[141] Es gibt nach Platon nicht mehr Ideen als es *species* der in der Natur existierenden Sachen gibt.[142] Einige behaupten, die Ideen seien nichts anderes als die außerhalb Gottes existierenden Sachen, in der Weise, wie sie von ihm konzipiert sind.[143]

> Andere aber fassen richtiger die Einheit und Vielheit der Ideen daraus, dass sie vertreten, dass „Idee" nur die Essenz Gottes bezeichne, insofern sie von den Geschöpfen nachgeahmt werden kann, und die Vollkommenheiten aller Sachen repräsentiert.[144]

Eine Welt also mit Geschöpfen, die den Schöpfer nachahmen – nicht die ewige Welt des Aristoteles mit ihrem extraweltlichen Gott.

Das göttliche Wesen ist nicht gemäß einer je anderen Vollkommenheit, die es von der Sache geschieden haben würde, nachahmbar, sondern insofern es unser Intellekt unterscheidet; daher werden Ideen nur durch den Verstand als etwas Vielfaches unterschieden.[145]

> Man kann die *Idee* definieren als eine von den sinnlich Wahrnehmbaren getrennte Form, die unbeweglich ist, im göttlichen Geist existiert, [und] Ursache der Hervorgebrachten ist, als Vorbild, Ziel und Form.[146]

Die Ideen in unserem Intellekt aber unterscheiden sich hiervon dadurch, dass sie ihren Ursprung in den Sachen haben, und durch Tod oder Vergessen aus dem Intellekt gelöscht werden können.[147]

---

[140] Balduinus: Prima, conclusio 77, S. 10f.
[141] Balduinus: Prima, conclusio 83, S. 11.
[142] Balduinus: Prima, conclusio 84, S. 11.
[143] Balduinus: Prima, conclusio 85, S. 11.
[144] Lateinischer Text: Alii vero rectius unitatem & pluralitatem Idearum ex eo colli||gunt, quod asserant Ideam dicere solam essentiam Dei, quatenus a creaturis est imitabilis & rerum omnium perfectiones repraesentat (Balduinus, Prima, conclusio 86, S. 11f.).
[145] Balduinus: Prima, conclusio 89, S. 12.
[146] Lateinischer Text: Potest Idea definiri, forma separata a sensibilibus, immobilis, existens in mente divina, caussa eorum, quae producuntur, ut exemplar, finis & forma (Balduinus: Prima, conclusio 92, S. 12).
[147] Balduinus: Prima, conclusio 93, S. 12.

Diese Ansichten Platons über die Ideen sind sehr übereinstimmend mit der Wahrheit, so dass es keinen gerechtfertigten Anlass für Widerstand von Peripatetikern gibt.[148] Daher glaube man Simplikios, der vertrat, dass Aristoteles Platon nicht in der Sache kritisiert habe, sondern nur versucht habe, zu klareren Aussagen dazu zu kommen.[149]

Was auch immer dies alles ist: unter anderem ist es Beleg dafür, dass zumindest soweit es um Balduinus geht, weder zu befürchten ist, dass Philosophie bei Dominanz jesuitischer Dozenten nur noch im Blick auf Theologie getrieben werde, noch dass zu befürchten wäre, Philosophie würde nur noch gemäß der *communis opinio*, als Mainstream-Philosophie geboten.

Balduinus' Disputationen: Blanke Thesen, so wie sie uns überliefert sind, teils ganz ohne Begründungen, teils ohne irgend ausführliche, ohne Auseinandersetzung mit möglichen (und mindestens z. T. auch zeitgenössisch vorliegenden) Gegenargumenten und/oder alternativen Positionen: außerhalb von Hörsaal und Disputationsraum ohne die Möglichkeit (und damit auch ohne das Ziel an solch andren Orten) zu überzeugen: Genrebedingt sind diese Texte Balduinus' – obschon durchaus in jedem Sinne reizvoll – ohne Chance auf breitere Wirkung, über den Kreis der Studierenden und Kollegen des Jahres 1577 (und etwaiger anderer Jahre, in denen Balduinus diese Thesen vertrat) gewesen und geblieben.

Immerhin wissen wir, welche Thesen Balduinus in seinen Texten vertrat. Im Unterschied zu dem, worüber das folgende Kapitel (Montaigne 1588) handelt.

---

[148] Balduinus: Prima, conclusio 94, S. 12.

[149] Balduinus: Prima, conclusio 95, S. 12. Simplikios findet sich auch – dort allerdings ohne namentliche Nennung – als Quelle eines Teils von conclusio 158 (S. 20), wo gesagt wird, dass Aristoteles aus Eudoxos und Kalipp entnommen habe, es gäbe 56 Himmelssphären; Balduinus fügt (ohne für mich erkennbaren Grund oder Anlass) hinzu, Aristoteles habe aber die Zahl der Intelligenzen (die den Himmelskörpern zugeordnet sind) nicht mit natürlicher Kraft finden können – es sei denn, Balduinus will hier auch die Intellekte der einzelnen Menschen als Intelligenzen sehen und darauf hinweisen, dass Aristoteles nicht einzelmenschliche unsterbliche Intellekte angenommen habe.

# Literatur

I. Balduinus: zitierte Werke

Antonius Balduinus (praes.), Ioachimus Geilerus, David Closter-mair, Georgius Fasoldus, Valetinus Prochius (resp.): *In Naturalem Philosophiam Veterum Ac Recentiorum Philosophorum Theoremata quadringenta quadraginta: In Inclyta Et Catholica Academia Ingolstadtensi. Anno M. D. LXXVII. Die XXV. Iunii, & sequenti, publice proposita,* Ingolstadii [1577], BSB 4 Diss. 1555 und 4 Diss. 1208 Beibd. 15. (Ich verwende das Exemplar mit Signatur 4 Diss. 1208 Beibd. 15, elektronisch verfügbar unter URL http://daten.digitale-sammlungen.de(~db/0003/bsb00031248/images/?nav=1&viewmode=1 bzw. http://nbn-resolving.de/urn: nbn:de:bvb:12-bsb00031248-8 [gesehen 2012-08-12], in diesem Kapitel zitiert als Balduinus: Naturalis.)

Antonius Balduinus (praes.), Achatius Stiglerus (resp.): *Disputatio In Primam Ac Divinam Aristotelis Stagiritae Peripateticorum Principis Philosophiam: In Inclyta Et Catholica Academia Ingolstadensi Anno M. D. LXXVII. Die XIII. Iulii publica proposita,* Ingolstadii [1577] (elektronisch, auf Basis des Exemplars BSB 4 Diss. 1208 Beibd. 16, verfügbar unter URL http://daten.digitale-sammlungen.de/~db/0003/bsb00031250/images/?nav=1&viewmode=1 bzw. http://nbn-resolving.de/urn:nbn:de:bvb:12-bsb0003 1250-1 und http://reader.digitale-sammlungen.de/resolve/display/bsb10815110.html bzw. http://www.mdz-nbn-resolving.de/urn/resolver.pl?urn=urn:nbn:de:bvb:12-bsb10815110-8 [gesehen 2012-08-02], in diesem Kapitel zitiert als Balduinus: Prima).


II. Universität Ingolstadt, insbesondere dortige Philosophie

*Ordo Studiorum Et Lectionum, In Quatuor facultatibus apud celeberrimam Academiam Ingolstadtensem, authoritate & decreto Serenissimi ac Illustrissimi Principis ac Domini Domini [!] Alberti Comitis Palatini Rheni, ac utriusque avariae Docis & c. renovatus & publice propositus, sub initium huius Anni.71.,* Ingolstadii 1571, in diesem Kapitel zitiert als Ordo 1571, zugänglich unter URL http://www.mdz-nbn-resolving.de/urn/resolver.pl?urn= urn:nb:de:bvb:12-bsb10152592-8 bzw. http://reader.digitale-sammlungen.de/resolve/display/bsb10152592.html    [gesehen 2012-07-26]

Laetitia Boehm, Winfried Müller, Wolfgang J. Smolka & Helmut Zedelmaier (edd.): „Biographisches Lexikon der Ludwig-Maximilians-Universität München. Teil I: Ingolstadt-Landshut 1472–1826", Berlin 1998.

Joseph S. Freedman: *Philosophy Instruction, the Philosophy Concept, and Philosophy Disputations Published at the University of Ingolstadt, c. 1550 – c. 1650,* in: Reinmund V. Sdzuj, Robert Seidel & Bernd Zegowitz (edd.): „Dichtung – Gelehrsamkeit – Disputationskultur: Festschrift für Hanspeter Marti zum 65. Geburtstag", Wien 2012, S. 316–362.

Martin Mulsow: *I. Die Vorgeschichte: Philosophie in Ingolstadt von 1472 bis zur Aufhebung des Jesuitenordens 1773,* in: Hans Otto Seitschek (ed.): „Philosophie an der Ludwig-Maximilians-Universität: Die philosophische Lehre an der Universität Ingolstadt – Landshut – München von 1472 bis zur Gegenwart", Sankt Ottilien 2010, S. 17–30, insbes. S. 17–24, und die dort angegebene Literatur.

Arno Seifert: *Statuten- und Verfassungsgeschichte der Universität Ingolstadt,* Berlin 1971, S. 15–39. (Seiferts Buch wird in diesem Kapitel zitiert als Seifert: Statuten.)

Hubertus von Schrottenberg: *Wissenschaftsfinanzierung (Professorenbesoldung) und das Problem der Vermögensselbstverwaltung an der Universität Ingolstadt (1472–1676),* Diss. München 1978, München 2005: URL http://edoc.ub.uni-muenchen.de/4718/1/Schrottenberg_Hubetus_von.pdf [gesehen 2012-07-31].

Arno Seifert (ed.): *Die Universität Ingolstadt im 15. und 16. Jahrhundert: Texte und Regesten,* Berlin 1973 (zitiert als Seifert: Texte).

Heinrich C. Kuhn: *Titel, Themen, Sprachen, Bücher: Latein und Deutsch in Ingolstädter Veröffentlichungen des 15. mit 18. Jahrhunderts,* in: Eckhard Keßler & Heinrich C. Kuhn (edd.): „Germania latina – Latinitas teutonica. – Politik, Wissenschaft, humanistische Kultur vom späten Mittelalter bis in unsere Zeit", Paderborn, München 2003, S. 621–653, elektronische Version unter URL http://ww.phil-hum-ren.uni-muenchen.de/GermLat/Acta/Kuhn.htm [gesehen 2012-07-30].

III.1. Jesuiten: Primärliteratur

Ladislaus Lukács (ed.): *Ratio atque institutio studiorum Societatis Iesu (1586, 1591, 1599)*, Romae 1986.

*Constitutiones Societatis Iesu: cum earum declarationibus*, in der Ausgabe Rom 1605 im Internet zugänglich unter URL http://www.uni-mannheim.de/mateo/camenaref/societasjesu.html#sj2 (maschinenlesbare und damit auch durchsuchbare Version unter http://www.uni-mannheim.de/mateo/camenaref/societas jesu/sj2/SJ_constitutiones.html bzw. http://is.gd/5QRkpi) [beides gesehen 2012-06-05].

Ignacio de Loyola: *Ejercicios espirituales:* zugänglich unter http://es.wikisource.org/wiki/Ejercicios_espirituales (gesehen 2012-06-05), es stehen im Netz auch verschiedene Ausgaben der lateinischen Übersetzungen zur Verfügung (z. B. Ausgabe Wien 1563 unter URL http://reader.digitale-sammlungen.de/resolve/display/bsb10205554.html [gesehen 2012-06-05[).

Ignacio de Loyola: *Geistliche Übungen: Nach dem spanischen Autograph übersetzt von Peter Knauer SJ, [Würzburg] 2008, im Folgenden zitiert als EEdt.*


III.2. Jesuiten: Sekundärliteratur

Ulrich F. Leinsle: *Dillingae Disputationes: Der Lehrinhalt der gedruckten Disputationen an der Philosophischen Fakultät der Universität Dillingen 1555–1648*, Regensburg 2006, in diesem Kapitel zitiert als Leinsle 2006.

Rita Haub: *Die Geschichte der Jesuiten*, Darmstadt 2007.

Peter C. Hartmann: *Die Jesuiten*, München 2008.

# Montaigne 1588

Montaigne, das ist der Ort, von dem Michel de Montaigne im Jahr 1588 den größten Teil des Jahres abwesend ist.[1] 1588, das ist das das Jahr, in dem, während sich Michel de Montaigne in Paris befindet, die erste dreibändige und die letzte zu seinen Lebzeiten veröffentlichte Ausgabe seiner *Essais*[2] erscheint.[3] Dies ist nicht die Ausgabe, die den Ausführungen hier maßgeblich zugrunde liegt.[4]

Aussagen und Kontrapost zu selbigen Aussagen, Teilaufhebung

---

[1] Siehe A. Micha: *Chronologie*, in: Michel de Montaigne: „Essais: Livre I", Paris 1969, S. [5]–10, hier S. 8f.

[2] Ich zitiere die *Essais* hier nach der Ausgabe A. Micha (s. Lit. I.), die die Textstände der Ausgaben von 1580, 1588 und 1595 (der ersten posthumen Ausgabe durch Marie de Gournay) reflektiert. Den Stand des berühmten „Exemplaire de Bordeaux" (Montaignes Handexemplar der 1588er Ausgabe mit handschriftlichen Ergänzungen) als Grundlage eines „Textstandes letzter Hand" zu nehmen, scheint mir problematisch, da die handschriftliche Annotierung dieses Exemplars m. E. so ist, dass sie nicht immer mit hinreichender Sicherheit in einen linearen gedruckten Text integriert werden könnte – abgesehen von der nicht ganz einfachen Entscheidung, was genau zu integrieren wäre. (Man sehe z. B. folgende Seite aus dem Essai zur Freundschaft, der im Zentrum dieses Kapitels stehen wird: http://upload. wikimedia.org/wikipedia/commons/a/a4/Montaigne_Essais_Manuscript.jpg [gesehen 2012-08-10]). Eine leicht zugängliche Version, die versucht diesen Textstand zu integrieren und links auf digitalisierte Seiten des „Exemplaire de Bordeaux" gibt, ist zugänglich unter/via http://www.lib.uchicago.edu/ efts/ARTFL/projects/montaigne/ [gesehen 2012-08-10]. U. a. hierzu s. auch M.-L. Demonet (Lit. II.). Zu den „Schichten" von Montaignes *Essais* m. E. lesens- und bedenkenswert: H. Stillet (Lit. II.), S. 216–224.
Wer auf eine deutsche Übersetzung von Montaignes *Essais* angewiesen ist, möge – schon ihrer Vollständigkeit wegen – die durch H. Stillet verwenden: Michel de Montaigne (trans. H. Stillet): *Essais*, Frankfurt am Main 1998 (oder eine neuere Ausgabe von Stillets Übersetzung). Sosehr ich diese Übersetzung schätze, habe ich sie doch nicht zur Grundlage meiner Ausführungen in diesem Kapitel hier gemacht, da ich – auf Kosten sprachlicher Flüssigkeit im Deutschen – versuche, näher an Montaignes Sprache und insbesondere Satzbau zu bleiben.

[3] s. Fußnote 2.

[4] Zur verwendeten modernen Ausgabe und ihrer Textbasis s. Fußnote 2. Zum Verhältnis der 1595er Ausgabe der *Essais* zu einem Exemplar des 1588er Druckes mit umfangreichen handschriftlichen Eingriffen und Ergänzungen (primär von Montaigne selbst), dem sogenannten „Exemplaire de Bordeaux", s. C. Blum: *L'éditrice des Essais,* in: Jean-Claude Arnould (et al., edd.): Marie de Gournay: „Œuvres complètes : Tome I", Paris 2002, S. 27–43, hier S. 27–32.

durch Abweichung mehr denn durch Widerspruch: Dies scheint mir Montaignes eigenem Vortrag in seinen *Essais* angemessen.

Montaignes Texte sind nicht nur mehrdeutig, *für* unterschiedliche Leser Unterschiedliches bietend geschrieben[5] – das sind sie *auch* –, sondern – vor allem –, was feste und mehr als einen Absatz übergreifende Aussagen der Texte betrifft, so unterdeterminiert, dass *durch* unterschiedliche Leser sehr Unterschiedliches darin gefunden wurde und wird. Wo der Text nicht Interpretationen heftigen Widerstand bietet, ist es leicht, zu vielfältigen, teils einander, aber durchweg nicht dem Text widersprechenden Interpretationen zu kommen. Und nachdem Montaignes Texte Leser und Interpretationen reichlich über die Jahrhunderte angezogen haben, ist die Fülle an Interpretationen, deren Richtigkeit und/oder Falschheit kaum allgemein plausibel gezeigt werden kann, immens. Zeitschriften und mindestens eine dedizierte Buchreihe, tausende von Monographien und Aufsätzen: Sich Montaigne über die Sekundärliteratur zu nähern, scheint für Sterbliche entweder willkürlich (der Auswahl der Sekundärliteratur wegen) oder unmöglich (der Fülle und des Umfangs der gesamten Literatur wegen).[6]

Auch auf einen Näherungsversuch über die Biographie, den Autor, verzichte ich, da sie mir sinnlos erscheint bei jemandem wie Montaigne, der auf den ersten Blick zwar außergewöhnlich viel über sich selbst zu berichten scheint – bis hin zum Zustand seiner Zähne und deren Reinigung,[7] doch nichts, was einerseits ein Inneres seiner Person beträfe, und andererseits verlässlich wäre (war er überzeugter Katholik? glaubte er an die Ewigkeit der Welt oder an eine Schöpfung aus dem Nichts oder war es ihm ziemlich egal? hatte er emotionale Beziehungen zu seinen Kindern? …).

Das Einzige, woran wir uns verlässlich halten können, sind seine Schriften, insbesondere seine *Essais*, und dies wohl auch nur, insofern wir versuchen sie als Texte – und nicht etwa als Behälter der Überzeugungen und Absichten eines Autors – wahrzunehmen.

---

[5]   Wie z. B. Leon Battista Albertis *De familia* (vgl. Kapitel **Florenz 1434**).

[6]   Ich gehe davon aus, dass alles, was in diesem Kapitel gesagt wird, bereits vorher von jemandem anderen gesagt worden ist, erhebe Anspruch auf inhaltliche Originalität für kein Wort, kein Komma, keinen Satz. An den wenigen Stellen, wo ich mir bewusst Bezug auf Sekundärliteratur nehme, habe ich dies selbstverständlich nachgewiesen.

[7]   *Essais III.13: De l'expérience* (Michel de Montaigne [ed. A. Micha]: *Essais: Livre 3)*, Paris 1969, S. 313.

Dies versucht dieses Kapitel, beispielhaft zwei der Essais vorstellend.

Zunächst: Buch I, Kapitel 28: *Über die Freundschaft.*[8]

Einen von ihm beauftragten Maler beobachtend sei ihm die Lust gekommen, dessen Arbeit zu folgen. Der Maler habe den besten Platz in der Mitte jeder Wand gewählt, um dort ein vollständig ausgearbeitetes Bild unterzubringen, die verbleibende Leere aber mit Grotesken angefüllt.[9]

Zur Illustration: Ein Beispiel dafür aus dem Dom zu Orvieto (s. S. 170) [gesehen 2012-08-16]: http://upload.wikimedia.org/wikipedia/commons/e/ee/Luca_signorelli%2C_cappella_di_san_brizio%2C_poets%2C_empedocle.jpg

Grotesken könne auch er, Montaigne: was seien diese seine Essais anderes

> als Grotesken und monströse Körper, zusammengestückelt aus verschiedenen Gliedern, ohne gewisse Form, keine Ordnung habend, noch [andre] Reihenfolge oder Ordnung habend als zufällige [solche]?[10]

Was die Grotesken betreffe, halte er daher mit seinem Maler mit, doch beim Anderen und Besseren, dem kunstreich ausgeführten Bild, nicht. Er habe sich daher entschlossen, sich dies wohlausgeführte Bild von einem anderen, von Étienne de La Boétie („Estienne de la Boitie"), auszuleihen, und zwar eine Abhandlung, der dieser den Namen *Die freiwillige Knechtschaft* („La Servitude Volontaire")[11] gegeben habe.[12]

Der Text von La Boétie also ist als das eigentliche Bild zu sehen, Montaignes *Essais* sind nichts als der umgebende Rahmen. Und in der Tat: Wir befinden uns genau in der Mitte des 57 Essais umfassenden ersten Bandes der *Essais.* Doch blättern wir den Band

---

[8] *Essais I.28: De l'Amitié* (Michel de Montaigne [ed. Alexandre Micha]: *Essais: Livre* I), Paris 1969, S. 231–242, im Folgenden zitiert als E I.28.

[9] E I.28, S. 231.

[10] E I.28, S. 231: que crotesqes et corps monstreux, rappiecez de divers membres, sans certaine figure, n'ayans ordre, suite ny proportion que fortuite?

[11] Für diesen Text verwende ich folgende Ausgabe: Étienne de La Boétie (ed. N. Gontarbert): *De la servitude volontaire ou Contr'un: suivi de da réfutation par Henri de Mesmes … suivi de Mémoire touchant l'édit de janvier 1562,* Paris 1993 (= 2005).

[12] E I.28, S. 231.

durch, so stellen wir fest: Er enthält den Text La Boéties nicht, in seiner Mitte steht nicht La Boéties Abhandlung über freiwillige Knechtschaft, sondern ein weiterer Essai Montaignes, eben der vorliegende 28., über die Freundschaft. Und dieser Essai wiederum enthält Erwähnungen von und Ausführungen zu La Boéties Abhandlung hier gegen Anfang, und erneut gegen Ende – Montaignes *Essais* sollten als Grotesken etwas rahmen, das nicht da ist – La Boéties Text –, und Sätze zu diesem abwesenden Text rahmen das, was da ist: Montaignes Essai – was Anlass gibt, mindestens zu zweifeln, ob Montaignes Text wirklich so ordnungslos, in der Folge seiner Teile und in seinen Proportionen sich allein dem Zufall verdankend ist, wie oben beansprucht.

Montaigne fährt fort: Leute, die La Boéties Titel für seine Abhandlung nicht kannten, hätten sie später angemessenermaßen *Der Gegen Einen* („Le Contre Un" – Schrift gegen Alleinherrschaft) wiedergetauft („rebaptisé")[13] – in früher Jugend von La Boétie essaiweise („par maniere d'essay") geschrieben, zur Ehre der Freiheit gegen die Tyrannen, von Kennern geschätzt. Von ihm, der in späteren Jahren weit Besseres habe schreiben können, bis ziemlich nahe an die Ehre der Antike heran, sei dieser Text jetzt fast alles, was von La Boétie bleibe.[14] Weitere Reliquien als die paar von ihm aufgezählten Werke habe er, Montaigne, den der sterbende La Boétie zum Erben von dessen schriftlichem Nachlass eingesetzt habe, nicht auftreiben können.[15] Der erwähnten Abhandlung sei er, Montaigne, sehr dankbar, da sie ihm – der sie lange vor ihrem Autor kennenlernte – zum Mittel ersten Bekanntwerdens mit diesem wurde, zur Wegbereiterin der Freundschaft, einer Freundschaft, von der man kaum lese, dass es ihr Vergleichbares unter Menschen gegeben habe, so selten, dass es viel sei, wenn das Glück dazu führe, dass es eine solche Freundschaft einmal in drei Jahrhunderten gebe.[16]

Die Natur – so Montaigne – hat uns zu nichts mehr auf den Weg gebracht als zu menschlicher Gemeinschaft („societé").[17] Dann eine Ergänzung aus der Zeit nach der 1588er Ausgabe: Aristoteles habe gesagt, dass sich gute Gesetzgeber mehr um

---

[13]  E I.28, S. 231. Großschreibung und Kursivierung des neuen Werknamens fehlen in der Ausgabe von 1588, in der von 1595 findet sich „le Contre-un".

[14]  E I.28, S. 231f.

[15]  E I.28, S. 232.

[16]  E I.28, S. 232.

[17]  E I.28, S. 232.

Freundschaft kümmerten als um Gerechtigkeit; Freundschaft um ihrer selbst willen sei aller anderen überlegen, unerreicht durch die vier antiken Typen von Freundschaft (sei's gemeinsam, sei's zusammen): natürliche Freundschaft, soziale Freundschaft, Gastfreundschaft, Freundschaft des Geschlechtsverkehrs willen.[18] Zwischen Kindern und Eltern – so Montaigne – besteht auf der einen Seite eher Respekt, es gibt Nationen, bei denen der Brauch herrscht, dass Kinder ihre Eltern töten, und Nationen, bei denen der Brauch herrscht, dass Eltern ihre Kinder töten; Verhältnisse zwischen Geschwistern können problematisch sein, weder müssen sich Geschwister untereinander noch Eltern ihren Kindern ähnlich sein; Zuneigung und Freundschaft aber sind in höchstem Maße Produkte unseres freien Willens.[19] Liebe zu Frauen ist zwar freiwillig, aber im Gegensatz zu Freundschaft nicht wohltemperiert, sondern fiebrig, instabil.[20] Die Ehe ist eine Handelsbeziehung („un marché"), die man freiwillig eingeht, ihre Dauer aber ist erzwungen, eine Handelsbeziehung zu Zielen, die mit Freundschaft nichts zu tun haben, Frauen sind ohnehin zu schwach, um eine wahre und dauerhafte Freundschaft aushalten zu können.[21]

Und dann:[22]

> Und gewiss, ohne dies[e Einschränkung], könnte man eine solche Bekanntschaft aufbauen, frei und willentlich, wo nicht nur die Seelen dieses ganze Vergnügen hätten, sondern wo auch die Körper teil an der Verbindung hätten, **wo der Mensch vollständig dabei wäre**, gewiss ist's, dass die Freundschaft dadurch erfüllter und höher wäre. Aber es gibt bislang keinerlei Beispiel, dass dieses Geschlecht da hätte ankommen

---

[18]  E I.28, S. 232. Das folgende ist wieder (weitestgehend) auch in den Ausgaben vor und von 1588 enthalten.

[19]  E I.28, S. 232f.

[20]  E I.28, S. 233f.

[21]  E I.28, S. 234.

[22]  E I.28, S. 234; Zusätze nach 1588 sind in Zitat wie Übersetzung durch Satz in **Haettenschweiler** hervorgehoben: E certes, sans cela, s'il se poivoit dresser une telle accointance, libre et volontaire, où non seulement les ames eussent cette entiere jouyssance, mais encores où les corps eussent part à l'alliance, **où l'homme fust engagé tout entier**, il est certain que l'amitié en seroit plus pleine et plus comble. Mais ce sexe par nul exemple n'y est encore peu arriver, **et par le commun consentement des escholes anciennes en est rejetté**. Et cet'autre licence Grecque est justement abhorrée par nos mœurs. (Dazu, dass vor dieses „Et" entgegen dem Brauch [vieler] moderner Ausgaben [inkl. der von mir verwendeten] *kein* Abschnittswechsel zu setzen ist, sondern dieser Satz mit der vorigen Passage zusammengehört, siehe: M. D. Schachter [Lit. II.], S. 153–158.)

können, **und gemäß übereinstimmender Ansicht der antiken Schulen ist es davon ausgeschlossen**. Und diese andere Griechische Nachlässigkeit[23] ist durch unsere Sitten zu Recht verabscheut.

Vollständiges Engagement des ganzen Menschen (so das, worum es später als im 1588er Druck geht) in einer Freundschaftsbeziehung, die geistige wie körperliche Liebe einschließt: zwischen Männern durch französische Sitten und zu Recht verabscheut und dadurch unmöglich, zwischen Mann und Frau bis 1588 unmöglich, und danach gemäß allgemeiner antiker Ansichten unmöglich. 1588 das ist das Jahr, in dem Montaigne und seine spätere Herausgeberin Marie de Gournay einander bekannt werden, sie, die mindestens innige geistige Freundschaft schließen – über etwaiges darüber Hinausgehendes (oder dessen Abwesendheit) wissen wir nichts.[24] Das in der aller Fülle der Worte sehr erfolgreiche Selbstverbergen Montaignes hatte ich oben schon angesprochen. Marie de Gournay führt das Spiel in ihrem eigenen Werk *Proumenoir*[25] *de Monsieur de Montaigne*[26] noch weiter: Es handelt sich um einen nach Montaignes Tod (in zahlreichen Auflagen) veröffentlichten Text, der so geschrieben ist, dass vollständiges Verständnis außer der Autorin nur einer weiteren Person möglich ist: eben Montaigne, nicht aber anderen gleichzeitigen oder späteren Leserinnen und Lesern.

Nach der zitierten Stelle folgt in Montaignes Text eine ausführliche Hinzufügung, die sich in den Ausgaben bis 1588 noch nicht fand, zu jener „Griechischen Nachlässigkeit" (homoerotischen Lehrer-Schüler-Verhältnissen und dergleichen): So wie sie bei jenen in Gebrauch gewesen sei, habe sie wegen des Abstands an Alter und Aufgaben zwischen den Liebenden keine vollkommene

---

[23] Sex unter Personen männlichen Geschlechts, insbesändere Päderastie.

[24] Weder gibt es m. E. hinreichende Gründe, wie Stillet (s. Lit. II., insbes. S. 116f.) sich gewiss zu sein, die Freundschaft der beiden sei ohne körperlich-erotische Komponente gewesen, noch solche, eine solche Komponente mit für eine Interpretationsgrundlage hinreichender Wahrscheinlichkeit anzunehmen. Zum Dreiecksverhältnis Montaigne–la Boétie–De Gournay über Todesfälle hinweg lesenswert: M. D. Schachter (Lit. II., S. 115–143).

[25] Graphievariante: „Promenoir".

[26] Marie de Gournay (edd. Jean-Claude Arnould [et al.]): Œuvres complètes: Tome II, Paris 2002, S. 1272–1282 (1626er Vorwort), S. 1282–1288 (Widmungsbrief an Michel de Montaigne [der zum Zeitpunkt des Erscheinens der Erstausgabe bereits seit ca. 2 Jahren tot war]; zum fiktiven Charakter des Textes s. dort S. 1282 [Fußnote B]), S. 1667f. ([Pseudo-]Druckervorwortsversionen vor 1626), S. 1288–1375 (*Pro[u]menoir*).

Freundschaft sein können.[27] Zunächst sei die Liebe durch jugendliche körperliche Schönheit, ein falsches Bild körperlicher Fortpflanzung, angeregt gewesen, im schlechten Falle durch Reichtümer und andere Bezahlung in geringwertigen Gütern („basse marchandise") verfolgt worden – was auch damals getadelt worden sei.[28] Wenn aber philosophische Unterweisung, Unterricht in Religion, Gesetzesgehorsam, Sterben für das Wohl des Vaterlandes das dem jugendlichen Schüler Gebotene gewesen seien, dann sei körperliche Schönheit gegenüber der geistigen sekundär gewesen, dann, so habe man gesagt, seien darauf Früchte entsprungen, die sowohl dem privaten als auch dem öffentlichen Leben nützlich gewesen seien, Verteidigung der Gleichheit und Freiheit – wie am Beispiel der heilbringenden Liebe zwischen (den Tyrannenmördern) Hermodius und Aristogiton[29] zu erkennen.[30]

> Zum Schluss ist das, was man zu Gunsten der Akademie[31] anführen kann, zu sagen, dass dies eine Liebe war, die ihren Abschluss in der Freundschaft fand.[32]

Etwas später dann – und seit der ersten Auflage der *Essais* vorhanden: Zurück zur wahren Freundschaft: völlige seelische Vermischung – wie bei ihm, Montaigne und La Boétie; dann das berühmte „Weil er er war; weil ich ich war" („„Par ce que c'estoit luy; par ce que c'estoit moy.'").[33] Weiteres dann zur unvergleichlichen Freundschaft zwischen den beiden (inklusive des seit Aristoteles zu den Charakteristika von Freundschaft Gehörenden, dass den Freunden alles gemeinsam sei).[34]

Dann ein Schwenk ins Politische: Bericht aus Ciceros *De amicitia* über Blosius'[35] Antwort auf die Frage, was er getan hätte, hätte

---

[27] E I.28, S. 234.
[28] E I.28, S. 235.
[29] Ich benutze die von Montaigne verwendeten Namensformen.
[30] E I.28, S. 235.
[31] der der Schule Platons zugeschriebenen Theorie und Praxis der Liebe zwischen Personen männlichen Geschlechts.
[32] E I.28, S. 235f.: En fin tout ce qu'on peut donner à la faveur de l'Academie, c'est dire que c'estoit un amour ‖ se terminant en amitié;
[33] E I.28, S. 236.
[34] E I.28, S. 236. Es fehlt jeder Verweis darauf, dass es sich hier um etwas durchaus nicht nur aus der Freundschaft zwischen La Boétie und Montaigne Bekanntes handele.
[35] Schreibweise wieder gemäß der Vorlage.

sein Freund Tiberius Gracchus ihm befohlen, die Tempel anzu-
zünden, dass Tiberius das nie getan hätte, aber hätte Tiberius es
getan, so wäre er, Blosius dem Befehl gefolgt; Montaigne tadelt: Als
Freund des Grachus hätte er besser nur geantwortet, sich dessen
Willen gewiss zu sein, und seiner eigenen Macht über dessen Willen. Freundsein geht über das Bürgersein hinaus, man vertraut in
Bezug auf sich selbst dem Freund mehr als sich selbst.[36] So weit zu
solch speziellen Freundschaften, für die gewöhnlichen aber gelte
das Wort des Aristoteles: „Oh meine Freunde, es gibt keinen
Freund!"[37] (Dieses Aristoteles-Zitat – oder besser „Aristoteles-
Zitat" ist ein Beispiel und Beleg für Montaignes bisweilen eher
*indirekte* Verwendung antiker Texte:[38] Bei Aristoteles findet sich
die Stelle nicht,[39] wohl aber – missverständlich – bei Diogenes
Laertios in dessen Bericht zu Aristoteles[40] und, missverstanden
dann in Ambrogio Traversaris Lateinischer Übersetzung dieses
Berichts als „O amici || amicus nemo.";[41] Montaigne idiomatisiert
es durch Hinzufügung des „meine",[42] schreibt es kontextfrei Aristoteles zu – und wer es liest, kann sich auf die Jagd machen.)

Dann weiter ausführlich zur uneingeschränkten[43] Gemeinschaft
an Gütern etc. unter Freunden.[44]

---

[36]  E I.28, S. 237.
[37]  E I.28, S. 237f. Der Abschluss S. 238: „O mes amis, il n'y a nul ami'".
[38]  Und studentischen Leser/innen dieses Kapitels sei dringend empfohlen sich
      Montaigne hier *nicht* zum Vorbild für eigene Essays, Seminararbeiten,
      o. dgl. zu nehmen!
[39]  EE 1245b20 nur so ähnlich: Auf dies und (mit Ausnahme des Traversari)
      alles, was sich an Sachinformationen in dieser Angelegenheit hier findet,
      bin ich durch Reinhardt Brandts *Kritischer Kommentar zu Kants Anthro-
      pologie in pragmatischer Hinsicht (1798): Abschnitt: 152,* § 29–30, URL:
      http://www.online.uni-marburg.de/kant//webseitn/kommentar/text152.html
      (2011-09-29 [gesehen 2012-08-20]) gestoßen.
[40]  *De vita et moribus philosophorum* V, 21 – erneut Dank an Brandt (siehe
      vorige Fußnote)!
[41]  S. 176f. der Ausgabe Köln 1535 bequem zugänglich über http://reader.
      digitale-sammlungen.de/de/fs1/object/display/bsb10994200_00304.html?
      zoom=0.6000000000000001 und http://reader.digitale-sammlungen.de/de/
      fs1/object/display/bsb10994200_00305.html?zoom=0.6000000000000001
      [gesehen 2012-08-20].
[42]  (und auch sonst, m. E. legitim).
[43]  Montaigne zählt neben „biens" (gewöhnlichen materiellen Gütern) (E I.28,
      S. 238) u. a. auf: Urteile, Frauen, Kinder, Ehren, später (E I.28, S. 239) dann
      auch Geheimnisse.
[44]  E I.28, S. 238–240.

Für alle anderen menschlichen Verbindungen sei Vollkommenheit nur da wichtig, wo es für ihre Nützlichkeit von Bedeutung sei, die Religion des Arztes oder Anwalts, der einem fachlich dient, ist so irrelevant wie die Keuschheit eines Kammerdieners, etc.[45] Seine, Montaignes, Freundschaft mit La Boétie aber sei so außergewöhnlich, so selten gewesen, dass er nicht erwarte, jemanden zu finden, der sie beurteilen könne.[46] Nach wie vor trauere er um La Boétie.[47]

Dann: Rückkehr ziemlich zum Anfang, zu La Boéties Jugendwerk, seiner Abhandlung:[48]

> Aber hören wir diesen Jugendlichen von 16 Jahren ein bisschen reden.

Und dann: nein, kein Wort aus, keine Zeile von La Boéties Text, geschweige denn die ganze Abhandlung, sondern:

Da er, Montaigne, entdeckt („trouvé": „gefunden") habe, dass dieser Text „seitdem" („depuis") ans Licht gebracht worden sei, und zwar zu schlechtem Ziel – man beachte die Rückkehr zum Politischen –, von jenen, die den Zustand des Gemeinwesens („l'estat de nostre police") durcheinanderbringen und ändern wollen, ohne dafür Sorge zu tragen, ob sie sie verbesserten, da sie den Text mit anderem von ihren Sachen zusammengemischt hätten, habe er, Montaigne, seiner Veröffentlichung hier abgesagt.[49] La Boétie habe über diesen Gegenstand in seiner Kindheit („en son enfance") gehandelt, allein als Übung, als allgemeines und bereits an tausend Stellen in Büchern durchgenudeltes Thema. La Boétie habe an das geglaubt, was er da geschrieben habe; wenn er hätte wählen können, so wäre er lieber in Venedig[50] geboren worden als in Sarlac[51] – und dies zu Recht („avec raison").[52] Aber La Boétie habe eine *weitere* Maxime gehabt:[53] diejenige, sich treu den Geset-

---

45 E I.28, S. 240.
46 E I.28, S. 240f.
47 E I.28, S. 241.
48 E I.28, S. 242: Mais oyons un peu parler ce garson de seize ans.
49 E I.28, S. 242. Was folgt, ist bestenfalls windschief zu dem, was Montaigne zu Beginn des Essais über La Boéties Text und dessen Wirkung auf ihn, Montaigne, geschrieben hatte.
50 Der Republik, einer Republik mit beträchtlicher Differenzierung zwischen religiösem und politischem Handeln in einigen Fällen.
51 Wie oben: Rechtschreibung von Eigennamen nach Vorlage.
52 E I.28, S. 242.
53 Und ich frage mich, an welche ersten Maximen hier zeitgenössische Leserinnen und Leser gedacht haben mögen.

zen zu unterwerfen, unter denen er geboren war; es gab keinen besseren Bürger als ihn, ihn mit höchster Liebe für den Frieden seines Landes, mit höchster Feindschaft für die Veränderungen und Neuerungen seiner Zeit.[54] Die Form seines Geistes habe in andere Jahrhunderte als das gegenwärtige (16.) gehört.[55]

> Daher werde ich im Tausch für dieses ernste Werk ein andres substituieren, zur selben Jahreszeit seines Alters entstanden, fröhlicher und verspielter.[56]

Dies ist das Ende des Kapitels; das folgende Kapitel ist überschrieben *Neunundzwanzig Sonette von Étienne de La Boétie*; dort werden bis inklusive der 1588er Ausgabe in der Tat Sonette abgedruckt, dann, da auch andernorts erschienen,[57] gestrichen.[58]

Etwas weniger komplex ist der zweite Essai, den ich vorstellen werde. Klammer sind hier Überschrift und Schluss.

Es handelt sich um den 11. Essai des Dritten Buches: *Von den Hinkenden*[59] überschrieben. 1588 erstmals erschienen, ist der Essai durch seinen ersten Satz auf 1584/1585 datiert, der auf die vor zwei/drei Jahren in Frankreich stattgehabte Umstellung auf den Gregorianischen Kalender anspielt: eine Verkürzung des Jahres um 10 Tage;[60] die aber bei seinen, Montaignes, Nachbarn zu keinen Veränderungen etwa bei der Aussaat oder Bestimmung von ungünstigen oder günstigen Tagen geführt habe[61] – weder der

---

54  E I.28, S. 242.

55  E I. 28, S. 242.

56  E I.28, S. 242: Or, en exchange de cet ouvrage serieux, j'en substitueray un autre, produit en cette mesme saison de son aage, plus gaillard et plus enjoué.

57  *Essais I.29*: Michel de Montaigne (ed. A. Micha): *Essais: Livre I*, Paris 1969, S. 243. Siehe hierzu: Alain Legros: *Délaissés, mail laissés, les chapitres d'une page et l'ordre des Essais*, in: Philippe Desan (ed.): „Les chapitres oubliés des *Essais* de Montaigne", Paris 2011, S. 13–29, hier den Abschnitt S. 19–22.

58  http://artflx.uchicago.edu/images/montaigne/0075.jpg [gesehen 2012-08-20].

59  *Essais III.11: Des Boyteux* (Michel de Montaigne [ed. Alexandre Micha]: *Essais: Livre 3*, Paris 1969, S. 237–247, im Folgenden zitiert als E III.11.

60  E III.11, S. 237.

61  E III.11, S. 237. Soweit ich's verstehe: Ausgesäht wird z. B. immer noch am 21. März (obwohl das nach alter Zeit erst der 11. März gewesen wäre, und daher vorher an Tagen mit höherem Sonnenstand ausgesät hätte; Freitag der 13. wird auch nach neuer Regel für (un)glücklich gehalten, und nicht

Irrtum noch seine Berichtigung seien wahrnehmbar, so grob sei unsere Wahrnehmung.[62]

> Die menschliche Ratio ist ein freies und vages Werkzeug. Ich sehe gewöhnlich, dass die Menschen, bei dem, was man ihnen als Fakten vorschlägt, sich lieber damit amüsieren den Grund des Vorgeschlagenen zu suchen, als danach zu suchen, ob es war sei: Sie lassen die Sachen beiseite und amüsieren sich damit, die Ursachen zu behandeln.[63]

Ursachenkenntnis aber, so ein Zusatz nach 1588, gehöre aber nur dem, der alle Sachen leite [Gott], nicht aber uns; auch führten Kenntnisse über Wein nicht dazu, dass er besser schmecke.[64] Man möge nicht fragen, *wie* etwas zustande komme, sondern, *ob* es zustande komme.[65] Er neige dazu zu sagen: „Es ist nichts daran" („Il n'en est rien"), sei aber aus Höflichkeitsgründen zurückhaltend.[66] Menschen seien leicht- und vor allem autoritätsgläubig.[67] Die Gesichter von Wahrheit und Lüge glichen sich.[68]

Manche Wundergeschichte habe er selbst entstehen, wachsen gesehen; Menschen neigten zur Ausschmückung/Verbesserung von Geschichten; Irrtümer von Einzelnen erzeugen allgemeine Irrtümer, und umgekehrt.[69] Es handle sich um eine Variante natürlichen Fortschritts.[70] Auch er schmücke aus, sei aber auf Aufforderung, die nackte, rohe Wahrheit zu sagen, bereit darauf zu verzichten, und diese ohne Übertreibung zu liefern.[71] Für ihn selber gelte, dass er das, was er einer Person nicht glauben würde, auch hundert nicht glauben würde, und dass er eine Ansicht nicht

---

Freitag der 23., der dem Freitag dem 13. vor der Kalenderreform entsprochen hätte.

[62] E III.11, S. 237. Ausführung zu Jahren und antikem Wissen über Monatslängen folgen.

[63] E III.11, S. 238: L'humaine raison est un instrument libre et vague. Je vois ordinairement que les hommes, aux faicts qu'on leur propose, s'amusent plus volontiers à en chercher la raison qu'à en chercher la verité : ils laissent là les choses, et s'amusent à traiter les causes.

[64] E III.11, S. 238.

[65] E III.11, S. 238: „‚Comment etc-ce que cela se faict?' – Mais se fait il? Faudroit il dire."

[66] E III.11, S. 238.

[67] E III.11, S. 238.

[68] E II.11, S. 238f.

[69] E III.11, S. 239.

[70] E III.11, S. 239: „Cest un progrez naturel".

[71] E III.11, S. 239f.

danach beurteile wie alt sie sei.[72] Dann, etwas weiter: er kenne kein größeres („plus exprès": mehr Ausdruck gefunden habendes) Monster und Wunder als sich selbst, der sich selbst immer erstaunlicher und unverständlicher werde.[73]

Wunder entstehen zunächst durch Fortuna – durch Nichtentdeckung ihrer natürlichen Ursachen, man solle sich des eignen Unwissens gewiss sein, mit Ausdrücken der Distanz sprechen: Bewusstheit des Unwissens braucht nicht weniger Wissenschaft als Bewusstheit der Wissenschaft.[74]

Die Hexen in seiner Nachbarschaft gerieten in Lebensgefahr auf Ratschlag eines jeden neuen Autors, der ihren Träumen Körper gebe.[75] In Bezug auf Hexen solle man Gott glauben, aber sonst niemand – auch wenn man unter Androhung von Gewalt versuche, seine, Montaignes, diesbezügliche Überzeugung des Zweifelns zu beenden.[76] Um Leute umzubringen, braucht man helle und saubere Klarheit.[77] Dann, nach Einschub zu mörderischem Giftmischen: An Übernatürliches solle man nur aufgrund übernatürlicher Autorisierung glauben,[78] und eher an menschliche Lügen oder Illusionen als an Phänomene, die weniger natürlich und wahrscheinlich seien als diese.[79] Freiwillige Geständnisse von Hexen seien eher Krankheit der geständigen Personen als Existenz von Hexerei zuzuschreiben – wenn auch die Justiz ihre ihr eigentümlichen Mittel gegen solche Krankheiten habe.[80] Man schreibt seinen Konjekturen einen recht hohen Preis zu, wenn man ihrethalben einen Menschen lebendigen Leibes garen lässt.[81]

Was er, Montaigne, vortrage, das vertrete er nicht, weil er davon überzeugt sei, sondern um andere zu klarerem Urteil zu bringen.[82]

---

[72]  E III.11, S. 240.

[73]  E III.11, S. 240f.

[74]  E III.11, p,. 241f.

[75]  E III.11, S. 242; wörtliche Paraphrase.

[76]  E III.11, S. 242f.

[77]  E III.11, S. 243: „A tuer les gens, il faut une clarté lumineuse et nette;".

[78]  E III.11, S. 243.

[79]  E III.11, S. 243f.

[80]  E III.11, S. 244; Ende der Passage: „La justice a ses propres corrections pour telles maladies".

[81]  E III.11, S. 244: „Après tout c'est mettre ses conjectures à bien haut pris que d'en faire un homme tout vif." Nach 1588 folgt ein Einschub zu einem antiken Beispiel extremer Traumwirkung mit Übertragung ins Allgemeine.

[82]  E III.11, S. 244f.

Und dann, endlich wieder nach der Kapitelüberschrift: die Hinkenden. Es gebe ein Italienisches Sprichwort, gemäß derjenige die perfekte Angenehmheit („douceur") des Geschlechtsverkehrs nicht kenne, der nicht mit einer Hinkenden geschlafen habe.[83] Gelte übrigens auch für Sex zwischen Frauen und männlichen Hinkenden, weshalb die Amazonen ihre Männer entsprechend verstümmelt hätten.[84] Er, Montaigne, habe vermutet, dass solches besondere Vergnügen seine Ursache in scharfen Bewegungen der Hinkenden habe, doch dann gelernt, dass die Antike Philosophie selbst dies schon entschieden habe: es liege daran, dass bei den Hinkenden Beine und Hüften weniger Nahrung erhielten, die stattdessen zu den Fortpflanzungsorganen gelangte, die daher besser genährt und kräftiger seien; vielleicht auch weil Hinkende sich weniger auf andere Weise übten, und daher mit ungeminderteren Kräften zu den Spielen der Venus kämen.[85] Deshalb hätten auch die Griechen geschrieben, dass Weberinnen heißer seien als andere Frauen, der sitzenden Tätigkeit wegen; doch: könnte dies nicht auch an den Bewegungen liegen, die mit ihrer Arbeit verbunden sind?[86] Seien dies nicht Belege für das oben Gesagte, dass unsere Begründungen oft die Wirkung überholen?[87]

Er, Montaigne, habe allein aufgrund der Autorität des antiken wie weitverbreiteten Gebrauchs dieses Sprichworts einst gemeint, besonderes Vergnügen („plus de plaisir") durch eine krumme Frau erfahren zu haben, dies als Wirkung ihrer besonderen Beschaffenheit gesehen.[88]

[Ob Montaignes zeitgenössische Leserinnen und Leser wohl erstaunt waren ob dieser impliziten Aussage, man könne – da er, Montaigne, es getan habe – sich täuschen darüber oder mindestens sich unsicher sein darüber, ob ein bestimmter Geschlechtsakt besonders guter Sex gewesen sei? Ob sie dies auch in Analogie zu einer Behauptung gesehen haben, man könne sich darüber täuschen, ob man Schmerzen habe oder nicht? Ob dies bei einigen oder allen von ihnen zu Zweifeln daran geführt hat, Montaignes

---

[83] E III.11, S. 245.
[84] E III.11, S. 245.
[85] E III.11, S. 245.
[86] E III.11, S. 245f.
[87] E III.11, S. 246.
[88] E III.11, S. 246; Schluss der Passage: „mis cela en recepte de ses graces"; Stillet (s. Lit. I., S. 521a) übersetzt „Dies rechnete ich tatsächlich zu ihren Reizen!"

Rat zu zweifelnder Distanz in diesem Essai sei etwas, das man mit eigener zweifelnder Distanz betrachten sollte? Gerade in ihrer zeitlichen wie kulturellen Distanz zu unserer Welt zwingen Montaignes Essais bisweilen auch heute zu eigener Auseinandersetzung – auch und gerade, wo wir über die zeitgenössische wenig oder nichts wissen.]

Hinkend endet dieser Essay über die Hinkenden nicht mit Hinkenden, sondern mit unklaren Wirkungen des Pferdereitens (Tasso und Sueton), an beiden Füßen tragbaren antiken Schuhen, der Schwierigkeit für einen König, einem Kyniker ein angemessenes Geldgeschenk zu geben, Versen, der Doppelseitigkeit jeder Medaille, Karneades' Übertreffen des Herkules dadurch, dass er den Menschen Zustimmung („consentement"), Meinung und Kühnheit des Urteils ausriss, einer Äsop-Anekdote.[89] So sei es in der Schule der Philosophie zugegangen: die Wildheit derer, die dem menschlichen Geist Fähigkeit zu allem zuschrieben, habe bei den anderen ihnen zum Trotz zu der Meinung geführt, der menschliche Geist sei zu nichts in der Lage – die einen so extrem in der Position der Ignoranz wie die anderen in der der Wissenschaft.[90]

> So dass man nicht leugnen kann, dass der Mensch durchweg maßlos sei, und keinen Ruhepunkt hat, als den der Notwendigkeit und der Unfähigkeit weiterzugehen.[91]

So dass passend am Ende des Essais über die Hinkenden der unfreiwillige Stillstand steht.

Zum Kontrast einer von Francis Bacons *Essayes*,[92] auch er zum Thema *Freundschaft*.[93] Ausgangspunkt ist das Diktum[94], wer auch

---

[89] E III.11, S. 246f.

[90] E III.11, S. 247.

[91] E III.11, S. 247 (die Schlussworte dieses Essais: Afin qu'on ne puisse nier qu l'homme ne soit immoderé par tout, et qu'il n'a point d'arrest que celuy de la necessité, et impuissance d'aller outre).

[92] Erstauflage 1597 (2 Jahre nach Marie de Gournays Ausgabe der Essais Montaignes), vermehrte Auflagen 1612 und 1625 (Michael J. Hawkins: *Select Bibliography*, in: Francis Bacon [ed. Michael J. Hawkins]: „Essays", London 1985, S. xxi–xxiv, hier S. xxi).

[93] *Of Friendship*: Francis Bacon (s. Lit. I. und Fußnote 92), S. 80–86; Text indirekt nach der Ausgabe von 1625 (vgl. a. a. O., S. xxiv); im Folgenden zitiert als Bacon: Friendship.

immer an Einsamkeit Freude habe, sei entweder ein wildes Tier oder ein Gott.[95] Abneigung gegen Gesellschaft hat – so Bacon – etwas vom wilden Tier, doch selten oder nie etwas Göttliches; gerade in großen Gemeinschaften sei man – so Bacon – sehr einsam, am schlimmsten aber, wenn man ohne wahre Freunde ist.[96] Zu einem Freund von seinen Sorgen zu sprechen, öffne das Herz, so wie unterschiedliche Medikamente unterschiedliche Körperteile öffneten, so gefährliche Erstickungskrankheiten verhindernd.[97]

Große Könige und Monarchen seien bereit, Freundschaft um hohen Preis (nämlich Risiko für ihre eigene Sicherheit und Größe) zu erwerben.[98] Ausführliche Darlegungen zu solchen Favoriten politisch Großer folgen mit antiken Beispielen und solchen aus neuerer Zeit.[99]

Dreierlei Früchte hat Freundschaft: Trost (Teilen von Vergnügen und Trauer),[100] Rat,[101] Hilfe.[102]

Wer Bacons *Essayes* liest, wird belehrt. Was bei der Lektüre von Montaignes *Essais* geschieht, ist nicht so einfach zu fassen.

Montaigne hat mäandrierende, sich ohne klare durchgehende Argumentationsrichtung und/oder Einteilung bewegende Texte, die sich mit mehr (und einigem anderen) als dem beschäftigen, was gemäß ihrer Überschrift zu erwarten wäre, nicht erfunden. Man kann mindestens einige von Plutarchs *Moralia* so lesen. Und Erasmus' *Adagium* II 1,1 *Festina Lente/Eile mit Weile*[103] ist ohne Zweifel ebenfalls ein Text mit solchen Eigenschaften.

Montaignes *Essais* erfordern (mehr noch als der erwähnte des Erasmus) denkenden, und gelegentlich rückwärtsblätternden,

---

[94]  das auf die Politikschrift des nicht erwähnten Aristoteles (Pol. I, 1253a27–29) zurückgeht, wo es aber abweichend steht: Wer der Gemeinschaft nicht fähig oder nicht bedürftig sei, der sei kein Teil der Polis, sonder entweder ein Vieh oder ein Gott.

[95]  Bacon: Friendship, S. 80.

[96]  A. a.O., S. 80.

[97]  A. a.O., S. 80f.

[98]  A. a.O., S. 81.

[99]  A. a.O., S. 81–83.

[100]  A. a.O., S. 83.

[101]  A. a.O., 83–85, mit näheren Ausführungen (u. a.: „Reading good books of morality is a little flat and dead" [S. 84]).

[102]  Bacon: Friendship, S. 86f.

[103]  Zweisprachig zugänglich in: Desiderius Erasmus Roterodamus (s. Lit. I.), S. 464–513.

mehrmals lesenden Versuch des Nachvollzugs; die Wirkungen, die sie haben, haben sie in ihren Leserinnen und Lesern, und von Leserin zu Leserin, von Leser zu Leser häufig im Detail recht unterschiedliche Wirkungen, und doch stets dieselbe Wirkung: die Leserin, den Leser zum Selbstnachdenken zu bringen: es sind – hierin (und wohl nur hierin) Descartes' *Meditationes*[104] nicht unähnliche – meditative Texte, die meditativ nachvollzogen zu Erkenntnissen führen können, die ohne sie nicht – (vermutlich) nicht stattgehabt hätten, Texte, die ich nur zur Vermeidung von Anachronismen nicht als katalytische Texte bezeichne, Texte, die ich nur um Montaigne keine Absichten zuzuschreiben[105] nicht als instrumentale bezeichne.

Die Gefahr, bei ihrer Interpretation solche und andere Fehler zu begehen, ist groß, doch lohnt es sich zu versuchen, solche Fehler zu vermeiden und die *Essais* als kunstvolle Texte des 16. Jahrhunderts zu sehen – wie auch Grotesken mehr und anderes sind als bloß Rahmen und Dekoration.

## Literatur

### I. Ausgaben, Übersetzungen

Michel de Montaigne: *„Essais: Livre I"*, Paris 1969.

Michel de Montaigne (ed. Alexandre Micha): *Essais: Livre 3,* Paris 1969.

Michel de Montaigne (trans. Heinz Stillet): *Essais*, Frankfurt am Main 1998.

Marie de Gournay (edd. Jean-Claude Arnould et al.): Œuvres *complètes: Tome I*, Paris 2002.

Marie de Gournay (edd. Jean-Claude Arnould [et al.]): Œuvres *complètes: Tome II*, Paris 2002.

Étienne de La Boétie (ed. Nadia Gontarbert): *De la servitude volontaire ou Contr'un: suivi de da réfutation par Henri de Mesmes*

---

[104] Vor Descartes findet sich der Titel „Meditationes" primär bei Frömmigkeitsliteratur.

[105] *Intentio auctoris* ist etwas, das als unbeweisbar nicht zur Interpretation von Texten verwendet werden sollte.

... *suivi de Mémoire touchant l'édit de janvier 1562,* Paris 1993 (= 2005).

Francis Bacon (ed. Michael J. Hawkins): „*Essays*", London 1985.

Desiderius Erasmus Roterodamus (ed. & trans. Theresia Payr): *Dialogus cui titulus Ciceronianus sive de optimo dicendi genere: Der Ciceronianer oder der beste Stil, ein Dialog | Adagiorum chiliades (Adagia Selecta): Mehrere tausend Sprichwörter und sprichwörtliche Redensarten (Auswahl),* Darmstadt 1972.


## II. Sekundärliteratur

Marie-Luce Demonet: *Reusability of Literary Corpora: the „Montaigne at work" Project* (Juni 2011), URL http://dh2011abstracts. stanford.edu/xtf/view?docId=tei/ab-293.xml;query=demonet; brand=default bzw. http://dh2011abstracts.stanford.edu/xtf/ view?docId=tei/ab-293.xml&doc.view=print;chunk.id=0 [gesehen 2012-08-10].

Hans Stillet: *Von der Lust, auf dieser Erde zu leben: Wanderungen durch Montaignes Welten | Ein Kommentarband anderer Art,* Berlin 2008.

Marc D. Schachter: *Voluntary Servitude and the Erotics of Friendship: From Classical Antiquity to Early Modern France,* Aldershot 2008.

Philippe Desan (ed.): *Les chapitres oubliés des Essais de Montaigne,* Paris 2011.

# Ciudad de Mexico 1599

Ciudad de Mexico, das ist der Ort, den (oder dessen geographische oder zumindest administrative Umgebung) 1599 Antonius Rubius[1] verlässt, um sich nach Europa zu begeben, zur Vorbereitung der Veröffentlichung seiner in Mexiko erarbeiteten[2] philosophischen Werke.[3]

Rahmen ist Rubius' Mitgliedschaft im Jesuitenorden.[4] Dass gleich drei der 11 Kapitel des vorliegenden Bandes Texte von Jesuiten zum Zentrum haben[5], gewährt diesem Orden noch größere Prominenz, als sie seiner (ohnehin sehr hohen) Bedeutung für die universitäre Philosophie der Renaissance entspricht. Dennoch scheint mir solche Auswahl gerechtfertigt: Balduinus ist Zentralautor des Kapitels zu Ingolstadt – und damit zu jener Universität, aus deren Lehrveranstaltungen im frühen 21. Jahrhundert alle Kapitel des vorliegenden Bandes hervorgegangen sind; und für extraeuropäische Philosophie in teilweise europäischen Traditionen sind die Ordensphilosophen (fast?) die einzigen Produzenten, und unter diesen die Jesuiten – zumindest soweit gegenwärtig mir sichtbar – von überragender Prominenz.

Ein weiterer Rahmen ist der Ort der Entstehung: Mexiko. Theoretisch unterstehend der Krone Kastiliens, sind – nicht zuletzt, da das Bildungswesen unter Kontrolle der Orden ist – die Sprachen der lokalen Gebildeten die Lokalsprachen – und Latein.[6] Latein ist auch (die) Sprache, in der – durchaus elegant – der lokale Adel mit

---

[1]  Kurzüberblick zu Vita, älterer Sekundärliteratur, Werken in: Ch. H. Lohr: *Latin Aristotle Commentaries: II: Renaissance Authors*, Firenze 1988, S. 395b–396b. Zur Vita ausführlicher (mit Literatur- und Quellenangaben): D. Henares (s. Lit. I.2.), S. 5–42, hier S. 7–12; und – für die Zeit nach Rubius' Eintreffen in Mexiko – W. Redmond (s. Lit. I.2. [1982], S. 309–330, hier S. 312–315 und 323f.

[2]  Zu Arbeitsaufenthalten Rubius' in Tepotzotlán (nördlich von Ciudad de Mexico, 1594) und Pátzcuaro (Mitchoacán, 1597) s. J. C. Torchia Estrada (Lit. I.2.), S. 22f. und S. 40, Fußn. 35.

[3]  W. Redmond (s. Lit. I.2. [1982]), S. 309–330, hier S. 315.

[4]  Zur *Societas Jesu* siehe auch die im Kapitel **Ingolstadt 1577** angeführte einschlägige Literatur.

[5]  **Ingolstadt 1577**: Balduinus, **Ciudad de Mexico 1599**: Rubius, **Peking 1601**: Ricci.

[6]  W. D. Mignolo (Lit. II.), S. 52–57. Mein Dank gilt hier Klaus Jacklein, durch den ich auf dieses Buch aufmerksam wurde.

den spanischen Herrschern korrespondiert.[7] „Eroberung" der wie „Dominanz" über die Vizekönigreiche *Nueva España* und *Peru* bzw. deren Teile geschahen in Kooperation zwischen (mehr oder minder friedlichen) europäischen Einwanderern und eingeborenen Eliten und deren Gefolgsleuten[8] – wobei die Gewichte und Anteile durchaus unterschiedlich interpretiert wurden und werden,[9] und die Abgrenzung der Gruppen nicht immer möglich (geschweige denn sinnvoll) ist.[10]

Entscheidungen, die dauerhafte Folgen in Spanisch-Lateinamerika haben, fallen *de facto* eben dort – mit weit geringerem europäischem Einfluss als man u. U. in Sevilla und Madrid annahm. Im Kontext des hier vorgelegten Bandes vermutlich beachtenswertestes und einschlägigstes Beispiel ist die Gründung und Erhaltung der von Vasco da Quiroga erdachten, geordneten, gegründeten, verteidigten Gemeinwesen in Mexico.[11]

Lateinamerikanische philosophische Aktivität[12] findet reichlich Niederschlag in Werken,[13] von denen manche davon vermutlich inzwischen verloren sind, wobei für als verloren vermutete Werke wie auch nicht als verloren vermutete Werke betreffend m. E. berücksichtigt werden sollte, dass mit sehr großer Wahrscheinlichkeit weitere Exemplare wie Werke (vornehmlich vor Ort) in Bibliotheken kleinerer Einrichtungen findbar sein werden – was nicht auf Lateinamerika beschränkt ist, sondern auch für Europa zutrifft.

Rubius' philosophische Werke – Schriften zur Logik (in mehreren Versionen), Kommentare zu des Aristoteles *Physica, De generatione et corruptione, De cælo, De anima* – haben durch jeweils

---

[7]   Siehe G. Zimmermann (ed.) (Lit. II.), S. 2–4 und 18f.
[8]   Siehe z. B. W. E. Lee (ed.) (Lit. II.).
[9]   Siehe S. Schroeder (ed.) (Lit. II.), S. XIIf., 3f., 101–123.
[10]  Beeindruckend: F. G. L. Asselbergs (s. Lit. II.) und K. Lane (s. Lit. II.).
[11]  Siehe F. B. Warren (s. Lit. II.). Für Kontexte extrem aufschlussreich ist B. Verástique (Lit. II.).
[12]  Für Sekundärliteratur vgl. W. B. Redmond (Lit. II. [1972a]), S. 137–174.
[13]  Basisbibliographie: W. B. Redmond (Lit. II. [1972b]). Dort S. XI die nach wie vor zutreffende Beobachtung: „The disproportion between the wealth of primary source material and the scarceness of bibliographical and monographical investigations indicates that the colonial period of Latin America is perhaps the least studied area in the history of western philosophy". S. 84f. dortselbst ein Verzeichnis der Werke des Rubius.

mehrere europäische Druckausgaben, erschienen zwischen 1603 und 1644, reichliche Verbreitung gefunden.[14]

Die höheren Bildungseinrichtungen Neuspaniens stehen unter weit geringerer landesherrlicher politischer Kontrolle als die Europas;[15] was sie betrifft, wird (gelegentlich mit Appell an landesherrliche Aufsicht) zwischen den Orden (die die Hauptträger höherer Bildung sind), lokalen Behörden, privaten Geldgebern bestimmt.[16]

Wie weit Rubius' Texte zur Logik – die im Zentrum dieses Kapitels stehen – seinen eigenen akademischen Unterricht in Mexico wenigstens teilweise wiedergeben, lässt sich kaum sagen; seine Tätigkeit als Philosophie-Dozent beschränkt sich auf drei bis vier Jahre (1577–1580) zu Beginn seines Aufenthalts in Mexico. Zwölf Jahre (1580–1592) Lehre der Theologie schließen sich an. Dann die (sofort umgesetzte) Erlaubnis, sich einer publikationsfähigen Fassung von Unterrichtsmaterialien (das, was wir als seine philosophischen Werke kennen – vielleicht auch noch Weiteres) zu widmen (1594). Zudem akademische Grade der Universität Mexico in Philosophie und Theologie (1594). Zum Schreiben scheint er sich nach Tepotzolán, in das dortige Jesuitenkolleg, und nach Pátzcuaro zurückgezogen zu haben.[17] Der Projektantrag bezog sich auf einen Kommentar zur *Summa Theologiae* oder zu mehreren Werken des Thomas von Aquin.[18] Resultat aber ist ein Philosophie-Kursus (Logik, *Physica*,[19] *De generatione et corruptione, De caelo,*

---

14  Siehe W. B. Redmond (Lit. II. [1972b]), S. 84f. und Ch. H. Lohr (s. o. Fußnote 1), S. 396.

15  Beispiele für kräftige landesherrliche Eingriffe finden sich z. B. in Padua, Ingolstadt, Wittenberg (und auch die Verhandlungen zwischen Mathias Corvinus und der Universität Wien sind nicht zu vergessen) – um nur im Kontext des hier in diesem Band Besprochenen zu bleiben.

16  Siehe J. C. Torchia Estrada (Lit. I.2.), S. 15f. und 36, Fußn. 7.

17  J. C. Torchia Estrada (Lit. I.2.), S. 22 und 40, Fußn. 35.

18  J. C. Torchia Estrada (Lit. I.2.), S. 22f.

19  Ergebnis neuerer Diskussionen, die nicht ohne Stefan Heßbrüggen stattgehabt hätten (https://plus.google.com/101454796161503739033/posts/aLNPwSFBJNn [gesehen 2013-03-25]), ist, dass wohl auch in Bezug auf Rubius' Physik, und nicht nur in Bezug auf seine Logik, von deutlich unterscheidbaren Versionen auszugehen ist: soweit das Ergebnis des Vergleichs des Anfangs des Haupttextes der Ausgaben *Commentari in octo libros Aristotelis de physico auditu*, Madriti 1605, und Voloniae Agrippinae 1629. Sollte es zu erneuten Auflagen dieses Bandes hier kommen, werde ich u. U. darauf eingehen – stehts darauf hoffend, dass es vorher schon jemand anderes tun möge oder getan haben möge.

*De* anima, Metaphysik),[20] der ganz oder in hinreichenden Teilen 1598 fertiggestellt ist.[21] Eine Drucklegung scheint den Ordensoberen sinnvoller in Spanien als in Mexico.[22] Am 2. November 1599 wird Rubius zum Prokurator gewählt.[23] Als solcher reist er nach Europa, ist gegen Anfang des Jahres 1600 in Rom.[24] Am 18. März 1601 erteilt der spanische König Druckerlaubnis für Rubius' Logikschrift.[25] Am 11. März 1602 meldet der Ordensgeneral Aquaviva, Rubio habe seine Aufgabe hervorragend erledigt und solle sich jetzt nach Spanien begeben, um seine Lehrbücher („su curso") drucken zu lassen, und dort bleiben, da er dort mit seinen Talenten besser dienen könne.[26] Vielleicht im Laufe des Frühjahrs 1602 kommt Rubius in Spanien an.[27] 1603 erscheint seine Logik zum ersten Mal[28] im Druck.[29]

Der Umfang von Rubius' Logik-Lehrbuch ist beträchtlich.[30] *That's no bug, that's a feature.* Das Ziel ist ein Philosophieunterricht, bei dem nicht der Dozent seinen vorbereiteten Text den Studierenden zur Mitschrift diktiert,[31] bei dem nicht großer Bücheraufwand getrieben werden muss, bei dem das den Freien Künsten feindliche Diktieren, Exzerpieren, Schreiben und Abschreiben ganzer Bücher vermieden weden kann[32] – ein Vorgehen vermeidend, in Bezug auf

---

20  W. Redmond (Lit. I.2. [2002]), S. 20.
21  „el p. Rubio tiene en buonos términos su curso de artes": W. Redmond (Lit. I.2. [1982], S. 314f. und 315, Fußn. 29.
22  „es bien que le imprima, y esto será mejor en España que por allá": W. Redmond (Lit. I.2. [1982]), S. 314f. und 315, Fußn. 29.
23  J. C. Torchia Estrada (Lit. I.2.), S. 38, Fußn. 25.
24  W. Redmond (Lit. I.2. [1982], S. 323.
25  W. Redmond, a. a. O., S. 315 und 315, Fußn. 32.
26  W. Redmond, a. a. O., S. 315 und 315, Fußn. 30.
27  W. Redmond, a. a. O., S. 315.
28  Zu weiteren Versionen: siehe unten.
29  In Alcalá: W. Redmond (Lit. I.2. [2002], S. 22.
30  Auch und gerade im Vergleich mit populären vorangegangenen Logiklehrbüchern wie der *Logica parva* des Paulus Venetus und den Dialektiktexten Melanchthons (inclusive der in der Münchner Handschrift überlieferten Vorlesung!) und selbst *De consideratione dialectica* (*Dialecticae considerationes libri*) des Franciscus Titelmannus (Frans Titelmans): Die beiden Bände des Mylius Birckmannus Colonia Agrippina 1605-Druckes haben zusammen mehr als 1600 Seiten!
31  W. Redmond (Lit. I.2. [1982]), S. 319; J. C. Torchia Estrada (Lit. I.2.), S. 26; W. Redmond (Lit. II. [2004]), S. 370f.
32  Antonius Rubius Rodensis: *Logica Mexicana sive Commentarii in Universam Aristotelis Logicam: Pars Prior* (Lit. I.1.), im Folgenden zitiert als

das Rubius es dahingestellt sein lässt, ob es auf dem Ehrgeiz der Dozenten beruhe, ihre Erkenntnisse durch die Hände ihrer Hörer der Schrift und der Nachwelt anzuvertrauen,[33] oder an der Sorglosigkeit („incuria") und Faulheit der Schüler;[34] so oder so sei Solches eine Ausbildung, die eher Schreibern und Notaren als vollkommenen Dialektikern und Philosophen angemessen sei.[35] Stattdessen geht es um Unterricht, bei dem Rubius' Lehrbuch, das nach Rubius' eigener Aussage ältere wie neuere Literatur zum Thema zusammenfasst, Dozenten wie Studierenden zur nützlichen Verfügung steht,[36] und so Unterricht als freien Vortrag[37] und Debatten über den Stoff ermöglicht.[38]

Im Februar 1604 lobt eine Expertengruppe der Universität Alcalá das Werk und erklärt es zum offiziellen und verbindlichen Lehrbuch.[39] Der König bestätigt dies, erklärt es zum einzigen an der Universität für den Unterricht zu benutzenden Lehrbuch, was wiederum der Sekretär der Universität proklamiert.[40] Da der König erfährt, dass diese Bestimmungen nicht völlig umgesetzt werden, fordert er 1605 erneut ihre Beachtung.[41] Dozenten wie Studierende, die mit Rubius' Buch arbeiten, machen die Erfahrung, dass es weit umfangreicher war als dem bisherigen Gebrauch der Universität entsprechend; Rubius wird gebeten, eine kürzere Version vorzulegen.[42]

Wir haben mindestens drei Versionen von Rubius' Logik: zum ersten jene, die zuerst 1603 in Alcalá gedruckt wurde,[43] dann die

---

LM1605P1, f. [*4]r, wobei ich das „excipiendi" (Redmonds Verständnis/ Übersetzung „copiar" [W. Redmond, Lit. I.2., 1982, S. 326] folgend) als Exzerpieren verstehe.

[33] LM1605P1, f. [*4]r: „magistrorum ambitione (dum sua cogitata volunt discipulorum manibus, scriptis, ac posteritate mandare)".

[34] LM1601P1, f. [*4]rs.

[35] LM1605P1, f. [*4]v. (Eine Übersetzung des entsprechenden Vorworts Rubius' ins Spanische findet sich in W. Redmond (Lit. I.2. [1982]), S. 324–328.

[36] LM1601P1, f. [*4]r.

[37] LM1601P1, f. [*4]v. Vgl. W. Redmond, a. a. O., S. 319f.

[38] W. Redmond (Lit. II. [2004], S. 370f.

[39] W. Redmond (Lit. I.2. [1982], S. 320f.

[40] W. Redmond, a. a. O., S. 321.

[41] W. Redmond, a. a. O., S. 321f.

[42] W. Redmond, a. a. O., S. 322.

[43] W. Redmond (Lit. I.2. [2002]), S. 22. Zum von mir benutzten Druck dieser ersten Druckversion: siehe oben zu LM1605P1. Neben der digitalisierten

als kürzere Version kursierende zuerst in Valencia 1606 gedruckte Variante[44] (die durchaus *nicht* einfach etwas ist, das durch einfache Streichungen aus der ersten Fassung entstanden ist),[45] dann (drittens) eine Ausgabe dieser zweiten Version „mit Hinzufügungen" Alcalá 1610.[46]

Der Anspruch, gekürzt zu haben, ist durchaus berechtigt: wo Parallelen bestehen, ist im ersten Teil der spätere Text oft deutlich weniger ausführlich als der frühere. Im zweiten Teil[47] hingegen wird die Situation komplizierter: Die zweite Variante hat Ausführungen zu den *Analytica priora* (Lehre von den Logischen Schlussformen), die in der ersten Variante fehlen, während das zweite Buch der *Analytica posteriora* (über [wissenschaftliche] Erkenntnis) sich wiederum nur in der ersten Variante behandelt findet.[48] Manches ist umgestellt, manches umgearbeitet.[49] Topik (*Topica*) und Fehlschlüsse (*Elenchi*) finden sich nur in der „kürzeren" späteren Version überhaupt behandelt – dort allerdings in der Tat vergleichsweise kurz.[50] Das prozentuale Gewicht der Behandlung der Frage, ob Logik eine praktische oder eine theoretische Wissenschaft sei, wächst von Version zu Version: von 19 % über

---

Version des Exemplars der Bayerischen Staatsbibliothek München habe ich in Papierversion auch verwendet das Exemplar Universitätsbibliothek München 4° Philos 337 (das auch die „Pars Posterior" enthält).

[44] W. Redmond, a. a. O., S. 22. Redmond (a. a. O.) gibt folgende weiteren Auflagen an: Köln 1615, Paris 1615, Lyon 1620, Köln 1621, Köln 1635, London 1641. Ich selber benutze hier die London 1641 Ausgabe: Antonius Rubius: *Commentarii In Universam Aristotelis Dialecticam: una cum dubiis & quaestionibus hac tempestate agitari solitis* (Lit. I.1.) – im Folgenden: LM1641.

[45] Hierzu Weiteres weiter unten.

[46] W. Redmond (Lit. I.2. [2002], S. 22. Die Ausgabe hat mir nicht vorgelegen. Nach Redmond (a. a. O., Fußn. 6) enthält die Ausgabe (mindestens) bei der *materia praefatoria* Hinzufügungen gegenüber der zweiten Version; zu weiteren von Redmond berichteten Hinzufügungen siehe weiter unten.

[47] Antonius Rubius Rodensis: *Logicae Mexicanae sive Commentariorum in Universam Aristotelis Logicam: Pars Posterior* (Lit. I.1.), im Folgenden zitiert als LM1605P2.

[48] LM1605P2, cl. 691–792.

[49] So ist *Tractatus 5* der *Generalis disputatio De Habitibus, Seu Virtutibus Intellectualibus ad Partem Posterioristicam [!] spectantibus* der ersten Version (LM1605P2, 2. Columnierung) dem Gegenstand (*De opinione & fide humana*) nach (nicht aber dem Text nach!) identisch mit dem entsprechenden *Tractatus 3* der zweiten Version (LM1641).

[50] LM1641, S. 523–539.

24 % zu 31 %.[51] Die[52] dritte Version weist an mindestens einer Stelle, an der die zweite Version gegenüber der ersten unverändert geblieben war, Diskussion und Ablehnung einer neuen Position hierzu auf.[53] Es gibt auch mindestens einen Fall, wo alle drei Versionen je unterschiedlichen Text bieten.[54] Um hinreichend sicher sagen zu können, ob jene Teile, die in späteren Versionen ausführlicher sind als in früheren, Material bieten, das in Spanien neu entstand, oder (mehr oder minder überarbeitet) solches, das Rubius schon aus Mexico mitgebracht hatte, fehlen uns (zumindest soweit mir bekannt) in den meisten Fällen hinreichende Belege.

Themen der Logik grenzen an einigen Stellen an solche anderer Bereiche der Philosophie. Rubius nutzt das, z. B. bei der Behandlung von Metaphysischem, in seinem Text zur Einführung des Porphyrius[55] und zu den Prädikamenten (zur Kategorienschrift).[56]

Das Vorgehen von Rubius' Logik sei an *einem* Thema anhand der Behandlung in der zweiten Version[57] vorgestellt: Aussagen in Bezug auf Nicht-Notwendiges.

Zu *De interpretatione* I.6 gibt es

EINZIGE FRAGE:
Ob Einzelaussagen über etwas zukünftiges Kontingentes eine *bestimmte* Wahrheit oder Falschheit haben?[58]

Es geht um Aussagen wie „Petrus wird sündigen".[59] (Statt Aristoteles' Beispiel von Aussagen über eine morgige Seeschlacht verwendet Rubius ein Beispiel dass Sünde [oder deren Vermeidung], und damit Freiheit zu *moralischem* freiem Handeln eines Einzelmenschen betrifft: Aus einer rein logischen Untersuchung zum Wahrheitswert von Sätzen ist eine Untersuchung geworden, in der es um einzelmenschliche Freiheit geht.)

---

[51] W. Redmond (Lit. I.2. [2002], S. 25f., Zahlen nach S. 26, Fußn. 14.
[52] mir wie erwähnt nicht zur Verfügung stehende
[53] W. Redmond, a. a. O., S. 30.
[54] W. Redmond, a. a. O., S. 30–34.
[55] LM1605P1, cl. 109–143 zum Universalienproblem (das auch später dort in dem Abschnitt *De specie* nochmals aufgenommen wird). Der Kommentar zur *Isagoge* des Porphyrios erstreckt sich bis cl. 610.
[56] LM1605P1, cl. 611–1256.
[57] Der von 1606 in der Auflage LM1641.
[58] LM1641, S. 401a: QUAESTIO UNICA. An singulares enunciationes de futuro contingenti, habeant veritatem aut falsitatem determinatam?
[59] LM1641, S. 400a.

Notwendige Aussagen, so Rubius, sind – gleich ob universal oder auf Einzelnes bezogen – notwendig wahr oder falsch, desgleichen auch auf Kontingentes bezogene Universalaussagen wie „Alle Menschen werden gehen", „Kein Mensch wird gehen"; in Bezug auf singuläres Kontingentes aber ist die Bestimmung des Wahrheitswertes vage.[60] Aussagen über gegenwärtiges und vergangenes Kontingentes sind ebenfalls bestimmt wahr (oder falsch), wenn auch nicht aus inneren Gründen oder schlechthin.[61] Fraglich aber ist die Lage in Bezug auf Aussagen über kontingente zukünftige Einzelereignisse.[62]

Hierzu, so Rubius, gibt es mehrere Lösungsversuche bzw. Ansichten. Zum ersten: Solche Aussagen haben weder Wahrheit noch Falschheit, sondern sind neutral.[63] Zweitens: Solche Aussagen haben Wahrheit, aber nicht auf bestimmte, sondern auf konfuse oder unbestimmte Weise, weil ja die Aussage „Petrus wird disputieren oder nicht disputieren" notwendig wahr ist.[64] Drittens: Derartige Aussagen haben eine bestimmte Wahrheit oder Falschheit („determinatam veritatem, aut falsitatem"), doch diese ist kontingent.[65]

Zur Bestimmung der eigenen Position erläutert Rubius: Eine determinierte Wahrheit muss distinkt und nicht konfus sein (da sonst ihre Wahrheit quasi schwebend bleibt („quasi suspensa manet veritas eius"), und sie muss aktual sein, in der Natur der Dinge liegend, wie bei der Aussage, dass morgen die Sonne aufgehe.[66] Des Weiteren wird festgestellt, dass es Aussagen über Zukünftiges gibt, die die Zeit angeben, zu der es stattfindet, und solche, die es nicht tun.[67]

Auf dieser Basis gibt Rubius als eigene Position: Dass Aussagen über kontingente zukünftige Einzelereignisse bestimmt determi-

---

[60] LM1641, S. 401a.
[61] LM1641, S. 401b. (Ich paraphrasiere teilweise textnah bis zum gelegentlichen Überschreiten der Grenze zur Übersetzung, teilweise etwas textferner – je nachdem, was mir leichteres Verständnis zu ermöglichen scheint.)
[62] LM 1641, S. 401b.
[63] LM1641, S. 401b. Zu den einzelnen Positionen werden jeweils Begründungen und Literaturangaben gegeben.
[64] LM1641, S. 401bf. Als weiterer Grund wird LM1641, S. 402a gegeben, dass das worauf sich die Aussage beziehe (das kontingente zukünftige Einzelereignis) nicht determiniert sei.
[65] LM1641, S. 402af.
[66] LM1641, S. 402b.
[67] LM 1641, S. 403a.

niert wahr oder falsch sind;[68] denn der katholische Glaube lehre, dass Gott von Ewigkeit her ihre Wahrheit evident kenne.[69] Und auch durch die Vernunft („ratione") lasse sich dies beweisen: Wenn es heute, am 27. Februar 2013, determiniert wahr ist, dass ich heute diesen auf sich selbst verweisenden Satz schreibe,[70] dann war die Aussage, dass ich am 27. Februar 2013 diesen Satz schreibe, auch gestern, am 26. Februar 2013, schon wahr.[71] Denn Aussagen beziehen sich auf das, was sie bezeichnen, und die Wahrheit einer Aussage, dass zum Zeitpunkt T Ereignis X eintreten werde, ist zum Zeitpunkt T-n genauso wahr (oder falsch) wie zum Zeitpunkt T.[72] Das Ereignis, das eintritt, ist zum Zeitpunkt des Eintretens aktual.[73] Wenn derlei Aussagen (heute) keinen determinierten Wahrheitswert hätten, dann hätten sie auch nie einen:[74]

> Denn wenn diese Aussagen keine determinierte Wahrheit haben, dann sind sie auf keine Weise wahr oder falsch, noch werden sie es irgendwann sein: weder aktual noch in Potenz – was absurd ist. Der Schlusssatz wird bewiesen: denn diejenige Potenz ist umsonst, die weder in die Aktualität reduziert wird noch reduziert werden kann; aber diese Aussagen werden nie wahr in Bezug auf die Zukunft sein, vielmehr es auch nicht sein können, wenn sie durchaus nicht determiniert wahr sind, weil da die Wirkung[75] gegenwärtig sein wird, sind sie doch nicht in Bezug auf die Zukunft wahr, sondern in Bezug auf die Gegenwart; also haben sie keine Wahrheit in Bezug auf die Zukunft, (weder)

---

[68]   LM 1641, S. 403a: „Quod propositiones singulares de futuro contingenti, sint determinate verae aut falsae."

[69]   LM1641, S. 403a.

[70]   Offensichtlich mein Beispiel, nicht das des Rubius (der Aussagen über einen disputierenden Petrus als Beispiel verwendet).

[71]   Das Entsprechende bei Rubius: LM1641, S. 403a.

[72]   Mein Versuch einer erläuternden Wiedergabe dessen, was sich LM1641, S. 403af. findet.

[73]   LM1641, S. 403b.

[74]   LM1641, S. 403b: Quia si propositiones istae non habent determinatam veritatem : ergo nullo modo sunt verae, aut falsae; nec erunt aliquando : hoc est, nec actu nec potentia, quod est absurdum. Probatur consequentia; quia frustra est potentia, quae nec reducitur, nec reduci potest ad actum; sed illae enuntiationes, nunquam erunt de futuro verae; imo nec esse poterunt, si modo non sunt determinatae verae; quia cum effectus praesens fuerit; iam non sunt verae de futuro, sed de praesenti; ergo nec habent veritatem de futuro; determinatam actu, nec potentia; quod est nullo prorsus modo esse veras de futuro. [Semikolon hinter veritatem de futuro: Ich vermute einen Fehler des Setzers (oder eines Kopisten, oder einen Schreibfehler des Autors), und übersetze so, als stände hier ein Komma (,) statt des Semikolons (;).]

[75]   Das Eintreten dessen, was in der Aussage behauptet wird.

aktual determiniert noch in Potenz: was heißt, dass sie auf gar keine Weise in Bezug auf die Zukunft wahr sind.

(Rubius nutzt Metaphysisches [die Akt-und-Potent-Lehre] zur Lösung eines logischen Problems. Die Berührungspunkte zwischen seiner Logik und Metaphysik beschränken sich durchaus nicht nur auf den Kommentar zur *Isagoge* des Porphyrios und die Kategorienschrift.)

Die vorgeschlagene Lösung, dass Aussagen über zukünftige kontingente Einzelereignisse determiniert wahr (oder falsch) sind, bedeute, so Rubius, nicht, dass zukünftige Ereignisse die „freie" Ursachen haben, notwendig seien: sie sind determiniert wahr als kontingente, und so auf kontingente Weise wahr („& contingenter sic vera"), so wahr, dass sie falsch sein könnten.[76] Weitere Erläuterungen folgen.[77] Er, Rubius, sei sich sicher, dass Aristoteles die Freiheit unseres Willens und die Kontingenz anderer Ursachen gekannt habe, und deshalb auch Rubius' in dieser *Quaestio* vertretene Ansicht (als seine eigene, richtige) erkannt habe.[78] Dann (diesmal mit dem „klassischen" Beispiel):[79]

> Ich sage aber, dass es notwendig ist, dass es in Zukunft entweder eine Seeschlacht gibt oder dass es sie in Zukunft nicht gibt: nicht aber [sage ich] dass es morgen notwendig eine Seeschlacht gebe, noch auch dass sie [morgen notwendig] nicht statthabe. Dass sie aber statthaben wird oder nicht statthaben wird: dies ist notwendig.

Es folgen Literaturangaben und eine Untersuchung der Frage, ob eine kontingente Wirkung dann, wenn sie eintritt, notwendig sei, oder immer noch kontingent.[80]

---

[76]  LM1641, S. 404af.
[77]  LM1641, S. 404b–405b.
[78]  LM1641, S. 405bf. Im Folgenden (LM1641, S. 406af.) dann Rubius' Versuch, diese Position als vereinbar mit den Aussagen im Text des Aristoteles zu zeigen.
[79]  LM1641, S. 406b: Dico autem, ut necesse est; Futurum esse bellum navale cras, vel non futurum esse, non tamen cras fieri bellum navale necesse est, neque non fieri: fieri tamen, vel non fieri, necesse est. [Semikolon hinter ut necesse est: Ich vermute (auch hier) einen Fehler des Setzers (oder eines Kopisten, oder einen Schreibfehler des Autors), und übersetze so, als stünde hier ein Komma (,) statt des Semikolons (;).]
[80]  LM1641, S. 406b–407b. Die Antwort ist: schlechthin kontingent, aber aufgrund der Umstände („ab extrinseco, ex determinatione temporis") notwendig (LM1641, S. 406b).

In Bezug auf keines der (rund ein Dutzend quer über die Versionen) Druckexemplare von Rubius' Logik, die ich bislang in der Hand gehabt und/oder online konsultiert habe, kann ich mich erinnern, irgendwelche Spuren gefunden zu haben, dass sie – entsprechend Rubius' Aussagen zum intendierten Gebrauch seines Werkes – Lehrern und/oder Studierenden als Lehrbuch gedient hätten.

Aber Rubius' Logik blieb alles andere als ungenutzt: für beträchtliche Zeit wurde und blieb sie Standardliteratur, auf die sich andere, spätere Werke zur Logik stützten und/oder bezogen[81] – ein Beispiel dafür, dass jene Ruptur, durch die die Philosophie der Renaissance als Philosophie ohne Kontinuität zu kartesischer wie postkartesischer Philosophie in Philosophiegeschichten steht, für die moderne Philosophie mit Descartes beginnt – ein Beispiel, dass diese Ruptur nicht um die Mitte des 17. Jahrhunderts, sondern weit später zu datieren ist.[82] Solcher Riss ist wohl auch mit Ursache, dass Ciudad de Mexico nicht mehr selbstverständlicher Ort von Philosophiegeschichte ist, die, vom Ort der Drucklegung des vorliegenden Bandes und dessen weiterer Ortsumgebung aus betrachtet, als *unsere* Philosophiegeschichte gesehen wird.

---

Vgl. (zu An. post. I,26) die Untersuchung *An scientia sit de singularibus, de contingentibus, & de entibus per accidens? / Ob es von Einzeldingen, Kontingenten, und akzidentell Seienden Wissenschaft gebe?* (LM1641, S. 513b–516a): in Bezug auf Zufälliges ist dort (LM1651, S. 516a) die Lösung, dass es von Zufälligem allgemein betrachtet Wissenschaft gäbe, aber von einzelnem Zufälligem durchaus nicht, da derlei weder definierbar sei, noch irgendeine *per se* beweisbare *passio* habe.

[81] Man suche in *Google books* nach „rubius logica" und „rubius dialectica" (eingeschränkt auf die Jahre 1450–1750) und man wird reichlich fündig werden; Weiteres kann die Suche nach „Rub." in Literaturangaben von Lehrbüchern, Kompendien, Forschungsliteratur der Logik aus dem 17. und 18. Jahrhundert liefern.

[82] Vgl. auch den „Epilog", **Paris 1625/München 2013,** des vorliegenden Bandes.

Literatur

I.1. Rubius: Primärliteratur

Antonius Rubius Rodensis: *Logica Mexicana sive Commentarii in Universam Aristotelis Logicam: Pars Prior*, Coloniae Agrippinae 1605 (Exemplar BSB München 4 Ph.sp. 162-1/2, online zugänglich unter URL http://www.mdz-nbn-resolving.de/urn/resolver. pl?urn=urn:nbn:de:bvb:12-bsb10008225-7 [gesehen 2013-02-18]), in diesem Kapitel zitiert als LM1605P1. Neben der digitalisierten Version des Exemplars der Bayerischen Staatsbibliothek München habe ich in Papierversion auch verwendet das Exemplar Universitätsbibliothek München 4° Philos 337 (das auch die „Pars Posterior" enthält).

Antonius Rubius: *Commentarii In Universam Aristotelis Dialecticam: una cum dubiis & quaestionibus hac tempestate agitari solitis*, Londini 1641 (Online – hinter paywall – zugänglich via „Early English Books online [EEBO]") – in diesem Kapitel zitiert als LM1641.

Antonius Rubius Rodensis: *In Dialecticam Aristotelis Commentarii et Quæstiones*, Matriti 1623 (online zugänglich unter URL http://books.google.de/books?id=3aI5xxzREzMC [gesehen 2013-02-27]).

Antonius Rubius Rodensis: *Logicae Mexicanae sive Commentariorum in Universam Aristotelis Logicam: Pars Posterior*, Coloniae Agrippinae 1605 (Exemplar BSB München 4 Ph.sp. 162-1/2, online zugänglich unter URL http://www.mdz-nbn-resolving. de/urn/resolver.pl?urn=urn:nbn:de:bvb:12-bsb10479891-5 [gesehen 2013-02-21]), in diesem Kapitel zitiert als LM1605P2.

I.2. Rubius: Sekundärliteratur

Domingo Henares: *La Lógica Mexicana del Rodense Antonio Rubio*, in: „Al-Basit" 14 (1984), S. 5–42.

Walter Redmond: *La Lógica Mexicana de Antonio Rubio: Una nota histórica*, in: „Dianoia" 28.28 (1982), S. 309–330.

Juan Carlos Torchia Estrada: *El Padre Antonio Rubio y la eseñanza filosofica de los jesuitas en la Nueva España*, in: „CUYO" 13 (1996), S. 11–44.

Walter Redmond: *Rubio: Filosofía de la Logica. Variantes de la*

*Lógica Mexicana,* in: „Relaciones: Revista de El Colegio de Michoacán" 23.91 (2002), S. 17–36.


II. Lateinamerika: Sonstiges

Walter D. Mignolo: *The Darker side of the Renaissance: Literacy, Territoriality, and Colonization; 2nd Edition,* Ann Arbor 2007.

Günter Zimmermann (ed.): *Briefe der indianischen Nobilität aus Neuspanien an Karl V und Philipp II um die Mitte des 16. Jahrhunderts,* Hamburg 1970.

Wayne E. Lee (ed.): *Empires and Indigenes: Intercultural Alliance, Imperial Expansion, and Warfare in the Early Modern World,* New York & London 2011.

Susan Schroeder (ed.): *The Conquest All Over Again*, Brighton & al. 2010.

Florine G. L. Asselbergs: *Conquered Conquistadors: The Lienzo de Quauhquechollan: A Nahua vision of the conquest of Guatemala,* Leiden 2004.

Kris Lane: *Quito 1599: City and Colony in Transition*, Albuquerque 2002.

Fintan B. Warren: *Vasco de Quiroga and his Pueblo Hospitals of Santa Fe*, Washington 1963.

Bernardino Verástique: *Michoacán and Eden: Vasco de Quiroga and the Evangelization of Western Mexico,* Austin 2000.

Walter Bernard Redmond: *Bibliography of the Secondary Literature concerning the Philosophy of the Colonial Period in Latin America,* in: Walter Bernard Redmond: „Bibliography of the Philosophy in the Iberian Colonies of America", The Hague 1972.

Walter Bernard Redmond: *Bibliography of the Philosophy in the Iberian Colonies of America*, The Hague 1972.

Walter Bernard Redmond: *Self-Awareness in Colonial Latin American Philosophy: Part 1,* in: „Jahrbuch für Geschichte Lateinamerikas" 41 (2004), S. 353–371.

# Peking 1601

Peking,[1] das ist der Ort, 1601, das ist das Jahr einer von Matteo Ricci[2] erreichten Epoche (im chronologischen Sinne): Dauerhafte

---

[1]  Da ich (quasi) kein Chinesisch kann (Zeichen und gesprochene Worte addiert, ist die Summe meines Wortschatzes geringer als zehn), befinde ich mich in diesem Kapitel in einer Situation, in der sich vermutlich in den anderen Kapiteln der eine oder andere Leser, die eine oder andere Leserin befunden haben wird: Ein wesentlicher Teil der grundlegenden Primär- wie Sekundärliteratur ist mir gar nicht zugänglich, weitere Teile sind es nur in Übersetzung und/oder via Sekundärtexte sprachkundigerer anderer Autor/inn/en. Fehler werden vermutlich die Folge sein. Ich nehme sie in Kauf und ermutige auch andere in Bezug auf andere in anderen Kapiteln dieses Bandes „einschlägige" Sprachen, sich nicht durch Sprachbarrieren von der Beschäftigung mit Philosophie der Renaissance abhalten zu lassen. Zumindest für die untersuchende Person können derlei Untersuchungen auch so intellektuell gewinnbringend sein (und u. U. auch Anregung, die eigenen Sprachkenntnisse in Zukunft auszubauen).

[2]  Eine Gesamtbibliographie der (umfangreichen) Literatur zu Ricci ist mir nicht bekannt; eine hinreichend vollständige solche Bibliographie zu erstellen ist mir selbst (schon allein der erwähnten fehlenden Sprachkenntnisse wegen) nicht möglich. Zur Einführung und für Bibliographien ausdrücklich empfohlen: Ronnie Po-chia Hsia: *A Jesuit in the Forbidden City: Matteo Ricci 1552–1601*, Oxford 2010 (im Folgenden: Po-chiaHsia2010) (Bibliographie dort: S. 342–349), und für schnellen Überblick auch: Rita Haub & Paul Oberholzer: *Matteo Ricci und der Kaiser von China: Jesuitenmission im Reich der Mitte*, Würzburg 2010, und noch kürzer: Sven Trakulhun: *Kulturwandel durch Anpassung? Matteo Ricci und die Jesuitenmission in China*, in: „zeitenblicke" 11.1 (2012), URL: http://www.zeitenblicke.de/2012/1/Trakulhun (gesehen 2013-03-11); ebenfalls (u. a. für Kontextualisierungsaspekte) empfohlen: Lavinia Brancaccio: *China accomodata: Chinakostruktionen in jesuitischen Schriften der Frühen Neuzeit*, Berlin 2007 (jeweils auch mit Verweisen auf weiterführende Literatur). An älterer Literatur vielleicht am weitesten verbreitet ist Jonathan D. Spence: *The Memory Palace of Matteo Ricci*, New York 1984 (Bibliographie dort: S. 319–337). Ein Überblick über die Ricci-Forschung des 20. (und frühesten 21.) Jahrhunderts findet sich Po-chiaHsia2010, S. 299–308; auch er sei ausdrücklich empfohlen. Ebenfalls ergiebig die bibliographischen Angaben in Matteo Ricci (ed. Filippo Mignini, trans. Nina Jocher): *Über die Freundschaft: Dell'amicizia*, Macerata 2005, S. 71–75 (für Primärtexte und Editionen) und S. 75–79 (für Sekundärliteratur). Eine ausführliche Zeittafel (*Cronologia Ricciana*) zu Riccis Leben, Wirken, Fortwirken findet sich in Pasquale Maria D'Elia (ed.): *Fonti Ricciane; Volume III: Storia dell'introduzione del cristianesimo in Cina: Appendici e indici*, Roma 1949, S. 20–39.

Niederlassung des Gelehrten in der Hauptstadt des Chinesischen Reiches.[3]

Der Weg dorthin war weit und lang:

Geboren am 6. Oktober 1552 in Macerata (in den päpstlichen Territorien),[4] verbrachte Ricci sieben Jahre dort als Schüler des örtlichen Jesuitenkollegs, lernte lateinische und griechische Sprache und Literatur.[5] 1568 geht er nach Rom, um Jura zu studieren;[6] 1571 dort Eintritt in den Jesuitenorden[7] und Studien im *Collegio Romano*.[8] In jenen Jahren gibt es mehrere jesuitisch/portugiesische Missons- und Kolonisierungsprojekte.[9] 1577 wird Ricci zusammen mit sieben anderen für die Indienmission ausgewählt, reist im Mai nach Portugal, kommt im Juli in Lissabon an.[10] Dann studiert er Theologie in Coimbra.[11]

Am 23. März 1578 dann der Aufbruch zur fast ein halbes Jahr dauernden beschwerlichen Seereise nach Indien, Ankunft in Goa am 13. September.[12] Das Theologiestudium wird fortgesetzt.[13] Ricci gehört schon dort und damals zu den wenigen Jesuiten, die die Aufnahme von Nicht-Europäern in ihren Orden befürworten.[14] Vom 26. April bis 7. August reist er per Schiff nach Macao.[15] Die Beziehungen der chinesischen Autoritäten und Bevölkerung zu den mit Misstrauen betrachteten in Macao isolierten Einwoh-

---

[3]   24. Januar 1601. Siehe Po-chiaHsia2010 (Lit. II.), S. 205–207. Eine Kurz-chronologie zu Riccis Leben und seinen Schriften findet sich in R. Haub & P. Oberholzer (Lit. II.), S. 45–47.

[4]   Po-chiaHsia2010, S. 1.

[5]   Po-chiaHsia2010, S. 4f.

[6]   Po-chiaHsia2010, S. 5.

[7]   Po-chiaHsia2010, S. 6f. & S. 12.

[8]   Po-chiaHsia2010, S. 12ff.; dort S. 16 zu Einfluss des Aristoteles (Riccis Vertreten von dessen Logik und Elementenlehre in China) und Mathematik. Für Klagen eines Dominikaners der Mitte des 16. Jahrhunderts über deplorablen Zustand chinesischer Naturphilosophie siehe Po-chiaHsia2010, S. 59.

[9]   Po-chiaHsia2010, S. 19f. für Japan und den *Estado India*. Sowie S. 20f. & S. 311f. für Ricci zugängliche Literatur zu Missionsprojekten in Idien, Brasilien, China.

[10]  Po-chiaHsia2010, S. 24f.

[11]  Po-chiaHsia2010, S. 26–28.

[12]  Po-chiaHsia2010, S. 28–35.

[13]  Po-chiaHsia2010, S. 39.

[14]  Po-chiaHsia2010, S. 49.

[15]  Po-chiaHsia2010, S. 50.

nern selbiger Niederlassung sind nicht spannungsfrei.[16] Ricci hat ein „chinakompatibles" Aussehen und lernt schnell gut genug Chinesisch, um sich mit Autoritäten ohne Dolmetscher verständigen zu können.[17] Eine Delegation, der Ricci angehört, reist im Dezember 1582 aufs Festland, über Xiangshan, Guanzhou nach Zhaoqing, um eine Uhr als Geschenk zu übergeben, muss aber nach kaum drei Monaten wieder nach Macao zurückkehren.[18]

1583 schreibt Ricci an seinen Ordensgeneral Aquaviva und bittet um die Übersendung einer Weltkarte.[19] Riccis chinesische Weltkarten[20] (die erste wurde 1584 gedruckt, kaum dass es Ricci möglich geworden war, sich auf dem chinesischen Festland niederzulassen,[21] dann vergrößert und verbessert Nanking/Nanjing 1600,[22] dann Peking 1602[23] [ein sehr großer Erfolg: „tausende" bzw. „viele" und „sehr viele" Exemplare werden davon gedruckt,[24] ja das Werk wird im selben Jahr dortselbst raubgedruckt],[25] eine erneut vergrößerte und verbesserte Ausgabe folgt Peking 1603),[26] diese Karten, die auch Texte enthalten, diese Weltkarten machen beachtlichen Eindruck: schon Ortelius' Weltkarte (mit ihren Erläuterungen durch Ricci) hatte 1584 in Zhaoqin beträchtliches Interesse erfahren;[27] gegen Ende des Jahres folgt dann Riccis erste eigene chinesische Weltkarte dortselbst.[28] Ein unautorisierter Nachdruck derselben verbessert 1598 Riccis Situation in Nanjing.[29] Die (vermutlich) erste der Pekinger Ausgaben der Karte erlaubt es dem chinesischen Autor des Vorworts, Li Zhizao, westliche und

---

[16]   Po-chiaHsia2010, S. 51–77 passim.
[17]   Po-chiaHsia2010, S. 70.
[18]   Po-chiaHsia2010, S. 71.
[19]   Po-chiaHsia2010, S. 72.
[20]   Zu diesen: P. M. D'Elia (Lit. II. [1961]), S. 82–164.
[21]   P. M. D'Elia, a. a. O.
[22]   A. a. O., S. 88–108.
[23]   A. a. O., S. 108–114. Zu dieser Karte (die es auch als Globus gab) s. Po-chiaHsia2010 (Lit. II.), S. 183f.
[24]   P. M. D'Elia, a. a. O., S. 120. Dass von all diesen chinesischen Weltkarten Riccis wohl insgesamt weniger als ein Dutzend erhaltene Exemplare bekannt sind (D'Elias Zahlen hochrechnend), spricht entweder für vergleichsweise geringe Haltbarkeit oder vergleichsweise starke Benutzung, oder beides.
[25]   A. a. O., S. 114–116.
[26]   A. a. O., S. 120–158 (mit Abbildungen und reichlich Kontextualisierung).
[27]   Po-chiaHsia2010, S. 87.
[28]   Po-chiaHsia2010, S. 87; siehe oben D'Elia zu diesem Druck.
[29]   Po-chiaHsia2010, S. 171.

chinesische Astronomie/Kosmologie zu verbinden.[30] Der Ruhm seiner Weltkarten eilt Ricci voraus.[31] Unter all seinen Werken ist sie zu seiner Zeit das meistgedruckte, selbst der Kaiser wünscht ein Exemplar davon (und erhält eine Spezialversion auf einem Lackschirm).[32]

Riccis Weg von Macao zum Residenzort des Kaisers war länger als die Länge des vorigen Absatzes. Schon in seiner Zeit in Macao hatte er Parallelen gezogen zwischen den chinesischen Mandarinen, denen zeremoniell hohe Achtung entgegengebracht wird und die allein ihrer Gelehrsamkeit wegen ihre Stellung erreicht haben, und dem römischen Papst.[33] 1583 wird die erste jesuitische Dauerniederlassung in Inlandschina, in Zhaoqing, erlaubt.[34] Die Jesuiten präsentieren sich als Mönche aus dem Lande Buddhas und werden als eine Sorte buddhistischer Mönche wahrgenommen.[35] Michele Ruggieri/Luo Mingjian erreicht, dass der Mandarin Wang Pan den Druck von 3000 Exemplaren des von Ruggieri erarbeiteten chinesischen Katechismus unterstützt.[36] Ölbilder, wissenschaftliche Instrumente, die erwähnte Weltkarte führen zu zahlreichen interessierten chinesischen Besuchern in Ruggieris und Riccis Niederlassung.[37] 1585 meldet Ricci, er habe sich äußerlich völlig sinisiert,[38] Sprachenmischung habe zu Verlust der Fähigkeit, elegantes Italienisch zu schreiben, geführt.[39] 1589 muss Zhaoqing verlassen werden, geht es weiter in die Präfekturhauptstadt Shaozhou.[40] Ricci distanziert sich (und seine Gefährten) vom Auftreten buddhistischer Mönche, betont Unterschiede zu diesen und Gemeinsamkeiten mit chinesischen Literaten.[41] Der Weg zur Erfindung der angeblichen a-religiösen chinesischen Staatsreligion

---

[30]   Po-chiaHsia2010, S. 220.
[31]   Po-chiaHsia2010, S. 256.
[32]   Po-chiaHsia2010, S. 282.
[33]   Po-chiaHsia2010, S. 73f.
[34]   Po-chiaHsia2010, S. 79ff.
[35]   Po-chiaHsia2010, S. 92.
[36]   Po-chiaHsia2010, S. 93. Zu diesem Text Po-chiaHsia2010, S. 93–96.
[37]   Po-chiaHsia2010, S. 111.
[38]   Po-chiaHsia2010, S. 105.
[39]   Po-chiaHsia2010, S. 106. Noch eindrücklicher: L. Brancaccio (Lit. II.), S. 117, Fußn. 150.
[40]   Po-chiaHsia2010, S. 113–118.
[41]   A. a. O., S. 118.

Konfuzianismus ist betreten.[42] 1589 beginnt auch der Austausch mit dem vergleichsweise irregulären Gelehrten Qu Rukui.[43] 1593 beginnt Ricci erneut Chinesischunterricht zu nehmen.[44] 1594 erhält er bei einem Besuch in Macao offizielle Erlaubnis zum Rollenwechsel.[45] 1595 findet Riccis Umzug (mit einem Zwischenaufenthalt in Nanking/Nanjing) nach Nanchang statt.[46] Dort beeindrucken Riccis Gedächtnisleistungen, seine Mnemotechnik interessiert, erweist sich aber als für Chinesen wenig tauglich.[47]

In Nanchang kommt er in Kontakt mit Angehörigen der Ming Herrscherfamilie; daraus entsteht durch eine Diskussion über

---

[42] Siehe hierzu: Lionel M. Jensen: *Manufacturing Confucianism: Chinese Traditions & Universal Civilization*, Durham 2003, und dort insbes. S. 4, S. 5 („In this century in China **Confucius, the largely Western invention**, inspired a re-creation of the native hero, Kongzi ..." [Fettdruck durch mich]), S. 7 (zu den Quellen der Namensform [Geistertafeln regionaler Tempel]), S. 48ff. (zur „Conversion to the Order of the Literati (*Ru*)", S. 59f. (zur Herstellung eines jesuitischkonfuzianischen Schriftenkanons), S. 65–67 (zur Präsentation des Konfuzianismus als a-religiös durch Trigault & al.). Siehe auch Po-chiaHsia2010, S. 135 zu Riccis Übersetzung der „Vier Bücher" („Sì Shū") der konfuzianischen Tradition ins Lateinische.

[43] Po-chiaHsia2010, S. 120–125. Qu Rukui (der u. a. ererbtes Vermögen für Alchemie verschleudert hatte und statt als Beamter zu wirken von anderer Leute Geld lebend China durchwanderte) lernte von Ricci, half diesem durch seine Beziehungen und intellektuellen Austausch. Kuriositätshalber: 1590/1591 stellt Ricci ein aus Mexico stammendes Bild von Madonna, Kind und Johannes auf den Altar der Kapelle, was zu vielen täglichen Besuchern und zu nächtlichen Steinwürfen führt; Qu Rukui rät zur Antwort hierauf und bezieht den Präfekten ein (a. a. O., S. 125). Vgl. auch Po-chiaHsia2010, S. 129 zu einem Besuch in Nanxiong: Aufenthalt bei Qu Rukui, Besuch in der Residenz des stellvertretend höchsten Beamten der Stadt, Gegenbesuch desselben in Qus Haus, in der Folge Besuche anderer Autoritäten der Stadt bei Ricci. Po-chiaHsia2010, S. 136 zu Qus Einfluss auf Riccis Abwendung von buddhistennahem Auftreten.

[44] Po-chiaHsia2010, S. 135–137.

[45] Po-chiaHsia2010, S. 138.

[46] Po-chiaHsia2010, S. 141–150.

[47] Po-chiaHsia2010, S. 141–153. Riccis Mnemotechnisches Werk ist Leithintergrund für Jonathan D. Spence: *The Memory Palace of Matteo Ricci*, New York 1984. Eine Reprographische Wiedergabe und kommentierte deutsche Übersetzung mit Einführung bietet: Michael Lackner: *Das vergessene Gedächtnis: Die jesuitische Abhandlung Xiguo Jifa / Übersetzung und Kommentar*, Wiesbaden 1986. Dort S. 4 der zusammenfassende Hinweis, dass Weise und Grad des Zusammenhangs mit Ricci lockerer/vermittelter sein könnten als eine normale Autor-zu-Werk-Beziehung, und S. 11–18 zu möglichen Gründen des Ausbleibens größerer chinesischer Wirkungsgeschichte.

Freundschaft 1596 Riccis erstes chinesisches Buch: *Über Freund-schaft/Jiaoyou lun,* von Ricci selbst ins Italienische übersetzt: *Dell' amicitia.*[48]

Der Erfolg war – so meldete es auch Ricci selbst – beträchtlich.[49] Im Vorwort berichtet er, der „König" (= Ming-Prinz) habe ihm gesagt:[50]

> Das große Königreich Europa ist Königreich von Untersuchungen, die auf Gründen beruhen: ich will wissen, was sie zur Freundschaft meinen.[51]

Manche der 78 (bzw. in der späteren Ausgabe gut 100) Absätze/Sentenzen/Maximen von *De amicitia* sind aus älteren Europäischen Kontexten vertraut: etwa dass ein Freund ein anderes ich sei,[52] das an Petrarca gemahnende Gedenken an verstorbene Freunde als seien sie am Leben,[53] Tugendliebe als Basis der Freundschaft,[54] die Aufforderung, gegen Laster des Freundes zu

---

48  Po-chiaHsia2010, S. 153f. zur Entstehung, S. 155f. zu Inhalten und Fortüne (mindestens 5 Auflagen) und zu Riccis Italienischer Übersetzung, S. 156 und S. 121f. zu Qu Rukuis Vorwort zur (mindestens zweiten) Auflage von 1599, S. 180 zu einem Bewunderer des Buches, S. 221 zum Vorwort der erweiterten 1601er Auflage des Textes.
    Siehe auch die Übersetzung ins Englische durch T. Billings (Lit. I.), S. 139–142 zu den Ausgaben des Textes und zur Textgeschichte.
    Das Buch liegt (auch) in Italienischer Fassung und deutscher Übersetzung vor: Matteo Ricci (ed. Filippo Mignini, trans. Nina Jocher): *Über die Freundschaft: Dell'amicizia,* Macerata 2005. Diese Ausgabe wird im Folgenden zitiert als RicciDA, bzw., sofern auf das Vorwort Migninis bezogen: RicciDAm. Die oben gewählte Schreibweise *De amicitia* ist die des Manuskripts: s. die Abbildung RicciDA, S. [28]l2.

49  RicciDAm, S. 15f. (wo auch zu Druckfortüne). Zu Riccis Quellen s. RicciDAm, S. 16f. und Po-chiaHsia2010, S. 155 (beide verweisen auf Andreas Erborenis: *Sententia et Exempla* als Mittler antiken Gedankenguts).
    *De amicitia* ist auch der einzige Text Riccis, der in Joseph Ratzingers (= Benedictus XVI, Papa emeritus) Botschaft an den Bischof von Macerata von 2009 erwähnt wird: R. Haub & P. Oberholzer (Lit. II), S. 9.

50  RicciDA, S. 32 (#1): Il grande regno di Europa è regno di discorsi fondati nelle ragioni: desidero sapere quello che loro sentono della amicitia.

51  Die Übersetzung ist hier meine, textnäher als die Jochers.

52  RicciDA, S. 32 (#2).

53  RicciDA, S. 36 (#15).

54  RicciDA, S. 38 (#17), ergänzt durch die Aussage, das chinesische Zeichen für „Freund" sei aus zwei übereinanderstehenden Zeichen für „wie" zusammengesetzt.

wirken,[55] die Aussage, dass unter Freunden alles gemeinsam ist,[56] Lob der um der Tugend willen geschlossenen Freundschaften,[57] „Wer viele vertraute Freunde hat, hat keinen einzigen vertrauten Freund",[58] …; andere nicht so: z. B. dass ein gehorsamer Sohn von seinem Vater auch dessen Freundschaften zur Fortführung erbe,[59] dass wer Heroisches in der Welt getan habe, dies getan habe, entweder weil er einen großen Feind oder einen großen Freund gehabt habe,[60] dass die Bezeichnung „Freund" jetzt im Gegensatz zu alter Zeit käuflich sei,[61] dass man aus altertümlichen chinesischen Schriftzeichen erkennen könne, dass die alten Gelehrten über Freunde und Kameraden dasselbe gemeint hätten, wie wir (Ricci und der Ming-Prinz?) vortragen,[62] dass ein König ohne Staatskasse („erario") sein könne, nicht aber ohne Freunde,[63] … Vielleicht für viele (mehr oder minder zeitgenössische) Leser/innen des Textes eine reizvolle Mischung von Vertrautem und Exotischem.[64]

In Gesprächen mit Qu Rukuis Lehrer Zhang Huang entstehen die Grundlagen von Riccis theologisch/metaphysischem Werk *Tianzhu shiyi/Die wahre Bedeutung des Herrns des Himmels*.[65] 1596 schickt Ricci einen China betreffenden Text nach Rom, in dem sich eine Beschreibung Chinas als eines meritokratischen gelehrtenbeherrschten Reichs findet.[66] 1598 bricht Ricci mit dem ehemaligen Ritenminister Wang Zhongming auf, um nach Nan-

---

[55]  RicciDA, S. 38 (#19).
[56]  RicciDA, S. 38 (#28): „Le cose de gli amici sono communi tra di loro": S. 41 „Unter Freunden sind alle Dinge Gemeingut." Siehe auch RicciDA, S. 54 (#67) mit gleicher Message und Verweis auf Theophrast.
[57]  RicciDA, S. 40 (#29). Vgl. auch RicciDA, S. 40 (#50) zur Voraussetzung, dass der Freund tugendhaft und fromm sein müsse, um ihm zu folgen (man vergleiche die auch von Montaigne diskutierte Cicero[/Plutarch]-Stelle zu Blosius/Βλόσσιος [Cicero: *Laelius De amicitia* § 37; Plutarch: *Tiberius Gracchus* 20]).
[58]  RicciDA, S. 45 (#38): S. 44 „Chi tiene molti amici intrinsechi non tiene nessun amico intrinseco."
[59]  RicciDA, S. 32 (#5).
[60]  RicciDA, S. 34 (#7).
[61]  RicciDA, S. 42 (#34).
[62]  RicciDA, S. 49 (#54): S. 48: „Gli antichi letterati, come da qui si vede, sentivano dell'amico e del compagno questo che dicemo."
[63]  RicciDA, S. 56f. (#73).
[64]  Was dabei jeweils vertraut und was exotisch, ist jeweils abhängig von den (chinesischen oder antik-europäischen) Erwartungskontexten.
[65]  Po-chiaHsia2010, S. 157–163.
[66]  Po-chiaHsia2010, S. 166.

king/Nanjing, ja gar nach Peking zu gelangen;[67] Peking wird erreicht, doch der Aufenthalt ist kurz (September bis Anfang November).[68] Ende 1598/Anfang 1599 ist der erkrankte Ricci Gast Qu Rukuis in Nanchang, dann in Nanjing.[69] Dort findet er Anerkennung als Gelehrter,[70] schreibt ein Werk, in dem er versucht die aristotelische Vierelementenlehre als der chinesischen Fünfelementenlehre überlegen zu erweisen (und europäische Astronomie/Kosmologie desgleichen),[71] worin er u. a. vorträgt, die antiken chinesischen Gelehrten hätten die richtige Lehre gehabt, erst spätere chinesische Gelehrte hätten sie verdorben.[72] Der Gelehrte Li Zhi rühmt Riccis Gelehrsamkeit, Geist und Verhalten, um dann zu schließen „I have no idea why he is here. I have met him three times already and still do not know his intention in coming here. Perhaps he wants to study our Confucian learning, but surely this is a stupid guess, which probably does not reflect his real intention."[73] Li Zhi war u. a. auch bei einer Debatte im Frühjahr 1599 anwesend, deren antibuddhistischer Verlauf Eingang in *Tianzhu shiyi/Die wahre Bedeutung des Herrns des Himmels* fand.[74] August 1599 beginnen Riccis Vorbereitungen für den nächsten Versuch, Peking zu erreichen: als Überbringer von Geschenken für den Kaiser; Aufbruch ist im Mai 1600.[75] Im September wird dann für den Kaiser eine Liste der Geschenke zusammengestellt.[76] Trotz

---

[67] Po-chiaHsia2010, S. 170–172. Geschenke und ein unautorisierter Nachdruck von Riccis Weltkarte, dessen wahre Autorschaft auf Ricci zurückgeführt wird, helfen.

[68] Po-chiaHsia2010, S. 172–172.

[69] Po-chiaHsia2010, S. 174.

[70] Po-chiaHsia2010, S. 177ff.

[71] Po-chiaHsia2010, S. 183–186.

[72] Po-chiaHsia2010, S. 185. Ja, dies gemahnt an „westliche" Gegenüberstellungen von „Antike", „dunklem Mittelalter", „Renaissance/Neuzeit".

[73] Po-chiaHsia2010, S. 193; Quellenverweis: Po-chiaHsia2010, S. 324, Fußn. 26. Vgl. auch das Po-chiaHsia2010, S. 199 zitierte Statement Riccis, es sei noch nicht die Zeit der Ernte gekommen, ja noch nicht einmal die der Aussaat, sondern erst die der Urbarmachung – andere als er würden kommen und über Bekehrungen zum Christentum berichten. (Was nicht heißt, dass es nicht durchaus auch zu jener Zeit und durch Ricci einige Taufen gegeben hätte ... Riccis diesbezügliche Erfolge sind nur nicht Gegenstand eines Kapitels einer philosophiehistorischen Einführung, da sie zu wenige waren, Philosophiegeschichte merklich zu verändern.)

[74] Po-chiaHsia2010, S. 194–198.

[75] Po-chiaHsia2010, S. 201.

[76] Po-chiaHsia2010, S. 204.

mancher administrativer Widerstände erhält Ricci im Januar 1601 die kaiserliche Anweisung, sich mit den Geschenken nach Peking zu begeben.[77] Am 24. Januar kommt er mit den Geschenken (drei Gemälde religiösen Inhalts, eine Brevierprachtausgabe, ein Kruzifix, ein Druck von Ortelius' Weltatlas, zwei mechanische Uhren, zwei Prismen, weitere Glaswaren, ein Clavichord, ein Nashornhorn, zwei Sanduhren, europäische Gürtel, Stoffe, Münzen) an, die Geschenke werden in den Kaiserpalast geschickt.[78] Ricci und der ihn begleitende Pantoja dürfen dem leeren Kaiserthron ihre Reverenz erweisen[79] (den von öffentlichen Staatsgeschäften zurückgezogen lebenden Wanli Kaiser wird Ricci nie zu sehen bekommen). Zwischen dem Kaiser, der die Jesuiten in Peking behalten will, und der Bürokratie (die zumindest teilweise Ricci und Begleitung mindestens aus Peking und Nanking verwiesen sehen will) kommt es zu leiser Auseinandersetzung; Ricci und Pantoja dürfen in Peking ihre Unterkunft selbst wählen und erhalten eine (laut Po-chia Hsia bescheidene) kaiserliche Besoldung.[80]

Ricci baut seine Kontakte (zu Kaiserverwandten, Militärs, und vor allem zu hohen Beamten) aus.[81] Der wegen Opposition zu einem hohen Fiskalbeamten drei Jahre gefangengehaltene Beamte Feng Yinjiing[82] schreibt ein Vorwort zu Riccis 1603 im Druck erschienenem (oben bereits erwähntem) Werk *Tianzhu shiyi/Die wahre Bedeutung des Herrns des Himmels*.[83]

*Tianzhu shiyi/T'ien-chu Shih-i/Die wahre Bedeutung des Herrns des Himmels/The True Meaning of the Lord of Heaven*[84] ist (u. a.) ein

---

[77] Po-chiaHsia2010, S. 205.
[78] Po-chiaHsia2010, S. 207.
[79] Po-chiaHsia2010, S. 209f.
[80] Po-chiaHsia2010, S. 210–212.
[81] Po-chiaHsia2010, S. 214–218.
[82] Kurzbiographie: Po-chiaHsia2010, S. 221f.
[83] Po-chiaHsia2010, S. 222–225.
[84] Ausgabe des chinesischen Textes mit englischer Übersetzung: Matteo Ricci (ed. Edward J. Malatesta, trans., praef. & comm. Douglas Lancashire & Peter Hu Kuo-chen): *The True Meaning of the Lord of Heaven: (T'ien-ch Shih-i)*, St Louis 1985 (im Folgenden zitiert als RicciTS).
Einen Überblick über den Text und seine Rezeption bietet Po-chiaHsia2010, S. 224–244. Überblick, Analyse, und Ausführungen zur Rezeption auch in der Einführung zu RicciTS, zur Chinesischen Rezeption dort S. 38–46.

Werk zwischen Theologie und Philosophie, europäischen und chinesischen Lehren. Es gibt eine eigenhändige Lateinische Zusammenfassung Riccis.[85] Vorgestellt wird es dort als „Catechismus Sinicus" – u. U. weil es als Frage- und Antwort-Text, Dialog zwischen einem Chinesischen Gelehrten und einem Europäischen Gelehrten geschrieben ist.[86] In seiner Zusammenfassung berichtet Ricci u. a. von einem Gottesbeweis (und Beweis der Existenz eines einzigen Gottes) auf Basis der traditionellen aristotelischen Vierursachenlehre:[87]

> Es wird nachgewiesen, dass es einen Gott gibt, und nicht mehrere. Und damit das besser erkannt wird, und erklärt wird, in welcher Gattung der Ursachen Gott die erste Ursache der Ursachen sei, werden kurz die vier Gattungen der Ursachen vorgestellt, und es wird zugleich von vermittelten und direkten Ursachen, ersten [Ursachen] etc. gehandelt. Welche Lehre den Chinesen als neue und wahre so in hohem Maße willkommen begegnet und in höchstem Maße bewiesen wird.
>
> Der Chinesische [Gelehrte ist] von Vernunftgründen überzeugt [und] glaubt, dass es Gott gibt, und fragt, was Gott sei.

U. a. berichtet Ricci auch von der Richtigstellung falscher chinesischer Ansichten zum Vakuum,[88] und von der Einführung der den Chinesen vorher unbekannt gewesenen Unterscheidung von Substanz und Akzidenz,[89] vom Nachweis der Unsterblichkeit der menschlichen Seele und deren Unterschied von den Seelen der Tiere,[90] auch zu den drei Potenzen der menschlichen Seele,[91] Prä-

---

Statt diesen oder Po-chia Hsias Überblick – der den Text in chinesischem Kontext vorstellt – zu referieren (beide sind eigener Lektüre wert!), versuche ich einige fragmentarische Lesefrüchte kurz aufzuzeigen.

[85] RicciTS, S. 460–472.

[86] RicciTS, S. 461: „Inducuntor duo litterati, unus Sina alter Europaeus: et Sina quidem rogat de rebus fidei Christianae, Europaeus autem respondet ad ea quae rogatur."

[87] RicciTS, S. 461 (die Index-Funktion habenden Sektionsbebezeichnungsbuchstaben [vgl. a. a. O., S. 460] lasse ich aus; es handelt sich um „P" und „Q": Probatur Deum esse unum, et non esse plures. Et ut melius hoc cognoscatur, et explicatur quo genere causarum sit Deus prima causa causarum, declarantur paucius quatuor genera causarum, simulque agitur de causis mediatis et immediatis, primis, etc. Quae doctrina Sinis ut nova et vera, ita accidit gratissima et maxime probatur.
Sina rationibus advictus credit Deum esse, et rogat quid sit Deus.

[88] RicciTS, S. 462.

[89] RicciTS, S. 463.

[90] RicciTS, S. 464–466.

dikamentenlehre,[92] von der Widerlegung der Lehre eines bei den Gelehrten berühmten Philosophen, dass es nicht nötig sei an Paradies und Hölle zu glauben, sondern nur anzustreben sei, dass die Menschen gut seien, und nicht schlecht,[93] vom stets weinenden Heraklit und dem stets lachenden Demokrit,[94] aber nicht nur zu solch philosophischem oder philosophienahem, sondern auch[95] von der jegliche menschliche Erkenntnis übersteigenden Natur Gottes,[96] Konfuzius-Interpretation,[97] von christlicher Offenbarung,[98] Ablehnung der Seelenwanderungslehre,[99] Ablehnung der Begründung des Vegetarianismus,[100] Fasten,[101] Himmel und Hölle,[102] Priesterzölibat,[103] Erbsünde,[104] Christologie.[105] Am Ende wird davon berichtet, dass der Chinesische Gelehrte die Taufe begehr(t)e.[106]

Die Qualität von Riccis Argumentation ist bisweilen so, dass zeitgenössische Belege ihrer Überzeugungskraft (gleich was Europäer

---

[91] RicciTS, S. 470.
[92] RicciTS, S. 466. Die Stellung der Prädikamente/Kategorienschrift zwischen Logik und Metaphysik hatte auch im vorigen Kapitel zu Rubius Erwähnung gefunden.
[93] RicciTS, S. 469. Es fehlen Randbemerkungen, aus denen wir erschließen könnten, ob Riccis zeitgenössische europäische Leser/innen (die Handschrift findet sich in der *Biblioteca Casanatense* zu Rom [RicciTS, S. 459f.: ms. 2136]) – falls es denn solche überhaupt gab – dabei an Pomponazzi dachten, oder an Reflexe von Averroes' Prolog zu seinem Großen Kommentar zur *Physik* des Aristoteles, oder an anderes, oder an nichts.
[94] RicciTS, S. 464. Die Passage bei Ricci allein könnte einen zweifeln lassen, welcher von beiden der lachende, welcher der weinende Philosoph sei.
[95] Liste ebenfalls ohne jede Vollständigkeit, reine Aufzählung von Beispielen.
[96] RicciTS, S. 461.
[97] RicciTS, S. 463.
[98] RicciTS, S. 464 (als „Lex Christiana" bezeichnet – womit die auf Averroes zurückgehende Bezeichnung der Religionen als „Leges" („Gesetzessysteme") übernommen wird (ohne ihren inhaltlichen Gehalt oder die daraus gezogenen Folgerungen).
[99] RicciTS, S. 467.
[100] RicciTS, S. 467f., u. a. mit der bemerkenswerten Begründung, nicht nur Tiere, sondern auch Pflanzen hätten Blut – wenn auch kein rotes (a. a. O., S. 468 lit. VV).
[101] RicciTS, S. 468.
[102] RicciTS, S. 468.
[103] RicciTS, S. 471f.
[104] RicciTS, S. 472.
[105] RicciTS, S. 472.
[106] RicciTS, S. 472.

oder Chinesen betrifft) willkommen wären.[107] Ricci trägt zur Begründung der Unvergänglichkeit der menschlichen Seele vor:[108] Zerstörung braucht Grund, Grund der Zerstörung ist Aufstand. Da es keinen Konflikt zwischen den Planeten gibt, werden sie nicht zerstört. Was entsteht, entsteht durch die vier Elemente Feuer, Luft, Wasser, Erde. Deren Qualitäten (z. B. trocken und heiß im Falle des Feuers) ist so, dass die Elemente sich untereinander bekämpfen, sie nicht in Harmonie bleiben können, und wenn eines siegt, das Produkt der (früheren) Verbindung der Elemente beendet ist. Die intelligente Seele (der menschliche Intellekt) aber ist Geist und hat keine Verbindung mit den vier Elementen. Daher gibt es keinen Grund für die Zerstörung dieser Seele.[109]

An anderen Stellen hingegen ist sie (weniger Akzeptanz aristotelischer Grundannahmen voraussetzend) im positiven Sinne überraschend: ebenfalls als Argument für die Unsterblichkeit der menschlichen Seele führt der europäische Gelehrte an:[110]

First, all men have minds that like to spread a good reputation and to prohibit the handing down of a bad reputation to later generations. This is different from the foolish birds and beasts. Thus, whenever they do anything, men always hope that their actions will accord with public opinion in order to invite men's praise. Anyone who hopes to win a good reputation in this world either tries to accomplish something outstanding, or [to establish his teaching][111] by writing a book, or to become an expert in the arts, or to risk his life to the point of death, and even though he should sacrifice his life he will not regret it. Probably most people have this kind of mind; but foolish people do not, and the more foolish they are the less they have it.

Let me ask you, shall I be able to hear or to know of the reputation I have left behind me after I have died? From the point of view of my physical body, how can I hear of it once my bones and flesh have rotted away and turned to dust? But the soul continues to exist and is not extinguished; and the goodness or baseness of the reputation I

---

[107] Mir fehlen sie, sei's wegen mangelnder Sprachkenntnisse, mangelnder Literaturkenntnis oder sonstiger Ignoranz. Hierzu (wie zu allen anderen Teilen dieses Buches) ist Belehrung durch Leser/innen im Blick auf etwaige künftige verbesserte Auflagen sehr willkommen!

[108] RicciTS, S. 148–151.

[109] Sollte der Chinesische Gelehrte den (mindestens seit Galens *Quod animi mores* bekannten) Einwand erheben, wieso wir dann durch körperliche Veränderung geistige Fähigkeiten verändern können, so habe ich ihn übersehen.

[110] RicciTS, S. 159.

[111] Parenthesen in der Vorlage.

leave behind remains entirely the same as when I was living. If you say the soul is destroyed after a person dies, then to trouble one's mind about a good reputation is like preparing a beautiful painting for viewing after we are blind, or a beautiful piece of music so that we can listen to it after we have turned deaf. What has such a reputation to do with us? Yet people seek after it and are unwilling to give it up even at death.

Anderes ist klar auf den chinesischen Kontext bezogen, wie der Vortrag des chinesischen Gelehrten, gute Menschen seien in der Lage den „Weg" in ihrem Geiste zu erhalten, weshalb ihr Geist fortlebe, während schlechte Menschen ihren Geist durch Übeltun zerstörten, weshalb ihre Seelen mit ihnen (i. e. ihren Körpern) untergingen.[112]

Wie schon im Falle von Riccis Werk über Freundschaft ist es auch hier[113] die amalgamierende Mischung, die zu einer reizvollen westöstlichen Mischung, gleich aus welchem Erwartungskontext betrachtet, führt.

Weitere Kontakte, Konversionen und Werke folgen,[114] unter den Werken *Ershiwu yan/Fünfundzwanzig Sentenzen* (eine Epiktet-Übersetzung mit Ergänzungen)[115] und *Jiren shipian/Zehn Abhandlungen des paradoxalen Mannes*.[116] Ricci stirbt am 10 Mai 1610,[117] erhält mit kaiserlicher Zustimmung eine Grablege,[118] das Unternehmen, Chinesisches und Westliches/Christliches zu verbinden,[119] geht (mit wechselndem Erfolg und gegen Widerstände in

---

[112] RicciTS, S. 167.

[113] Man vergleiche z. B. auch die Ausführungen des chinesischen Gelehrten zu Geistern RicciTS, S. 179: Manche sagten, es gebe keine, andere sagen, es gebe sie, so man daran glaube, und gebe sie nicht, so man nicht daran glaube, andere sagten, es sei nur korrekt zu sagen, sie existierten sowohl als dass sie nicht existierten.

[114] Po-chiaHsia2010, S. 246–286.

[115] Po-chiaHsia2010, S. 257, 259.

[116] Po-chiaHsia2010, S. 218, 251, 269, 270ff. (S. 270f. zu einer Antwort, die Ricci u. a. vorwirft, über zu geringe Kenntnisse des Buddhismus zu verfügen; S. 272–275 dort Riccis Antwort mit Ausführungen zu seinem Text).

[117] Po-chiaHsia2010, S. 286.

[118] Dokumente zur Gewährung der Grablege sind ediert in P. M. D'Elia (Lit. II.), S. 3–8.

[119] Faszinierend zur Übersetzung der Conimbricenser Logik (und nicht nur dazu): Robert Wardy: *Aristotle in China: Language, Categories and Translation*, Cambridge 2000.

Europa wie China) jahrhundertelang weiter.[120] Gegen Ende des 18. Jahrhunderts werden mehrere Werke Riccis in den offiziellen kaiserlichen Text-Kanon aufgenommen.[121]

Und nicht nur die Richtung West nach Ost, sondern auch die Richtung Ost nach West gibt es.

1613/1614 kehrt Riccis Ordensbruder Nicolas Trigault aus China nach Europa zurück,[122] erstellt und veröffentlicht,[123] wohl unter Verwendung eines Textes von Ricci,[124] *De christiana expeditione apud Sinas suscepta a Societate Jesu.*[125] Buch I[126] Kapitel 6

---

[120] Po-chiaHsia2010, S. 287–298. Ritenstreit, Wellen antiwestlicher Politik in China, Auflösung des Jesuitenordens führen zum (teils vorübergehenden, teils endgültigen) Ende.

[121] Po-chiaHsia2010, S. 298: „Yet, Ricci was not forgotten. Between 1773 and 1782, Emperor Qianlong commissioned the *Siku Quanshu*, the *Imperial Collection of Four Treasures*, an encyclopedic compendium of over 10,000 books and manuscripts approved by the Qing state. The editors included several scientific works by Ricci, the only Jesuit author to be honored out of the forty who had published in Chinese." (Im Internet zugänglich unter URL http://www.oxfordscholarship.com/view/10.1093/acprof:oso/9780199 592258.001.0001/acprof-9780199592258-chapter-13 [gesehen 2013-03-15].)

[122] Po-chiaHsia2010, S. 288.

[123] Der Erstdruck scheint (nach eigenen Recherchen und Po-chiaHsia2010, S. 288) 1615 in Augsburg erschienen zu sein.

[124] Siehe hierzu L. Brancaccio (Lit. II.), S. 78–81, insbes. auch S. 79f., Fußn. 112. Für das, was hier Gegenstand ist, ist Trigaults Text einschlägig, nicht der (zu Recht oder Unrecht) Ricci zugeschriebene, da es Trigaults Text war, der wirkte.

[125] Der Text steht (auch online!) in zahlreichen Ausgaben zur Verfügung (inkl. früher volkssprachlicher Übersetzungen: Nicolaus Trigautius: *Historia von Einführung der christlichen Religion in das große Königreich China durch die Societet Jesu,* Augspurg 1617: URL: http://reader.digitale-sammlungen.de/resolve/display/bsb10521322.html [gesehen 2013-03-15]; Nicolaus Trigautius: *Histoire de l'expédition chrestienne au royaume de la Chine,* Lille 1617: URL: http://reader.digitale-sammlungen.de/resolve/display/bsb10521321.html [gesehen 2013-03-15]).
Ich selbst verwende: Nicolaus Trigautius: *De Christiana Expeditione Apud Sinas Suscepta A Societate Iesu: Ex P. Matthaei Riccii eiusdem Societatis Commentariis, Libri V ... Editio recens ab eodem Autore multis in locis aucta & recognita,* Coloniae 1617, Exemplar der UB Gent: URL: http://books.google.de/books?id=iLsWAAAAQAAJ (gesehen 2013-03-15), im Folgenden zitiert als CES1617.

[126] Ich beschränke mich hier vollständig auf Buch I. Zum Inhalt der folgenden vier, die Chinamission der Jesuiten betreffenden Bücher findet sich eine Zusammenfassung bei L. Brancaccio (Lit. II.), S. 78–81, insbes. auch S. 80.

*De Sinensis Reipublicae administratione*[127] enthält schon angesprochene Beobachtungen und mehr: China sei von jeher eine Monarchie, alle Formen von Herrschaft durch Mehrere seien dort nicht einmal dem Namen nach bekannt; früher habe es dort auch europäischen Herzögen, Markgrafen, Grafen entsprechende Adlige gegeben, doch seien die dort seit ungefähr 1800 Jahren unbekannt.[128] Bürgerkriege habe China kaum gekannt und sei nie von von außen Kommenden unterworfen worden, bis es 1206 einem Herzog aus der Tartarei gelungen sei, solches zu tun.[129] Die sich daraus ergebende Herrschaft wird als Tyrannei bezeichnet.[130] Es folgt ein Bericht vom Beginn der Ming Dynastie.[131] Die Chinesen hätten keine Geduld mit der Regierungsform der Tyrannis.[132] Sie hätten keine Gesetze, die auf die Zeit vor dem ersten Ming-Kaiser zurückgingen – sei es als Gesetzgeber, sei es als Bestätiger älterer Gesetzgebung.[133] Herrschaft erfolge allein durch geprüfte Gelehrte.[134] So sei der Monarchie reichlich Aristokratie beigemischt, da der Kaiser nichts beschließe, als was ihm von den Gelehrtenmagistraten vorgelegt wurde, er nichts gewähren könne, als was von diesen erbeten worden sei.[135] Gegen Magistrate und Publizistik habe der Kaiser vor einigen Jahren nicht eine andere als die gesetzliche Thronfolge durchsetzen können.[136] Berichte über frühere

---

[127] Titel: CES1617, S. 46. Was folgt, ist keine Inhaltsangabe, sondern nur eine Zusammenstellung mir besonders bemerkenswerter Aussagen. Dies gilt für alles, was ich hier aus CES1617 vorstelle.

[128] CES1617, S. 47.

[129] CES1617, S. 47: „… anno salutis 1206, e Tartaria Dux nescio quis, regnorum domitor, in hoc regno sese cum exercitu victore immisisset." (Die Datierung 1206 entspricht nicht der üblichen, deutlich späteren für den Beginn der Yuan-Dynastie, entspricht aber der durch Kublai genormten Dynastiegeschichte [vgl. http://en.wikipedia.org/w/index.php?title=List_of_emperors_of_the_Yuan_Dynasty&oldid=540547213].)

[130] CES1617, S. 47: „Tyrannidem eius posteri ad annum usque 1368. propagarunt;"

[131] CES1617, S. 47f.

[132] CES1617, S. 48.

[133] CES1617, S. 48.

[134] CES1617, S. 50. (Ja, die Konsistenz mit dem vorher Gesagten ist nicht ganz unproblematisch.)

[135] CES1617, S. 51.

[136] CES1617, S. 57. (Wie viele von Trigaults zeitgenössischen Leser/inne/n an dieser Stelle an die Vorgänge um die Nachfolge Heinrichs VIII. von England dachten, wissen wir m. W. nicht.)

Territorialexpansion seien falsch.[137] Die Herrschaft und Verwaltung des Reiches erfolge durch die Philosophen desselben.[138] Dies gelte auch für Entscheidungen über Militärisches; niemand habe große Vorliebe für Kriegerisches, alle strebten eher die geringsten Würden eines Philosophischen Rates (Philosophici Senatus) an als die des höchsten Militärbeamten.[139] Alle drei Jahre würde die Amtsführung der Beamten untersucht und diese je nach Ergebnis befördert, degradiert, bestraft.[140] Wer bestechlich war oder sich bereichert habe, werde für immer von allen Ämtern ausgeschlossen; der Ämter enthoben auch, wer zu harte Strafen verhängte; wer schwächlich verwaltet habe, werde unter Beibehaltung der Insignien und des Gehalts pensioniert; wer sich von seinem Amt überfordert gezeigt habe, werde in ein geringeres versetzt; wer selbst oder wessen Familienmitglieder sich amtsunangemessenen Verhaltens schuldig gezeigt haben, werden ebenfalls des Amtes und der Besoldung enthoben.[141] Abgesehen von militärischen Ämtern dürfe kein Amt in der Geburtsprovinz ausgeübt werden.[142]

Von beträchtlicher Ausführlichkeit ist das Kapitel über Aberglauben und andere Irrtümer der Chinesen.[143]

Unter der Überschrift „Verschiedene Sekten falscher Religion bei den Chinesen"[144] steht sofort zu lesen:[145]

> Unter allen Sekten der Heiden, von denen bislang in Europa zu uns Kenntnis gelangte, habe ich noch von keiner gelesen, die in weniger Irrtümer verfiel, als es das Volk der Chinesen in seiner allerältesten

---

[137] CES1617, S. 64. Dass einzelne auf eigene Faust handelnde chinesische Seeleute die Philippinen erreicht haben könnten hingegen, sei möglich (a. a. O.).

[138] CES1617, S. 64. Der Gedankengang ist in der Tat derart sprunghaft/assoziativ/verschränkt. Studien zu Trigaults Stil kenne ich nicht; er scheint weniger Aufmerksamkeit gefunden zu haben als der Montaignes.

[139] CES1617, S. 64f.

[140] CES1617 S. 66.

[141] CES1617, S. 66f.

[142] CES1617, S. 67.

[143] *De ritibus apud Sinas superstitiosis, & aliis erroribus:* CES1617, S. 100–113.

[144] CES1617 (I.10), S. 113: „Variae apud Sinas falsae Religionis sectae."

[145] CES1617, S. 113: Ex omnibus Ethicorum sectis, quae quidem in Europa nostrae notitiam devenerunt, hactenus nullam legi, quae in pauciores errores inciderit, quam Sinarum gens prioribus antiquitatis suae seculis incidisse. In illius quippe libros lego, Sinas iam inde ab initio supremum & unum Numen adorasse, quod ipsi coeli Regem apellabant, vel alio nomine coelum & terram.

214

Zeit tat. In ihren Büchern nämlich las ich, dass die Chinesen schon von Anfang an eine höchste und einzige Gottheit verehrten, die sie selbst König des Himmels nannten, oder mit einem anderen Namen Himmel und Erde.

Vielleicht sei hierunter eine gemeinsame Seele von Himmel und Erde verstanden worden.[146] Weder diese Gottheit noch die ihr dienstbaren Geister seien je als so lasterhafte Monster dargestellt worden wie bei unseren Römern, Griechen und Ägyptern (nostri Romani, Graeci, Ægypti); so sei zu hoffen, dass viele von ihnen im Gesetz der Natur Heil fanden; und auch viel Gutes steht von ihnen in ihren viertausend Jahre zurückreichenden Annalen zu lesen.[147] In späteren Jahrhunderten aber seien sie – wie es der menschlichen Natur ohne Hilfe der Gnade entspreche – zum Atheismus degeneriert.[148] Abgesehen von Spuren (vestigiis) von Muslimen, Juden und Christen haben sie, so Trigault, drei Sekten, unter diesen zuerst die der *Gelehrten,* die den Chinesen eigentümlich und die älteste sei.[149] Mitgliedschaft in dieser Sekte erwähle man sich nicht, sondern nehme sie mit gelehrten Studien in sich auf, alle bekennen sich zu ihr; Gründer bzw. Fürst der Philosophen (Princeps Philosophorum [den Westlern das klassische Epithet des Aristoteles]) sei ihnen Konfuzius.[150] Die ursprünglichsten und wichtigsten von ihnen verehrten nur eine Gottheit.[151] Belohnungen für gute und Strafen für schlechte Handlungen kennten sie, doch nur in diesem Leben, als Folgen entweder für den Handelnden selbst, oder für dessen Nachkommen.[152] Die neueren Anhänger dieser Gruppe lehrten, die Seelen gingen mit den Körpern (oder kurz nach diesen) unter.[153] Heutzutage verträten sie die – wohl vor ungefähr fünfhundert Jahren von den Bilderanbetern (Taoisten) entlehnte – Ansicht, der ganze Kosmos sei eine einzige Substanz.[154] Sie hätten weder Tempel, noch Priester, noch verbindliche feierliche Riten.[155] Tempel zur Verehrung der einen Gottheit

---

[146] CES1617, S. 114.

[147] CES1617, S. 114.

[148] CES1617, S. 114.

[149] CES1617, S. 114f.

[150] CES1617, S. 115.

[151] CES1617, S. 115.

[152] CES1617, S. 115.

[153] CES1617, S. 115.

[154] CES1617, S. 116: „universitatem hanc ex una eademque constare substantia".

[155] CES1617, S. 116.

durch den Kaiser gebe es in den beiden Hauptstädten Nanking und Peking.[156]

> Das Ziel dieser Sekte der Gelehrten, für ihre ganze Einrichtung, ist der Öffentliche Friede und die Ruhe des Gemeinwesens. Und auch die Ökonomik der Familien und die private Zusammenstellung der Einzelnen zu den Tugenden. Zu diesem Ziel lehren sie völlig angepasste Regeln, die alle aus dem uns eingeborenen Licht stammen und mit der christlichen Wahrheit übereinstimmen. Es werden von ihnen fünf Verbindungen gefeiert, unter denen alle Diszplin menschlicher *Officia*[157] enthalten ist. Diese sind [die Verbindung des] Vaters mit dem Sohn, des Ehemanns und der Ehefrau, des Herrn und des von ihm Abhängigen, die zwischen älterem und jüngerem Bruder, die von Gefährten oder Gleichen. Sie sind der Ansicht, dass allein sie diese Verbindungen begriffen haben, und vertreten, dass diese bei Ausländern entweder unbekannt oder vernachlässigt seien.
>
> EHELOSIGKEIT verdammen sie, Polygamie erlauben sie. Ganz explizit haben sie in ihren Büchern eine andere Regel der Liebe: „Was Du nicht willst, dass man Dir tu', das füg' auch keinem andren zu." usw.[158]

Von einigem wenigen abgesehen widersprechen ihre Regeln dem Christentum durchaus nicht, auch wenn sie durch dieses in mehrerem vervollkommnet würden.[159]

Als Nächstes werden die *Buddhisten* behandelt.[160] Man könne sehen, dass sie den Philosophen unserer Gegenden[161] in einigen Lehren gefolgt seien, so verträten sie z. B., es gebe vier Elemente

---

[156] CES1617, S. 116f.

[157] Ämter, Aufgaben, Rollen.

[158] CES1617, S. 119 (*Kursivierung* in der Vorlage): HUIUS Literatorum sectae scopus, in quem omnis eius institutio collimat, est pax publica, & Reipublicae quies. Oeconomica etiam familiarum, & privata singulorum ad virtutem compositio. Quem in finem accomodata sane praecepta tradunt, eaque omnia innato nobis lumini, Christianaeque consona veritati. Celebrantur ab iis quinque combinationes, quibus omnis humanorum officinoprum disciplina continetur. Eę sunt patris ac filii, mariti & uxoris, domini & clientis, fratrum inter se maiorum ac minorum, sociorum denique aut aequalium. Has combinationes ipsi soli se assecutos putant, & eas ab externis populis aut nesciri aut negligi arbitrantur.
CAELIBATUM damnant, polygamiam permittunt. Explicatissimum habent in suis libris alterum pareceptum Charitatis; *Quod tibi non vis fieri, alterum ne feceris, &c.*

[159] CES1617, S. 119.

[160] CES1617, S. 119ff.

[161] CES1617, S. 120: „nostratium Philosophorum".

(statt fünf wie fälschlicherweise die Chinesen),[162] sie vertreten mit Demokrit und anderen die Existenz vieler Welten und scheinen ihre Seelenwanderungslehre abwandelnd von den Pythagoräern übernommen zu haben.[163]

Die Lehre der *Taoisten* wird als „dritte Lehre weltlicher Religion" („tertium profanae Religionis dogma") vorgestellt,[164] ihr Gründer („*Lauzu*") als Philosoph.[165] Dieser habe kein Buch zurückgelassen; nach seinem Tod hätten andere sich auf ihn berufend unter seinem Namen aus verschiedensten Quellen einen Text namens „*Tausu*" zusammengestellt.[166] Ihre Lehren und Praxis unterschieden sich in wenigem von Aberglauben.[167]

Der Gründer der Ming-Dynastie habe festgelegt, dass alle drei dieser Lehren zur Unterstützung des Reichens bewahrt werden sollten, jedoch mit Vorrang der Lehren der (konfuzianischen)[168] Gelehrten.[169]

Trigaults auf Ricci fußendes Werk blieb nicht das einzige, das Leserinnen und Lesern westlicher Sprachen von chinesischem Denken berichtete.[170] Und Interesse daran war nichts, was bald aufgehört hätte. Noch nach Mitte des 18. Jahrhunderts berichtet Jakob Brucker ausführlich über chinesische Philosophie,[171] er-

---

[162] CES1617, S. 120f.
[163] CES1617, S. 121. Es werden dann Ähnlichkeiten zu Dreieinigkeitslehre und Gregorianischem Gesang festgestellt (und nicht ausgeschlossen, dass der Apostel Thomas von ihnen angerufen werde), und dann geurteilt, dass hier „aber diesen Schatten der Wahrheit durch schändlichste Nebel der Lügen auslöschten" („SED hanc veritatis umbram teterrimae mendaciorum nebulae extinxerunt.").
[164] CES1617, S. 124.
[165] CES1617, S. 124f.
[166] CES1617, S. 125.
[167] CES1617, S. 126 und passim.
[168] Um das Mitdenken von (vielen und großen) Anführungszeichen wird gebeten. (*hck*)
[169] CES1617, S. 128. Ich habe eine extrem kurze Darstellung auch dieses Kapitels gegeben; ausführlichere und gründliche Lektüre lohnt sehr, z. B. was die chinesische Einstellung, Götzenverehrung möge zwar vielleicht wirkungslos sein, schade aber zumindest nicht, und Nähe zum Atheismus betrifft.
[170] Für Fallstudien zu (abgesehen von Ricci) Bartoli und Kircher siehe L. Brancaccio (Lit. II.).
[171] Iacobus Bruckerus: *Historia Critica Philosophiae A Tempore Resuscitarum In Occidente Literarum Ad Nostra Tempora: Tomi IV. Pars Altera*, Lipsiae

wähnt dabei auch Ricci.[172] Wie schon im Falle des grundlegendsten
Teils der Philosophie europäischer Tradition, der Logik (am Beispiel der Logik Rubius'),[173] so zeigt sich auch im Falle des auf den
ersten Blick von europäischen Traditionen aus vielleicht „exo-
tischsten" Teils der Philosophie – der Auseinandersetzung mit
chinesischer Philosophie: Der Traditionsbruch, der zum Verlust
der Auseinandersetzung mit den einschlägigen Texten der Renaissance führte, erfolgte erst deutlich nach der Zeit, über die der
vorliegende Band berichtet.[174]

## Literatur

### I. Primärliteratur

Matteo Ricci (ed. Filippo Mignini, trans. Nina Jocher): *Über die
Freundschaft: Dell'amicizia,* Macerata 2005. Diese Ausgabe wird
zitiert als RicciDA bzw., sofern auf das Vorwort Migninis be-
zogen: RicciDAm.
Siehe auch die Übersetzung ins Englische durch Timothy Billings:
*On friendship: One Hundred Maxims for a Chinese Prince,* New
York 2009.

---

1766, S. 846–906: mit reichlich Literaturangaben, die zeigen, dass das Interesse eines zahlreicher Autoren war. (Bruckers Text steht online zur Verfügung u. a. unter http://books.google.de/books?id=IUxNAQAAIAAJ [gese-
hen 20134-03-18]. Ich habe eine Digitalversion eines Exemplars der
University of Michigan verwendet: URL http://books.google.de/books?id=
IJPNAAAAMAAJ [gesehen 2013-03-18].)

[172] Bruckerus, a. a. O., S. 874.

[173] Siehe voriges Kapitel.

[174] Die Auseinandersetzung mit Chinesischer Philosophie ist wiedergewonnen:
s. zur Einführung z. B. David Wong: *Comparative Philosophy: Chinese and
Western,* in: „The Stanford Encyclopedia of Philosophy (SEP)" 2009-10-01,
URL http://plato.stanford.edu/archives/fall2011/entries/comparphil-chiwes/
[gesehen 2013-03-18], und David Wong: *Chinese Ethics,* in: „The Stanford
Encyclopedia of Philosophy (SEP)" 2013-03-13, URL http://plato.stanford.
edu/entries/ethics-chinese/ (zukünftig wohl: http://plato.stanford.edu/
archives/spr2013/entries/ethics-chinese/) [gesehen 2013-03-19]. Eine Nutzung der rinascimentalen und frühen nicht-rinascimentalen Traditionen
außerchinesischer Auseinandersetzungen mit chinesischer Philosophie hingegen scheint selten oder gar inexistent.

Michael Lackner: *Das vergessene Gedächtnis: Die jesuitische Abhandlung Xiguo Jifa / Übersetzung und Kommentar,* Wiesbaden 1986.

Matteo Ricci (ed. Edward J. Malatesta, trans., praef. & comm. Douglas Lancashire & Peter Hu Kuo-chen): *The True Meaning of the Lord of Heaven: (T'ien-ch Shih-i),* St Louis 1985 (zitiert als RicciTS).

Nicolaus Trigautius: *De Christiana Expeditione Apud Sinas Suscepta A Societate Iesu: Ex P. Matthaei Riccii eiusdem Societatis Commentariis, Libri V ... Editio recens ab eodem Autore multis in locis aucta & recognita,* Coloniae 1617, Exemplar der UB Gent: URL: http://books.google.de/books?id=iLsWAAAAQAAJ (gesehen 2014-01-23), zitiert als CES1617.

II. Sekundärliteratur

Ronnie Po-chia Hsia: *A Jesuit in the Forbidden City: Matteo Ricci 1552–1601,* Oxford 2010 (zitiert als Po-chiaHsia2010).

Rita Haub & Paul Oberholzer: *Matteo Ricci und der Kaiser von China: Jesuitenmission im Reich der Mitte,* Würzburg 2010.

Lavinia Brancaccio: *China accomodata: Chinakonstruktionen in jesuitischen Schriften der Frühen Neuzeit,* Berlin 2007.

Jonathan D. Spence: *The Memory Palace of Matteo Ricci,* New York 1984.

Pasquale Maria D'Elia (ed.): *Fonti Ricciane; Volume III: Storia dell'introduzione del cristianesimo in Cina: Appendici e indici,* Roma 1949.

Pasquale Maria D'Elia: *Recent Discoveries and new studies (1938–1960) on the World Map in Chinese of Father Matteo Ricci,* in: „Monumenta Serica" 20 (1961), S. 82–164.

# Paris 1625 / München 2013

Zwei Orte, zwei weit auseinanderliegende Jahre, ein kurzer Epilog

Der Band endet. Um die Mitte des 17. Jahrhunderts. Trotz aller Folgen des Dreißigjährigen Krieges (wie teilweiser oder weitgehender Zusammenbruch des weltumspannenden gemeinsamen Hochschulraumes, niedrigeres Niveau der Zahl philosophischer Drucke mindestens in Mitteleuropa), wie in den beiden vorangegangenen Kapiteln gezeigt: Die Traditionen und Wirkungen der in diesem Band behandelten Texte enden erst später – um dann noch später nur als Gegenstand historischer Studien, nicht als Teil lebendiger Tradition wieder Gegenstand mehr oder minder breiterer Untersuchung zu werden.[1]

Eine Epoche kann[2] (auch) als beendet, abgeschlossen betrachtet werden, wenn sie als abgeschlossen behandelt werden kann oder ihre Inhalte als abgeschlossen behandelt werden können, und dies dadurch nachgewiesen ist, dass sie und/oder ihre Inhalte als abgeschlossen behandelt *wurden*, wenn sie bzw. ihre Inhalte zum Gegenstand spezifisch *historischer* Behandlung geworden sind.

Ab wann dies in Bezug auf die Renaissance vollständig und klar der Fall ist, vermag ich nicht zu sagen; das Werk, in dem es ge-

---

[1]  Warum es zum Traditionsbruch kam, vermag ich nicht zu sagen. Vergleicht man Bruckers Behandlung der Philosophie der Renaissance mit der Hegels, so wird offensichtlich, dass der Bruch zwischen der zweiten Hälfte des 18. und der ersten Hälfte des 19. Jahrhunderts liegt. Ursachen für den Bruch wüsste ich nicht einmal spekulierend zu nennen. (Sie z. B. im Verfall von Lateinkenntnissen zu suchen, scheint ein Irrweg: Antike griechische Philosophie ist heute weit „lebendiger" Teil und/oder Bezugspunkt aktueller philosophischer Diskussionen als es die Philosophie der Renaissance ist, obwohl zur Auseinandersetzung mit antiker griechischer Philosophie Kenntnis mindestens einer toten Sprache [in diesem Falle des Altgriechischen] und mehrerer lebender Sprachen ebenso nützlich ist wie zur Auseinandersetzung mit der Philosophie der Renaissance Kenntnis mindestens einer toten Sprache [in diesem Falle z. B. des Lateinischen] und mehrerer lebender Sprachen.) Viele, ja vielleicht die meisten philosophischen Texte der Renaissance scheinen stärker kontextbezogen als die anderer Zeiten, aber dies hat nach dem Ende der Jahrzehnte, über die dieser Band handelt, noch mindestens ein Jahrhundert lang lebendige Auseinandersetzung mit ihnen nicht verhindert.

[2]  Nicht „muss"!

schieht, wäre ohnehin als etwas *nach* dem, worüber dieser Band hier handelt, Stehendes zu betrachten (und damit nicht mehr Gegenstand dieses Bandes).

Doch es gibt mindestens einen Text, der nicht nach, sondern genau *an* solcher Grenze steht. 1625 erscheint in Paris Gabriel Naudés[3] *Apologie pour tous les grands personnages qui ont esté faussement soupçonnez de Magie.*[4] In diesem Werk bezieht sich Naudé auf verschiedene Texte aus der Zeit, über die dieser Band hier handelt; teils sie als Belege/Sekundärliteratur für die eigene Ansicht (oder von dieser abweichende Positionen) verwendend,[5]

---

[3]  Die beste mir bekannte Einführungsmonographie zu Naudé ist immer noch: James V. Rice: *Gabriel Naudé 1600–1653*, Baltimore 1939 (verwendet als Reprint Breiningsville 2010 [wohl POD]).

[4]  Gabriel Naudé: *Apologie Pour Tous Les Grands Personnages qui ont esté faussement soupçonnez de Magie*, Paris 1625, online zugänglich unter URL http://books.google.de/books?id=5fs9AAAAcAAJ [gesehen 2013-03-20]. Ich selbst verwende die folgende Ausgabe (aus dem Todesjahr des Autors): Gabriel Naudé: *Apologie Pour Tous Les Grands Personnages qui ont esté faussement soupçonnez de Magie*, La Haye 1653, online zugänglich unter URL http://gallica.bnf.fr/ark:/12148/bpt6k57709q [gesehen 2013-03-20], im Folgenden zitiert als AM1653. Zu Text und Kontext siehe James V. Rice: *Gabriel Naudé 1600–1653*, Baltimore 1939 (verwendet als Reprint Breiningsville 2010 [wohl POD]), S. 47–72, und dort insbes. S. 48f. & S. 63–72.

[5]  Dies ist die Verwendung, die auch wir für solche Zwecke von uns hinreichend aktuell erscheinender Literatur machen, eine Verwendung, die von etwaig bestehendem mehr oder minder beträchtlichen zeitlichen Abstand absieht: eine Verwendung, die die Texte als für den Zweck der jeweiligen Abhandlung als der Abhandlung zeitgenössisch behandelt (so wie ich es oben mit dem Verweis auf James V. Rice: *Gabriel Naudé 1600–1653*, Baltimore 1939 (verwendet als Reprint Breiningsville 2010 [wohl POD]) getan habe). Vgl. auch AM1653, S. 79: „Jean Denys excellent Mathematicien de nostre temps qui fit imprimer une Apologie pour sa defence l'an 1570. & plaida luy mesme sa cause à Londre." Andreas Fischers überlegenem Geschick im Umgang mit *Google Books*-Suche verdanke ich den Hinweis, dass wohl in Wayne Shumaker (ed. & trans.) & John L. Heilbron (intr.): *John Dee on Astronomy: Propaedeumata aphoristica (1558 and 1568)*, Berkeley 1978, S. 33 eine nicht unplausible Identifizierung dieses „Jean Denys" mit John Dee stattfindet – wohl bezogen (auch dies verdanke ich Andreas Fischer) auf John Dees Vorwort zu Henry Billingsley (trans.): *The elements of geometrie of the most auncient philosopher Euclide of Megara. Faithfully (now first) translated into the Englishe toung, by H. Billingsley, citizen of London. Whereunto are annexed certaine scholies, annotations, and inuentions, of the best mathematiciens, both of time past, and in this our age. With a very fruitfull praeface made by M. I. Dee, specifying the chiefe mathematicall sciences, what they are, and wherunto commodious: where, also, are dis-*

z. B.: Francis Bacon,[6] Niccoló Machiavelli,[7] die beiden Pico, Nizolius und Franciscus Patritius,[8] Trithemius,[9] teils aber auch sie historisch,[10] mit Interesse an Kontexten wie Argumentationszielen untersuchend, z. B.: Telesio, Franciscus Patritius, Campanella, Francis Bacon, Giordano Bruno,[11] Paracelsus,[12] Heinrich Cornelius Agrippa von Nettesheim,[13] Trithemius.[14]

Naudés Text kann als Text, in dem Texte der Renaissance sowohl Gegenstand zeitgenössischer Auseinandersetzung als auch Gegenstand historischer Untersuchung sind, als Monument des Zu-einem-Ende-Kommens der Renaissance betrachtet werden.

Philosophische Texte der Renaissance „wiederzubeleben", erneut zum Teilen einer lebendigen Tradition von Bezugspunkten zeitgenössischer philosophischer Diskussionen zu machen, scheint mir weder möglich noch sinnvoll. Nützlicher sein können sie in philosophiehistorischer Betrachtung: als Belege für und Anlass zur

---

closed certaine new secrets mathematicall and mechanicall, untill these our daies, greatly missed, London 1570 (Dees Vorwort dort ff. [a iii]r – A.iiii.r; dort A Digression Apologeticall ff. A.i.v–Aiii.r). (John Dee starb 1608, so dass „de nostre temps" in diesem Falle in der Tat eindeutig zutreffend wäre, da Naudé selbst 1600 geboren wurde. Francis Bacon [v. i.] war 1625, als Naudés Apologie zum ersten Mal gedruckt wurde, noch am Leben.)

[6]   AM1653, S. 43f.

[7]   AM1653, S. 52.

[8]   AM1653, S. 101–104.

[9]   AM1653, S. 517.

[10]  Vgl. James V. Rice: Gabriel Naudé 1600–1653, Baltimore 1939 (verwendet als Reprint Breiningsville 2010 [wohl POD]), S. 48: „he is among the first writers to feel a keen necessity for the historical approach." & S. 70: „His sense of historical development and the circumstances surrounding each person is excellent."

[11]  AM1653, S. 331: Man beachte, dass sowohl Bacon als auch Patritius in der Apologie sowohl als Autoren von Sekundärliteratur als auch als Gegenstände der Untersuchung auftauchen! Die Behandlung von Jean Bodin und James (VI./I.) Stuart König von Schottland und England AM1653, S. 127f. scheint mir zwischen historischer Untersuchung und Polemik zu stehen. Wie die Behandlung Savonarolas (AM1653, S. 446ff.) einzuordnen wäre, weiß ich nicht zu sagen; Gleiches gilt für die Giovanni Picos AM1653, S. 499ff.

[12]  AM1653, S. 391ff.

[13]  AM1653, S. 400ff.

[14]  AM1653, S. 508–512: ein weiteres Beispiel eines Autors, der sowohl als Autor von Sekundärliteratur als auch als Untersuchungsgegenstand Verwendung findet.

Einsicht in die Kontextgebundenheit und zugleich Freiheit menschlichen Denkens, im besten Fall gar Einsicht in die Kontextgebundenheit und zugleich Freiheit unseres jeweils eigenen Denkens.